U0593826

◎福建省社会科学基金项目成果，项目批准号：FJ2022B001

◎本书获厦门理工学院学术专著出版基金资助

唐君毅

道德形上学研究

杨 卉◎著

厦门大学出版社

XIAMEN UNIVERSITY PRESS

国家一级出版社

全国百佳图书出版单位

图书在版编目（CIP）数据

唐君毅道德形上学研究 / 杨卉著. -- 厦门：厦门
大学出版社，2022.11
ISBN 978-7-5615-8855-0

Ⅰ. ①唐… Ⅱ. ①杨… Ⅲ. ①唐君毅（1909—1978）
－伦理学－研究 Ⅳ. ①B261.5

中国版本图书馆CIP数据核字(2022)第215076号

出 版 人	郑文礼
责任编辑	文慧云

出版发行 厦门大学出版社

社　　址	厦门市软件园二期望海路 39 号
邮政编码	361008
总　　机	0592-2181111　0592-2181406(传真)
营销中心	0592-2184458　0592-2181365
网　　址	http://www.xmupress.com
邮　　箱	xmup@xmupress.com
印　　刷	厦门市明亮彩印有限公司

开本	720 mm×1 000 mm　1/16
印张	14.5
插页	1
字数	250 千字
版次	2022 年 11 月第 1 版
印次	2022 年 11 月第 1 次印刷
定价	58.00 元

厦门大学出版社　　厦门大学出版社
微信二维码　　　微博二维码

本书如有印装质量问题请直接寄承印厂调换

目　录

导　论

　　唐君毅(1909—1978)，四川宜宾人，中国现代著名学者、哲学家、哲学史家，现代新儒家的重要代表人物，在港台地区和海外有着广泛的影响。青年时，曾求学于北京大学，后转至南京中央大学，并毕业于中央大学哲学系，先后在四川大学、中央大学、江南大学、华侨大学等多所大学任教。1949 年后，移居香港，与钱穆、张丕介、程兆熊等共同创办新亚书院，使新亚书院发展成为一所有哲学、历史、中文、数学、生物、物理、化学等多学科的综合性书院。1963 年，新亚书院并入香港中文大学，唐君毅受聘为哲学讲座教授，并任人文学院第一任院长，1974 年，从香港中文大学退休。之后，又和牟宗三、徐复观等人一起，在新亚书院原址上重新恢复新亚研究所，担任所长，主持研究所事务直至因病辞世。

　　唐君毅先生一生不断地实践着融通儒、佛、道，涵化印、西、中的学术途径，独运玄思，真积力久而达到成熟的境界。[①] 他对西方和东方哲学进行了综合与发展，著作浩繁，除了对中国整个哲学传统予以系统的再解释

---

　　① 肖萐父先生在《富有之谓大业——第二届唐君毅思想国际研讨会上的发言》(载《中华文化论坛》1996 年第 1 期)中指出：有的论者，根据唐君毅哲学的不同方面，将其称为"超越的唯心论者"、"心本体论者"、"现代新人文主义者"、"文化意识宇宙中的巨人"、"现代新儒家的巨擘、典型代表"等等，但如此多的美谥，似皆各有所据，但很难与其思想全貌和客观地位相符。或太空泛，或太狭隘，未能显示其学术思想上的个性特征，都难免以偏概全，不足视为定论。针对时下流行的说法，将唐君毅归入"现代新儒家"群，似乎无可争议，但也应充分重视其思想学派的多源性、兼容性。君毅在学术思想的继开、承启的大方向上，跳出了儒为正宗、余皆异端的狭隘界限，是按"殊途百虑"的学术发展观，自觉地走上了多源头、多根系、多向度的致思道路，而"求其可并行不悖而相融无碍之处"。如果局限于中国传统的学派范式来加以界定，无论是褒义地还是贬义地称之为"现代新儒家"的"传人"等，均难以概举。就君毅哲学思想特有的包容性、开放性而言，就其贯注始终的圆融会通精神与构建自己哲学体系的方法论自觉而言，很难纳入传统学派的某一范式，道家"玄圃"，儒家"杏坛"，都似乎容他不下。

之外,在其扛鼎之作《生命存在与心灵境界》中建立了一个新的哲学体系,将宇宙万事万物都看作是求超越的过程,生命存在不仅是为存在而存在,乃是为超越自己而存在。心灵的活动也是在这个基础上,从现实生命逐渐向上求更高的价值,最后止于天德与人德相一致的最高价值世界。①他的哲学中融入了他对宇宙人生的深切体验,他的哲学是他的真诚地求真之心的坦诚体会,因此周辅成先生称赞道:"唐先生的哲学中有人,唐先生的人中有哲学。"他还被《简明不列颠百科全书》誉为"中国自朱熹、王阳明以来的杰出哲学家"。因而,唐先生的哲学,很早就为有识之士所关注。

目前,学术界在研究唐君毅哲学思想方面取得了不少成果。众多学者在不同的背景下对唐君毅的哲学思想进行了剖析和揭示,这些都加深了我们对唐先生哲学的理解。总的来说,我们大致可以将其归为三大类:一是关于唐君毅的生平传记及对唐君毅先生的缅怀;二是对唐君毅学术思想的概述研究;三是对唐君毅学术思想的各个方面的具体研究。而对其学术思想的具体研究又可分为:关于唐君毅中心观念及形而上学思想的研究;关于唐君毅文化观和文化哲学的思想的研究;关于唐君毅人生哲学思想的研究;关于唐君毅道德哲学、伦理思想的研究;关于唐君毅哲学方法与哲学史方法论的研究;关于唐君毅人文宗教观的研究;关于唐君毅与其他哲学资源的关系、与其他哲学家思想关系的研究。

通过研读有关唐君毅学术思想的专著与大量论文,我们不难发现,对唐君毅道德哲学思想的研究还存在一些不足:

1.涉及唐君毅道德哲学思想的专著与专门的论文还都是停留在介绍其道德哲学思想的阶段,而没有一部专门的著作是研究其道德形而上学思想的。可以说,从唐君毅道德哲学体系角度入手进行的研究并不多见,更缺少对唐君毅道德形上学体系内在逻辑的剖析。

2.有的涉及唐君毅道德形上学的专著与专门的论文,虽对唐君毅道德形上学体系核心概念"道德自我"与"生命心灵"给予了高度重视,但对于"道德自我"的内涵、"道德自我"的属性、"道德自我"的理论渊源以及"道德自我"在其道德形上学体系中的进路并没有深入分析。没有涉及唐君毅所构建的道德形上学体系与中国传统的心性论以及西方哲学特别是

---

① 《简明不列颠百科全书》第7卷,北京:中国大百科全书出版社,1986年版,第677页。

德国古典哲学中的道德形上学体系有何关联。更没有涉及其道德形上学体系中所蕴含的宗教意识与宗教精神。而对唐君毅道德形上学体系中一系列的概念"天"、"心之本体"、"心灵"、"道德理性"、"道德意识"、"道德自我"、"自我"、"生命存在与心灵"、"良知"、"仁心"、"仁性"、"性情"和"人性"等等都没有明确界定,经常是混淆使用。

由此可见,以上这些研究还有值得深入、细化的地方:(1)"道德自我"概念的内涵有哪些?这一概念的形成继承了中国传统心性论,特别是孔孟、陆王等哪些成分;同时,又融摄了德国古典哲学中康德的"理性"、费希特的"自我"以及黑格尔的"精神"中的哪些因素?(2)唐君毅在构建其道德形上学体系中使用的一系列概念有没有重合与不同,他们是不是有明确的界定?(3)"道德自我"概念在唐君毅哲学体系中是如何展开的?它的根源是怎样追溯到"心之本体"的?"道德自我"与"心之本体"是如何发生关系的?(4)唐君毅又是如何构建其道德形上学体系的?在唐君毅道德形上学体系中有没有一个根本的、最高的原则?这个原则在道德生活中起作用的原理是怎样的?(5)对唐君毅道德形上学体系的评价有值得深入思考的地方。大多数学者,如贺麟、周辅成、陈特等都将其道德形上学的根本属性认定为道德理想主义,也有学者,如韦政通等认为其根本属性是泛道德主义,还有一些学者笼统地认为其道德形上学并没有摆脱传统哲学的窠臼。到底如何定位才是合适的呢?这些问题的解决都有赖于对其道德形上学体系中的核心概念进行梳理与界定,对其道德形上学逻辑体系进行深入剖析与挖掘。

一、本书的研究范围与目标

针对以上研究现状的问题,本书以唐君毅先生的道德形上学为研究对象,以唐先生的主要著作《中西哲学思想之比较论文集》、《道德自我之建立》、《人生之体验》、《心物与人生》、《文化意识与道德理性》、《人文精神之重建》、《中国哲学原论》系列以及《生命存在与心灵境界》等为主,对唐君毅的道德形上学进行较为详尽的探讨和深入的剖析,以期对他的道德形上学体系有一个整体的把握,并对这一体系的意义与得失获得一个观照的角度。

这里,需要说明一下"道德形上学"这一概念。道德理论分为三种:常识性的、经验性的道德观念；一般的道德理论；道德形而上学，即道德哲学中的最高的、根本的原则以及这一原则在道德生活中是如何展开的，它的活动的原理是什么。这三者中的前两种属于具体的道德规范，而第三种则是道德形上学，在唐君毅这里就是关于"道德自我"和"心之本体"的学问。因此，本书就尝试从唐君毅先生关于道德本体论的问题入手去反观其道德问题，试图摆脱经验的层面，仅从本体论的层面去研究他的道德哲学。此处，借用牟宗三先生关于"道德底形上学"与"道德的形上学"的区分做进一步的说明。"'道德底形上学'与'道德的形上学'这两个名称是不同的……前者是关于'道德'的一种形上学的研究，以形上地讨论道德本身之基本原理为主，其所研究的题材是道德，而不是'形上学'本身，形上学是借用。后者则是以形上学本身为主（包含本体论与宇宙论），而从'道德的进路'入，以由'道德性当身'所见的本源（心性）渗透至宇宙之本源，此就是由道德而进至形上学了，但却是由'道德的进路'入，故曰'道德的形上学'。"①可见，"道德底形上学"是一种研究"道德"的方法，而"道德的形上学"则是从"道德的进路"构建起来的形上学体系。前者是一种对"道德"进行哲学的理性思辨方法，后者则是包含了本体论与宇宙论的形上学体系。这种哲学的理性思辨方法，不是从经验事实出发，也不依赖于对经验事实的归纳，而是通过构建一些基本的概念、范畴或原理去对所要研究的对象与问题进行规定、分析、划分、解释、整合、推论。因此，本书也就试图使用这种"道德底形上学"方法（哲学的理性思辨方法）去研究唐君毅先生的道德的形上学（包含本体论与宇宙论的形上学体系）。

具体就涉及唐君毅的"道德自我"和"心之本体"这两个概念，以及二者的联系。唐君毅哲学体系的表现在于"心灵"不断做自我超越所开显出的不断上升的境界层次。"道德自我"是"心灵"在道德生活、道德实践中的显现，"文化自我"是"心灵"在文化活动中的显现，而"自我"是"心灵"在整个生命存在活动中的显现。"道德自我"、"文化自我"、"自我"适用的范围是依次扩大的，都是后一个概念包涵了前一个概念。而"心灵"具有超越意识，也就是具有"自我之价值意识"或"良知"，则这一"良知"在道德实践活动、文化实践活动、生命存在的活动中居于本体的地位，称为"心之本体"。"心之本体"在道德生活方面的发用就形成道德的实践，"心灵"活动

---

① 牟宗三：《心体与性体》（一），台北：正中书局，1968 年版，第 139～140 页。

表现为"道德自我"的活动,"道德自我"便体现出"心之本体"的性相,即形上的"人性"。而"心之本体"在文化生活方面的作用就形成了对"文化自我"的肯定,表现在"心灵"在世界中的文化方面的实践。而"心之本体"自身则是"心之本体"在生命存在各方面生活中作用的相合与超越,"心之本体"的活动则表现为整个"心灵"的活动。本书试图涉及的范围便是"心灵"在道德实践中的活动,论述的重点就在于"道德自我"、"心之本体"以及二者的关系。涉及二者在道德实践、道德生活中是如何发生作用的以及二者在道德实践、道德生活中起作用的原理。

二、本书的研究方法、步骤、创新与不足

(一)研究方法

1.哲学的理性思辨方法:本书试图从形上的层面探讨唐君毅关于道德的起源、本质、特点、功能等道德本体论问题。这种道德本体论问题不同于单凭搜集、归纳事实材料就能解答的实然性问题,它是对"道德"进行形上的讨论与解析,试图找到"道德"的先验形式与基本原理。它是对"道德"本身进行的一种形上学的研究,因而它只能通过哲学上的理性思辨的方法进行探讨。这种理性思辨的方法,不是从经验事实出发,而是通过构建一些基本的概念、范畴与原理,并用这些概念与原理对所要研究的对象与问题进行规定、分析、解释、整合、推论。用这种理性思辨的方法,我们发现唐君毅正是通过使用神秘主义的方法与理性主义的方法相结合的方式构建其道德形上学的。首先,他将人的"本心"、"本性"提升到某种超验的、非人所及的神圣地位,形成"心之本体"这一至高无上的实体,并用它来解释"道德"的起源、本质、特点。其次,他以生命存在心灵、绝对精神之类的理性范畴,去融通道德与宗教两个不同的领域,展开自己对"道德"的解释,试图为生命存在找到一条人格完善之路、精神上升之路。

2.诠释学的方法:哲学的诠释学是从一般的理解与解释的方法发展而来。与一般理解与解释的方法主张通过文本去把握作者的原意不同,哲学诠释学认为,文本一经产生,就与作者的原意无关,因为"文本的意义超越它的作者,这并不只是暂时的,而是永远如此的。因此,理解就不只

是一种复制的行为,而始终是一种创造性的行为"①。可见,文本与诠释者之间并不是单纯的主客对立的关系,而是一种积极对话的辩证关系。因此,本书试图以唐君毅先生的文本为基础,在文本主题所提示的基本方向上,与文本展开积极对话,在对话之中获得自己对唐君毅思想的理解与解释,进而对其思想实质做出自己的把握。

3.逻辑与历史相结合的方法:一方面,本书试图在历史分析的基础上,从唐君毅所面临的时代问题、现实问题入手,研究他的道德形上学形成的时代原因。进一步,按照唐君毅思想产生与转变的时间顺序,研究其道德形上学核心概念"道德自我"的提出、展开与扩充的过程。另一方面,本书也试图从唐君毅的道德形上学内在逻辑入手梳理其形上学的发展理路。通过分析其道德形上学本身的逻辑构架,以理清其思想提出与展开的逻辑进程,发现并把握他的思想的最终归趣。

4.静观的方法:相对于思想史的动态研究方法,此方法为一静观的方法。我们研究某一思想家的思想只能是面对静止不动的成形的文本,这一文本与其他思想家的文本一样,处于同一平台上,例如《论语》、《孟子》、《道德形而上学基础》等等文本,各文本各自独立,自成体系,与其他文本展开对话。本书试图以唐君毅先生的文本为基础,理清其道德形上学思想中的各个核心概念,以及这些概念是如何发生关系以构成一个怎样的体系的,并进一步挖掘出这一体系与其他思想家的文本体系的不同之处。

5.比较的方法:唐君毅先生的思想融通儒、释、道,涵化印、中、西,多源头、多根系、多向度,只有在比较之中,才能准确把握其思想。本书将唐君毅的思想放在整个当代新儒家思想以及儒学发展的整体脉络中进行研究,通过寻找其思想与前人及当代其他人思想的不同,以凸显出其思想的特点及其对传统儒学的超越与贡献。本书还试图从西方哲学思想、宗教思想的角度,对唐君毅先生的道德形上学进行审视,省察其道德形上学的意义与特色。

(二)步骤

1.梳理唐君毅道德形上学中涉及的概念:现实自我、道德自我、道德

---

① 伽达默尔著,洪汉鼎译:《真理与方法》(上卷),上海:上海译文出版社,1999年版,第380页。

意识、道德理性、性理、超越、人心、人性、本心、本性、仁心、良知、性情、心之本体、天人合德、天命、自命自令、生命存在的心灵、自我超越、真实自我等等。

2.探究以上一系列概念是如何发生关系的,如何构成一个逻辑体系的。

3.考察此逻辑体系构建的特点与意义。

(三)创新

1.论题的创新

虽然学术界涉及唐君毅道德哲学思想的著作与论文不少,但涉及者通常只讲到唐君毅提出了"道德自我"概念作为其思想体系的核心范畴,而对这一概念与其整个思想体系的关系没有给予系统的分析。从唐君毅道德哲学体系角度入手进行的研究并不多见,更缺少对唐君毅道德形上学体系内在逻辑的剖析。因此,以唐君毅道德形上学为对象而进行全面系统的研究是一项较新的工作。

2.方法的创新

以往的研究者对唐君毅思想的研究主要采取分门别类的研究方法,按人生哲学、道德哲学、宗教哲学、政治哲学、文化哲学等哲学分支的不同来进行分别的研究。因而,将其哲学思想视为一个完整的形上学系统,并从道德本体论的问题入手去反观这一形上学体系,以哲学的理性思辨方法去研究这一形上学体系,相对于前人的研究思路来说,有一定的创新性。

3.观点的创新

首先,在文本主题所提示的基本方向上,通过对真正道德生活的探讨,发现了道德活动的主体"道德自我";由对"道德自我"的根源的追溯中,树立了至善的、完满的、至高无上的"心之本体";通过对"道德自我"与"心之本体"互动过程的探寻,揭示并展现出唐君毅道德形上学体系的概貌。

"道德自我"与"心之本体"互动的过程展现为"生命存在的心灵"与"境"感通而历经的由低到高、由凡入圣的种种境界。在这种种境界中,"生命存在的心灵"能够保持不断向上超越以接近至善的、无限的"心之本体",同时也会蔽于自身的有限性而黏滞外物,向下陷溺而迷失各境,这便有了理想与现实、应然与实然的矛盾与冲突。这种矛盾与冲突与其内在的要求统一与一贯并不相符,于是"生命存在的心灵"就要求将这一矛盾与冲突加以消除,而将理想与现实、应然与实然贯通关联起来。具体表现为,至善的、完满的"心之本体"必须发用流行,落实在生命存在之内,表现为"生命存在的心灵"的本然的状态——人之本心、本性,"生命存在的心灵"依其本心、本性而不断自反省、自超越,便能达至这种本然的状态。于是,唐君毅便将理想与现实、应然与实然统一到同一个生命存在之内,将本体的追寻与人生的探求合二为一。

其次,本书充分展现了唐君毅道德形上学的特点与价值。唐君毅的道德形上学融通中西哲学,将宗教意识统摄于人文意识之中,充分凸显了人的主体性。他的道德形上学侧重谈"成德的问题"与"工夫的问题",而且,他也从不离开成德的实践来谈他的道德形上学。他的道德形上学意在说明人能成为什么样的人,而不是人应是什么样的人;他的道德形上学是为了切实可行地指导人的道德实践,而不是在于构造一套语言、一个理论。他的道德形上学通过"人格的自我超越"与"心灵的境界论"将道德与宗教放在更深、更广的人类的共性问题之上,做出了深具存在意义的对比、交流与融通。他的道德形上学凸显了儒学所具有的宗教精神,开拓了儒学宗教性研究的领域。

最后,在本书的写作过程中,贯穿着两条线索,一条明线,一条暗线。从表面看来,本书是从唐君毅的道德形上学内在逻辑入手梳理其形上学的发展理路。即由道德生活之源泉——"道德自我",到道德自我之根源——"心之本体",再到"道德自我"与"心之本体"的互动,最后揭示出"道德自我"与"心之本体"互动的目的所在。通过分析其道德形上学本身的逻辑构架,理清了其思想揭出与展开的逻辑进程,发现并把握住他的思想的最终归趣。而实际上,本书也试图提示出一条道德修养之路。即由道德生活的实质的探讨,到确立"心之本体"必要性与必然性的强调,再到"生命心灵"与"境"感通而历经的由低到高、由凡入圣的种种境界的展现,都不断地向我们昭显着一条自我超越之路、精神上升之路、人格完善之路。这便是:肯定本然的"道德自我",超越当下的"现实自我",创造理想的"真实自我"。

(四)不足

唐君毅先生著作等身,涉及哲学、文化、宗教、教育、政治等多个方面,对其文本的熟悉本身就是一项很大的工程。加之自身能力所限,本书只能从其道德哲学这一方面进行论述,而对其文化、教育、政治等其他方面思想的涉及较少。唐君毅先生的思想既继承了中国儒、道、佛传统哲学思辨的精华,又与西方哲学思潮遥相接轨,并有他自己独创的哲学观作为依据,因此,本书对其思想的丰富内涵与深远意蕴进行深刻、全面的把握还是很不够的,这也是本书尚需努力的方向。

三、本书的主要内容

本书共分为六个部分。第一章,绍述了唐君毅先生道德形上学产生的时代背景、理论背景以及其道德形上学发展的历程。第二章,通过对真正道德生活的追寻,对道德心理、道德行为共同性质的探讨,发现了道德活动的主体"道德自我",并进一步理清了"道德自我"的含义及确定了其属性。第三章,由"道德自我"而树立了"心之本体"。详细阐述了"心之本体"怎样由"道德自我"一步一步演变而来。涉及"道德自我"与"心之本体"的关系、"心之本体"确立的途径、"心之本体"的特性、"心之本体"在道德生活中的作用等内容。第四章,论述了道德自我与心之本体是如何互动的。通过对二者互动前提的追溯、互动途径的揭示、互动历程的展现、互动动力与阻力的分别探讨,全面深刻地阐释了"道德自我"与"心之本体"互动的过程、互动的实质、互动的最终归趣。第五章,挖掘出"道德自我"与"心之本体"互动的目的所在,揭示出唐君毅道德形上学的理论倾向及实质归趣,并给每一个"生命存在心灵"指明了一条成就"真实自我"的修养途径。第六章,通过对唐君毅道德形上学体系的回顾,总结其道德形上学理论的特点,并对这一体系的意义与得失获得一个观照的角度。

本书试图给读者提供一个方便,如读者想略知本书的研究发现,或想首先把握本书的逻辑思路与主要内容,则不需逐章逐句地详读,只需阅读每一章的最后部分。因为,每一章的最后部分都是对该章的撮要和总结。

在此,先提示出唐君毅先生道德形上学体系的主旨:从"生命存在的心灵"与"境"的超越感通出发,肯定本然的"道德自我",超越当下的"现实自我",创造理想的"真实自我"。本书将在以下一至六章建立并申述这一主旨。

第一章 唐君毅道德形上学产生的 背景及发展历程

任何一种思想的产生都与思想家所处的时代、社会环境息息相关,也同思想家的成长过程、教育背景密切联系,更脱离不了思想家一生的学术追求和终极的关怀。复杂多变的时代、社会变迁的种种困境给唐君毅先生提出了一个又一个难题;社会中许许多多的思想、文化因子又不断刺激与碰撞着他。而其对中华民族、中国传统文化一生的眷念和对个人安身立命、社会和谐大同的孜孜追求,使得我们在探求其道德形上学产生的背景时,不得不理清近代中华民族和中国传统文化所处的困境。

第一节 唐君毅道德形上学产生的时代背景

一、近代中华民族的遭遇与中国传统文化的境遇

1840 年鸦片战争以后,中国社会在各个方面发生了翻天覆地的变化。随着西方列强的不断入侵,中国被动地、不可避免地开始了与外界接触。西方的科学、技术、政治、经济、道德、价值等等异样的文明,随着坚船利炮与不平等的条约一起涌入中国。中国的封建政治制度逐渐瓦解、摇摇欲坠,以农业为主的社会经济濒临破产,而中国的传统文化也面临着深刻的危机。中国在遭受侵略的同时,却也被强行纳入了近代化的轨道;西方列强的侵略激发了中华民族的忧患救亡意识,近代化则引发了中国人开始追求与传统相对的近代观念。可见,这种变化已经不是中国人自己的变化,而是一股大的西方潮流突然冲过来,于是,这一变化就成为以西方文化为主导的变化了。在这一残酷的现实下,中国的知识分子开始思

考中国该向何处去,中国传统文化该向何处去。此时,中国知识分子出现了前所未有的危机意识。这种危机意识分为三种:一种是"器物"层面的危机,即科学、技术层面的危机;一种是"制度"层面的危机,即经济、政治层面的危机;一种是"道"层面的危机,即道德、价值层面的危机。

面对西方先进的科学与技术,中国的知识分子在坚守中国固有的思想文化的前提下,开始做出让步。魏源提出"师夷长技以制夷";冯桂芬提出"以中国之伦常名教为原本,辅以诸国富强之术";郑观应则进一步指出应"中学其本也,西学其末也。主以中学,辅以西学"。"中体西用"论说逐渐形成。中国人开始在"以中国固有的思想文化为体,以西方的科学技术为用"的指导下学习西方的科学、技术,用以解决中国出现的近代危机。从洋务运动、维新变法到辛亥革命,无不都是中国人探求解决"器物"危机与"制度"危机的努力与尝试。但是随着这些运动的失败,以及对西方文化了解的逐步深入,中国的知识分子不再是仅仅关注这"器物"层面、"制度"层面的危机,而是开始怀疑中国的传统文化的价值,开始反思中国的道德层面、价值层面的思想观念。

这种怀疑与批判发展到最后,便引发了以陈独秀为代表的新文化运动,他们以《新青年》为主要理论阵地,大力宣扬民主与科学,主张全面向西方学习,并对儒学乃至整个传统文化展开猛烈的批评。他们认为中国不仅科学、技术落后,政治、经济制度落后,传统的道德观念、价值体系更落后。中国要想实现近代化,就不能继续再对传统抱残守缺,而应全面向西方学习。于是,以胡适为代表的一批知识分子提出了一种极端激进的、彻底否定中国传统文化的、全盘西化的发展道路。他认为,"抵抗西化在今日已成过去,没有人主张了。但所谓'选择折衷'的议论,看去非常有理,其实骨子里只是一种变相的保守论。所以,我主张全盘的西化,一心一意的走上世界化的路"①。

可见,正是"器"层面的危机引发了"制度"层面与"道"层面的危机。自古以来,在中国传统观念中,"器"的层面是可以改变的,但"道"的层面却是不能丝毫更改的。近代中国的科学、技术落后于西方,一般有理智之人一比较便能判别;经济、政治层面上顺应西方也是经济、政治体制发展

---

① 姜义华主编:《胡适学术文集·哲学与文化》,北京:中华书局,2001 年版,第 306 页。

的时代潮流;但精神领域、文化领域的优胜劣败却难以区分。可见,中国知识分子的危机意识实质上是"道"层面的精神危机、价值危机、文化危机。这种危机表现为中国知识分子一向借以安身立命的传统世界观、人生观、价值观,在西方的世界观、人生观、价值观的冲击下,呈现衰落、溃败之势,使得中国人对自家的传统、文化不再信任,甚至主动地给以攻击与摧毁。这一"道"层面的危机又表现为三个不同的层次:道德危机、存在危机、形上危机。所谓道德危机,指儒家传统的道德、政治价值遭到否定并被激烈地打破,人们开始产生普遍的焦虑,造成道德迷失的普遍心理。所谓存在危机,指儒家传统天道信仰的象征性的庇护遭到破坏以后,人们在艰难的生活中难以找到安身立命、安顿自己灵魂的地方。所谓形上的危机,指中国在狂热地追求西方科学、技术、制度等"器物"层面的价值之时,却忽视了西方的宗教与哲学。科学并非万能,它提供的睿智也是有限的,并不能解决中国人所有的困扰。在科学占据统治地位之时,国人又失去了中国传统宗教、哲学的形上的世界观之后,无法再找到广涵一切的世界观。①

这三种危机与迷失交织出现,时时困扰着中国知识分子敏锐的灵魂。加之第一次世界大战的爆发,西方的文明在昭显出其乐观、辉煌之时,自身也暴露出弊端。这些都不得不迫使中国的知识分子重新审视中西文化,并试图在中西一切宗教、哲学、文化中寻求危机的解决之道。

二、现代新儒家对近代中国"道"层面危机的反应

近代中国,除了全盘西化理论之外,还一直存在着一股对中国传统文化持肯定态度的思想。

梁启超认为西方文明已经破产,科学万能梦已经破灭,并自信中国文化能够使中、西方文明摆脱困境。他认为欧洲文明已经穷途末路、积重难返,所以,中国不必效仿他们。章太炎认识到文化的危机是中国最根本的民族危机,呼吁人们重视保持中华民族文化的独立性。他以复兴中国文化为己任,提出以固有的文化为主体,积极整合西方文化,以发展中华民族的新文化。可见,认为西方文明已经穷途末路、濒临破产,未免过于激

---

① 张灏:《幽暗意识与民主传统》,北京:新星出版社,2006年版,第98~100页。

进与片面;而将中国特有文化或中华民族的种族特性作为评判国粹的唯一标准并固守坚持,又未免过于狭隘与排外。只有对中西方哲学、宗教、文化有充分的了解、充分的肯定之后,才能站在中西文化之上,发现并挖掘出中国传统文化里具有的超越文化本位的价值与普遍的意识。这便是从儒家来认同中国文明,以作为儒学精髓的宋明理学之伦理精神象征为根本信仰的意识。这一对中国传统文化的超越发展也正是通过一代代新儒家一步步地探索与努力而得来。

如前所述,新文化运动以后,中国的知识分子广泛接纳并过度宣扬科学主义、民主主义。认为科学无所不包,不仅可以给我们提供自然宇宙的知识,还能为人生与社会提供发展的方向,而且认为科学的方法是了解生命、了解社会唯一有效的方法。他们认为中国的科技革命(洋务运动)与政治革命(维新变法)的失败归根到底是由于中国未进行意识上的革命,即没有摆脱中国传统文化的落后与禁锢,于是便对以儒学为代表的传统文化发起了猛烈的攻击。以梁漱溟(1893—1988)、熊十力(1884—1968)、马一浮(1883—1967)、张君劢(1887—1969)为代表的第一代新儒家,一方面接受着西方文化、西方文明的猛烈冲击,一方面又对中国文化、儒家之学有深刻的体会;既能看到科学的不足,又能挖掘出儒学精神的独特性与普遍性。在融通中西哲学、宗教、文化的基础上,超越地发展中国传统的文化,以解决中国的精神危机、价值危机、文化危机。

梁漱溟与张君劢都接受并承认科学的观念,但却否认科学能够涵盖人生和社会的一切。梁漱溟认为道德的真实与宇宙的最高存在,不是仅靠科学就能够证实的,必须要由人的直觉和精神的心灵才能证得。张君劢也认为人与自然不同,人是官能体与精神体的结合,而这些仅靠科学分析是无法解释清楚的。他认为世界可以分为自然领域与人事领域两个不同的领域。科学是开启自然领域的钥匙,但对人事领域却无能为力;而对人事领域的了解只有通过"直觉",即直接的、个人的、同情的体验方式、理解方式。不仅如此,他们还认为把科学的方法用于人生、社会领域将产生不良后果。梁漱溟强调科学本身会导致粗糙的功利主义和过度的行为主义,这些对人之人生观、价值观都是有害的,这便需要中国传统的精神、文化来弥补。张君劢认为科学所导致的机械论的世界观与决定论的世界观,是不利于道德的追求、道德的生活的,这都需要中国传统的道德哲学,特别是孔孟以降的道德理想主义来补救。

可见,他们这些思想的提出都是对中西文化的研习、对比、评判、融摄之后的真知灼见。他们对西方科学主义的否定与批判,正是缘于他们对西方文化的接受;他们对中国传统文化的钻研与肯定,正是缘于他们对西方思想的接触。例如,梁漱溟"直觉论"的研究进路曾受到西方柏格森思想的影响;而张君劢强调在人文学科上运用科学的方法有局限,转而主张采用"直觉"的方法也是受到了西方倭铿、柏格森、康德哲学的影响。

熊十力也免不了要受到西方思想的影响。所以,他虽然反对科学主义,但同时也承认科学的方法在经验世界、认知领域中具有其重要的价值。但他的哲学训练大多还是来自他对儒家经典、佛学经典的研习与融通。近代佛学复兴,许多思想家欲借佛学的精湛的佛理去抗衡西方的宗教与文化,以确立中国文化的优势地位。但熊十力却是为了寻求人的安身立命之所这一终极关怀,才从对佛学的潜心研究而转入对儒学本体论的建构。他将儒家的理想主义哲学与大乘佛学的"唯识宗"思想结合起来,以唯识宗的方法,刷新儒学核心的心学思想,重构以宋明理学之伦理精神象征为宇宙终极真实的儒学本体论。他认为宇宙的终极真实,就是宇宙心灵不断创造的过程。宇宙的心灵是超越的本体,但又必须落实于现象界的具体存在之中,并成为每一个具体存在的内在本质。他虽然强调本体与现象不离,在发用流行中"体用不二",但是也认为本体界与现象界是不同的。现象界中,人们追求的是科学的真理;本体界中,人们追求的是玄学的真理。对真实的本体界的追求并不能靠科学的分析与推理的论证而得来,只能靠直觉和灵明的心的不断运作,也就是说,对形上的终极真实的追求只能通过个人的、当下的、超验的体验来体认和证会。可见,熊十力与梁漱溟、张君劢一样,并不是反科学、反西方的,而是反对全盘西化、科学万能,并试图通过各自的努力,挖掘出中国文化的真正精神,来补充科学主义的局限与缺失,从而超越以往中西文化的局限,确立真正的中国文化。

在寻求危机解决的道路上,熊十力证成的中国人文的形上学、儒学道德本体的形上学,虽然在近代科学技术危机、制度危机等层面上并未起到多大的作用,但也正是在这"价值本体"的体认上,在道德规范、道德行动更深层次的"本体"的挖掘上,使得中国文化能够与西方文化分庭抗礼。而以熊十力为代表的新儒家也正试图以此为起点,找到人之安身立命之所,拯救整个中国文化。因此,面对相同的时代危机,他们并不同于西化派,主张全盘西化;也不同于国粹派,锢守着典章文献的末节;更不同于康有为的儒教运动,以孔子为教主并试图建立儒教组织来恢复儒学;而是找到了中国文化的精神本体——伦理精神。

由于时局的变化,第二代新儒家代表唐君毅(1909—1978)、牟宗三(1909—1995)这一代先是在中国内地(大陆),尔后在港台地区,危机意识有增无减。在中国文化"花果飘零"散落之下,努力求其"灵根自植",他们承接了以熊十力为代表的第一代新儒家的成果,接过对"价值本体论"重建的薪火,将学术融入生命,一生追求人之安身立命之所,追求儒学的复兴,追求中国文化的复兴。

1958 年,移居港台地区的新儒家中,由唐君毅起草,唐君毅、牟宗三、徐复观、张君劢讨论并联合发表的《中国文化与世界——我们对中国学术研究及中国文化与世界文化前途之共同认识》的宣言在《民主评论》和《再生》杂志的元旦号刊发,后译为英文版,在海外有很大影响。宣言围绕着中国文化问题而展开,认为中国文化问题有着世界的重要性。中国文化不是"死物"、"国故",而是"活的生命之存在",是真实存在于此历史文化大流之中的有血有肉的人,努力使人类和中华民族的"客观精神生命的表现"继续发展下去。概括总结如下:(1)中国文化本多根系,近代以来又不断与外来文化融合,但在本原上仍是一脉相承,自成一个体系。由孔孟至宋明理学的"心性之学"是中国文化的精髓所在,是人的内在精神生活的形上学。我们不能只以一种外在的标准来衡量中国文化的价值,来指导中国文化的前途。(2)中国文化的伦理道德思想及修身成德实践,不仅仅是一种外在的规范,用以维持社会秩序,更是一种内在精神生活的根据与追求,有着丰富的自我超越的情感和内在宗教性。(3)中国文化将哲学、道德、宗教合而为一,成为"心性之学",人的生命中包含"生生不息"的"仁心","仁心"的体证不断扩充,便可以由内在接通外在,由有限的个体体征到无限的外部世界发展。从而解决人的精神灵魂安放之问题,得以安心立命。(4)中国文化的理想便是使中国人通过自己的"心性之学",自觉觉察出"道德实践的主体",修身以成德;同时在政治生活中,能自觉有一个"政治的主体",在自然界、知识界成就一个"认识的主体"和"实用技术的活动的主体"。这也就是说中国需要有民主政治,需要有科学与实用技术,中国文化也必须融合西方文化乃至世界文化。

可见,如果说新儒家第一代梁漱溟、熊十力、张君劢,还在讨论中国文化为什么没能产生科学与民主的问题时,第二代新儒家唐君毅、牟宗三、徐复观则提出要如何建立民主与科学的"新外王",他们提出以科学知识系统作为"新外王"的材质和条件,来充实、发展中华文化生命的内容。这一代新儒家钻研中西方文化,融通中西方精神。认为中国文化十分重视以"仁心"为核心的道德理性的"整体表现"、"内容表现","综合的尽理精神"十足;却缺少西方文化表现出来的"架构表现"、"外延表现",即缺乏"分解的尽理精神"。造成中国文化有"道统"而无"学统",即无科学的知识系统;有"治道"而无"政道",即无民主与政治。

他们承认中国文化中缺乏西方近代以来的科学技术和民主政治,导致中国近现代化、工业化的落后,这是中国文化的弱点和不足。而理想的方案则是要实现现代化,必须护住儒家的道德理想主义这一根基、根本,用西方的知性与政道加以补正、扩充,重新生长出中国文化的参天大树。鉴于此,牟宗三则提出"三统"之学说:道统必须继续,即以内圣心性之学为立国之本;学统必须开出,即吸纳、融摄西方传统,由道德主体转化出知性主体和实用技术活动之主体;政统必须认识,即肯定民主政治发展的必然性,由道德主体转化出政治的主体。[①]

新中国成立以后,钱穆、方东美、唐君毅、牟宗三、徐复观等在香港、台湾地区办学、执教,培养出来一大批研究中国文化的人才。他们的学生中有余英时(1930—2021)、刘述先(1934—2016)、成中英(1935—　)、杜维明(1940—　)等学者,形成了当代新儒家的第三代代表人物。他们在世界各地或中国香港、台湾地区的知名大学或学术研究机构教书育人、开展研究工作。在多元的文化环境中,思想更加活跃、开放。他们学术上的研究重点在于不断反省现代性与全球化,思考传统与现代、人文与科技、东方与西方、全球化与本土化之间等多种问题,并积极参与世界各文明之间的对话与全球伦理的建构。他们在海外积极地用英语传播中国传统文化中的新儒学思想和整套中国哲学体系,在内容的深度、广度、理论性上,达到了相当高的水平。

现当代新儒家的各位学者的思想大不相同,有些甚至相远,但就反思现代化方面问题而言,强调中国文化的主体性,肯定儒学的生存价值以及它的现代意义,可以说仍然是一个大的学术共同体,有着相同的思考范

---

① 郭齐勇:《现当代新儒学思潮研究》,北京:人民出版社,2017年版,第15页。

式。当今工业化、现代化发展给人类带来了许多新问题,例如人类的身心问题和全面发展的问题,人类的生活和生命的意义价值问题,社会发展导致的人与人之间的问题、人与社会之间的问题、人与自然之间的问题等等。以"天人合一"的境界模式,"圆而神"的和谐智慧、"修身成德"的儒家伦理等融合生长出科学与民主,进而反哺西方文化的偏颇与不足,解决西方文化之问题,为全民族、全人类文化提供一种新的思考方式和发展模式。这便是这一大的学术共同体的主要看法。

第二节　唐君毅道德形上学产生的理论背景

面对中国近代以来的文化危机、意义危机,唐君毅先生同他的师友一样,并没有单纯地退回到传统文化里面,而是重估古今中外各种哲学思想,综摄创造,以寻找中国文化发展的康庄大道。他认为:"文化思想,必须有待于吾人一面在纵的方面承先启后,一面在横的方面,作广度的吸收西方思想,以为综摄的创造。"[①]因此,唐先生的哲学体系表现出涵盖一切、调和一切的综摄精神,而他也正是在此综摄的基础上构建其自己的道德形上学体系的。

一、博采西学

唐先生在读大学期间,受西方思潮影响至深,之后的三四十年间,花在研读西方典籍上的时间与精力达一半以上。他曾经列出许多他研习过并喜欢的哲学思想与哲学著作,但却无法具体指出自己的思想所受的影响在何处,因为这些思想已经成为其自身思想的血与肉。但是,他在其《人文精神之重建》中也强调,我们应将欧洲德国型思想与英型、美型的思想并重;要将西方的宗教精神、哲学精神与科学精神、工业精神并重。唐先生对西方思想与西方哲学的融摄仍然是有偏重的。"于希腊古代中多

---

①　唐君毅:《人文精神之重建》(《唐君毅全集》卷十),北京:九州出版社,2016年版,第230页。

相应于柏拉图的超越心灵,而不堪重视亚里士多德对现实经验的关注。就近代西方的哲学来说,唐先生的心态近于理性主义,而远于经验主义。他对康德的哲学亦只喜欢他的道德哲学以及理性的超越表现,而不堪重视他对知识问题的分析的了解。因此,于康德以后的西方哲学,他最契会的是发展康德对形而上问题探讨的德国唯心论,如菲希特、席林①与黑格尔的哲学,与引申发展德国唯心论的英美唯心论,如包桑奎、柏列德莱与鲁哀斯的哲学。"②他对罗素思想中关于物理的东西和心理的东西都是由同样的感觉材料所构成的新实在论观点完全不能接受,更是无法赞同罗素将心的功能仅仅界定为与德性无关的记忆与行为这一观点。但却认为摩尔根、亚历山大、怀特海等人将自然、宇宙看作是一个创造进化的过程,并将人类放置于这一进化过程中最高层位这一观点,能够维护人道的尊严,是有可取之处的。

因此,在他的道德形上学中我们可以看到柏拉图的超越理念、基督教的超现实精神、康德的道德哲学及理性的超验表现、费希特的自我、黑格尔的精神、德国的唯心论等等思想的影子,它们都多多少少地被融入唐先生的哲学体系之中。唐先生自己也在代表其道德形上学体系确立的标志性著作《道德自我之建立》一书中明确指出:"著者思想之来源,在西方则取资于诸理想主义者,如康德、菲希特、黑格尔等为多。"③

"吾读康德之书,于其知识论之间架,初无甚兴趣。吾所契者唯在其言超越的统觉与理性之能虚构超越的对象之能,与其言道德上之当然,在经验之实然之上一层次之义。"④可见,唐君毅对康德关于客观自然世界有赖于"主体先验范畴"方才能得以统合,并且理性更可以运用"先验范畴"得以超越自然世界而虚构出一个对象世界的观点比较重视与关注。唐先生更推崇并服膺于康德以纯粹理性为基础的道德形上学。而他对道德的生活之本质和真实生命存在的分析也就接近于这种依理性的自律而建立起来的伦理学。

---

① 菲希特即费希特,席林即谢林。

② 李杜:《唐君毅先生的哲学》,台北:台湾学生书局,1982年版,第132页。

③ 唐君毅:《道德自我之建立》(《唐君毅全集》卷四),北京:九州出版社,2016年版,第2页。

④ 唐君毅:《生命存在与心灵境界》(下)(《唐君毅全集》卷二十六),北京:九州出版社,2016年版,第357页。

唐先生对费希特的哲学也非常推崇。费希特提出"存在"的原始意义不能脱离思维而加以理解。他进一步认为,本质与现象、自我与自我的表现是统一的。"自我是绝对自由的活动,它一定不会囿于自身,只有设定非我,自我才能在所有关于世界和他人的经验中展开自身。就是说,自我为了完全地设定自身,就必须设定非我。"① 唐先生非常赞同费希特将"真我"下降到形体世界的现象,以完备自己形象的学说。而他在其道德形上学中提出的至善无缺、真实完满、形上的"心之本体",不能安稳地躲在它无限性的本然状态之中,必须下贯到现象界,渗透并表现于有限的生命存在的心灵,不妨可以说是受到了费希特"自我"的现象学的影响。

唐先生对黑格尔哲学的吸收与借鉴也是有选择的。他吸收黑格尔关于存在的逻辑起点就是纯粹的思想这一观点,更加相信理性心灵乃是超拔于自然世界万事万物之上的实体。他认为黑格尔的哲学比费希特更进一步,"亦不如黑格尔之由纯粹思想,以引绎一切思想之范畴,而归于绝对理性,与其必然客观化为自然,再回到精神世界中之主观精神中之情欲理性等,客观精神中之道德法律,绝对精神中之艺术、宗教、哲学者"②。也就是说,黑格尔的"意识"在其自身的发展和提高的过程中,要求自身的现象与自身的本质相同一,而且它在趋向于它的真实存在的过程中,它将摆脱它的异化或外在的形式,而将达到现象与本质的同一。③ 在黑格尔这里,精神经过辩证的发展后,最终达到现象与本质的同一。唐先生吸取了黑格尔哲学中辩证逻辑的部分,在其道德形上学中,从生命存在的心灵的不断感通、自我超越出发,强调不断涵养本性,克服心灵之陷溺,以达于回归纯善的"心之本体"的成人之教。

唐君毅对西方哲学中的唯心论哲学非常服膺,以西方唯心论哲学否定西方实在论哲学。他的哲学思想方法主要是解析式的,大体上遵循着西方哲学的发展进路,表现出对西方哲学的理解与崇尚。但在博采西学之中,他对人的关注、对心灵的高杨,却隐隐约约地体现出他儒家心性论

---

① 赵敦华:《西方哲学简史》,北京:北京大学出版社,2001年版,第288页。

② 唐君毅:《生命存在与心灵境界》(下)(《唐君毅全集》卷二十六),北京:九州出版社,2016年版,第359页。

③ 王怡心:《唐君毅形上学研究——从道德自我到心灵境界》,北京:中国文史出版社,2006年版,第149～151页。

的成长背景与学思路径,这正是他日后回归中国传统文化并归宗儒学的深刻缘由。

二、融摄各家

唐君毅先生除了对西方理想主义哲学用心钻研、较多借鉴之外,对于道家、释家等思想也皆有采纳。

在他的道德形上学中,他将人之"生"与人之"心"合一为人之"性"。认为人之"性"既离不开"生命",又离不开"心灵",也就是说真实的生命就是"心灵"按其本然应当做的那样去做的过程。"吾意中国文字中之有此一合'生'与'心'所成之'性'之一字,即象征中国思想之自始把稳一'即心灵与生命之一整体以言性'之一大方向;故形物之性,神灵之性,皆非其所先也。"①可见,唐先生的生命存在的心灵不是先验的道德心,也不是理性的心,而是与生命存在结合起来的心灵。"生必依心,而其生之'有'乃灵;心必依生,而其'感'乃不息。"②这一思想可以追溯到他对先秦"言心之学"的考察与综摄。他认为,先秦孟、墨、庄、荀四家言"心"皆有侧重。孟子言"德性心",墨子言"认知心",荀子言"统类心",而庄子将"心"分为"世俗心"与"灵台心"。世俗心又称为"成心",是人之"情识心",是桎梏人心的死生、穷达、是非、毁誉之念,庄子认为此"成心"需要"虚"、"静"、"解"、"清"的修养功夫加以"止息",从而达到虚灵明觉的"常心"、"灵台心"。可见,庄子这种解除人心之桎梏,以超拔向上达到"灵台心"的理想与唐先生的"生命存在的心灵"不断感通超越以回归至善的"心之本体"的理想是一致的。而且,庄子重视人之自然生命,并将人之自然生命归结为能与天地万物并生的"虚灵明觉之心",这也为唐先生提出"生必依心"、"心必依生",生命存在与心灵统一为性,并将真实的生命存在归结为人之"心灵"不断感通超越的过程提供了参考。

因此,唐先生对道家思想的修养功夫与所追求的超然人生境界是非常

---

① 唐君毅:《中国哲学原论·原性篇》(《唐君毅全集》卷十八),北京:九州出版社,2016年版,第10页。
② 唐君毅:《中国哲学原论·原性篇》(《唐君毅全集》卷十八),北京:九州出版社,2016年版,第10页。

欣赏的。"道家之老庄,游心太初,寄情妙道。其自现实超拔之心,同于西洋理想主义者,而无彼企慕祈望之情。其足以涤荡情见之效,与佛家同,而无彼永超生死苦海之悲愿。然循老庄之道,高者可以丧我忘形,返于大通,游于天地之一气;低者亦可致虚守静,少私寡欲,渣滓日去,清光日来。"①

唐先生以"心之本体"为体,以"生命存在的心灵"与"境"不断的感通而自我超越为"用"的理论体系,无论是从本体论的构建,还是从外在形式的表现,都包含了对中国佛家思想的继承和运用。他在综述其思想来源时,提到"《华严》一经,始于赞叹十方诸佛,共唱圆音,使人如顿入于永生之城。其归于论'无不从此法界流,无不还归此法界'之义,妙谛无边,谁有智者,而不顶礼"②。可见,唐先生以"生命存在的心灵"与"境"感通开出的一切境界无不是"心之本体"的发用与流行,正如同这"无不从此法界流";而"生命存在的心灵"不断感通超越以期回归于"心之本体",正是这"无不还归此法界"。就"心境感通"的理论形式来看,唐先生主张"境"缘"心"而起,"心"、"境"感通,"境"不离"心"。这就不同于佛教唯识宗"以所缘缘为境界依"③。他认为唯识宗的"所缘"即"心之所对、所知",则"境界"就是"心之所对、所知"。他并不满意这"境为心所对",而主张"心"、"境"互感互通,即"有何境,必有何心与之俱起,而有何心起,亦必有何境与之俱起。此初不关'境'在心内或心外,亦不关境之真妄"④。也就是说,"此中有心境相互为用之义,不能只言心变现境。又言心变现境,恒是就特定境,而言其为此心之所通。然心之所通,不限于特定境,乃恒超于此特定境,以别有所通,而永不滞于此所通"⑤。

这里体现出唐君毅对佛教的判释,体现出他对儒家思想的推崇与肯定。唐君毅特别推崇儒家思想的原因在于儒家最能体现浓烈的道德意

---

① 唐君毅:《人生之体验》(《唐君毅全集》卷三),北京:九州出版社,2016 年版,第 16 页。

② 唐君毅:《人生之体验》(《唐君毅全集》卷三),北京:九州出版社,2016 年版,第 14～15 页。

③ 唐君毅:《生命存在与心灵境界》(上)(《唐君毅全集》卷二十五),北京:九州出版社,2016 年版,第 2 页。

④ 唐君毅:《生命存在与心灵境界》(上)(《唐君毅全集》卷二十五),北京:九州出版社,2016 年版,第 4 页。

⑤ 唐君毅:《生命存在与心灵境界》(上)(《唐君毅全集》卷二十五),北京:九州出版社,2016 年版,第 4 页。

识,能够承担一切"尽性立命"之事。即人们在现实的人生与世界之中,能直接面对现实种种境地,不断感通超越,承担起种种责任。在现实世间就能立即实现价值,从而"成己成物"。而佛教则认为人生与世间充塞着痛苦与烦恼,要用种种实践的方法予以克服、祛除,然后才能"转识成智",取得涅槃。这与儒家思想相比,已经是隔了一层了。

三、归宗儒学

唐君毅先生在西方哲学思想的道路上披荆斩棘,潜心钻研,尤其喜欢西方唯心论与理想主义哲学,但峰回百转,当他回头复观中国先秦儒家、宋明理学以及佛学之时,始觉儒、释又有超越西方唯心论之处。

"大率在西方近代之理想主义之哲学,对于人之理性之分析之机能之外,有综合之机能,亦有自己向上超升之机能,至形成种种人类社会之政治、法律,人类学术文化中之艺术、宗教、哲学、科学之理想,及人对其自身之道德之理想,大体皆能有真知灼见而无疑……于是此诸理想,恒转而只为人之所关照之一虚悬于上之当然的世界……如何使此理想,不只为人所关照之虚悬于上之当然,而成为真正之实然。而在其转为实然之时,如何能不被染污利用,以加深人之罪恶,欲答此一问题,则必须由西方近代哲学,回到中古哲学之重信心、重灵修之精神,更须由西方哲学通至东方之儒道佛之哲学,所言之如何使知行合一,智及仁守之道。欲知此道,则赖于人之对其上升与下降之关键所在,其间之轮转为用之几,有真实之智慧。此皆西方哲学所未能及者也。"[1]

唐先生认为,西方近代理想主义哲学虽然为人类树立了各种理想,但却将这些理想置于虚悬的当然世界之中,无法落实为实然的世界,而东方的儒、佛、道各家却恰恰在这方面有深入研究。他尤其肯定儒家的孔孟之道在这方面的成就。

"西方之道德哲学之系统,由亚里士多德、斯宾诺莎、康德、菲希特及少数之功利主义者直觉主义者,与现代之自超越价值论观点论道德之哈特曼(N.Hartmann)……愚皆颇致推崇。然此诸家之系统中,亦皆有种种

---

[1]　唐君毅:《生命存在与心灵境界》(下)(《唐君毅全集》卷二十六),北京:九州出版社,2016年版,第367页。

问题,及未能尽理之处。唯中国之孟子,乃在此学,最能言之无憾。而宋明儒者之朱子、王船山之论德目,阳明之论良知,皆能于孟子各有独至之发挥。如引申其条绪,私心以为西哲在此学中问题,皆可得其解。"①

因此,唐先生非常重视传统儒家由"心性之学"而达至"天人合一"境界的理路。并积极将此"心性之学"的核心与儒家道德修养功夫的精髓纳入自己道德形上学的体系之中,以期解决西方哲学在理想与现实、价值与事实方面的问题,更以引导世人成就真实自我为目的。正如他在自己的著作中写到的那样:"当今之世,唯物功利之见,方横塞人心,即西方理想主义已被视为迂远,更何论为圣为贤成佛作祖之教。故化世之言,唯有方便巧立,以严密论证,破迷祛执之事,亦不可不先有。私心想望,实在于此。正于此书所成,不过略示端绪,要在以西方理想主义之精神,融于日常生活之体验……东土圣哲之教,则为其背景,隐而不发。然读者诚能虚心涵泳,亦可循兹以横通东西大哲之心。"②

可见,唐先生虽博通古今中外、兼究老释耶学,然其一生仍以孔孟"性命义理"之学为最后期向。他的思想在西方之学中峰回路转,最终回到儒释,而归宗于孔孟。但其并非简单地回归孔孟之言,而是对东西方进行全面的综合,成就了其独特的哲学体系,肯定了其超越现实一切的"道德自我"、"良知"、"价值意识",完成了他一生以道德的理想为归宗而追求"学在成德"的终极关怀。

第三节　唐君毅道德形上学发展的历程

唐君毅先生的思想经由西方唯心论、理想主义哲学承接东方哲学,而归于对"道德自我"、"良知"、"仁体"的肯定之后,便决定了其一生的哲学方向。他其后的思想基本上乃立此根而逐步扩展。他的道德形上学在其

---

① 唐君毅:《文化意识与道德理性》(《唐君毅全集》卷十二),北京:九州出版社,2016年版,第389页。

② 唐君毅:《人生之体验》(《唐君毅全集》卷三),北京:九州出版社,2016年版,第17页。

三十岁左右便趋于成熟,表现在其《道德自我之建立》《人生之体验》等著作的创造之中,在此之后的著作不再有方向上的改变,而只有深度与广度的开展。正如他自己对二书的评价一样,"然吾自谓此二书,有一面对宇宙人生之真理之原始性,乃后此之我所不能为。吾今之此书之规模,亦不能出于此二书所规定者之外。此固可证吾之无大进步;然亦证宇宙人生中实有若干真理,历久而弥见其新也。至于此后三十年中,吾非无所用心,而知识亦仅有增加。然千回百转,仍在原来之道上"①。可见,唐先生的思想是前后相连,一以贯之的。以下将围绕唐先生各阶段的代表性著作的绍述来展现其道德形上学的发展历程。

一、萌芽与酝酿时期

此一阶段的思想集中体现在《中西哲学思想之比较论文集》一书中。该书是由唐先生从 1934 年至 1941 年间发表过的论文结集而成。此时唐先生的思想方向尚未确定,而是就自己的思辨之所及、识见之所及,从自然宇宙论的观点上去论述中西哲学、文学艺术、宗教道德与文化等问题。因此,唐先生在后来批评此书:"原该书自表面观之,内容似甚丰富,且根本观念与今之所陈,亦似相差不远,然实则多似是而非之论。盖文化之范围至大,论文化最重要者,在所持以论文化之中心观念。如中心观念不清或错误,则全盘皆错。"②此处,唐先生所说的不清或错误的中心观念是指《中西哲学思想之比较论文集》一书并没有将所论的问题最终归结到"道德自我"、"良知"、"仁体"这一中心观念上,而是仅对中西哲学的观念进行分辨比较。把中国传统"天人合一"的德性之天理解为"自然生命现象之全,或一切变化流行之全"③的自然之天。从人与自然不离的观念上去说"天人合一",以此"天人合一"为中心观念去比较、论述中西思想的不同。他认为自己当时"对于西方理想主义或唯心论之形上学,无真认识;对东

---

① 唐君毅:《生命存在与心灵境界》(下)(《唐君毅全集》卷二十六),北京:九州出版社,2016 年版,第 362 页。

② 唐君毅:《中国文化之精神价值》(《唐君毅全集》卷九),北京:九州出版社,2016 年版,第 1 页。

③ 唐君毅:《中国文化之精神价值》(《唐君毅全集》卷九),北京:九州出版社,2016 年版,第 1 页。

方思想中之佛家之唯识般若,及孟子、陆、王所谓天人合德之本心或良知,亦无所会晤"①。但这些并不能说此时唐先生对其一生学问所依托的"仁体"、"心之本体"没有体悟,只能说当时他还没有了解到要以此"体"为一切学问的本源所在。因此,他承认"对中国哲学思想,唯于'心之虚灵不滞、周行万物'一义,及'自然宇宙之变化无方、无往不复'二义,有一深切之了解"②。进而,在对中西思想比较的过程中,唐先生以黑格尔哲学为主的德国观念论、英美的新黑格尔学派及以儒家为主的先哲之教作为其主要的反省对象。对存在于康德、费希特、黑格尔哲学中的内在思想发展逐渐有清楚的把握,对宋明理学又有了更深的领悟,从而渐渐由最初的实在论、机械论、新实在论的立场转移到唯心论。对西方理想主义哲学的理解进一步加深,并经由对东方先秦儒学、宋明理学、佛学的研究,发现东方哲学与西方理想主义哲学在"人生之精神活动,恒自向上超越"一义与"道德生活纯为自觉的依理而行"一义上有内在一致之处,而且东方哲学在"成教"的最后归趣上,又有胜于西方理想主义之处,于是便由德国理想主义转至道德理想主义,"遂知人之有其内在而复超越的心之本体或道德自我"③。因此,在此书的创作过程中,他感到"于宇宙人生之根本真理,已洞见无遗",虽然思想中还夹杂着新实在论的残余,还包含一些用"自然之天"来把握"天人合一"的"德性之天"的成分,但却能在不同的机缘下一再显现其对"心体"的体悟。1943年,在其刊印此书时,他自称自己的思想有一新的进展,即"正个人思想有一进境之时"④。这一"进境"便是对"道德本体"、"良知"、"仁心本体"的确立。他认为哲学思想所归依的不再是变化流行的、永不停息的自然,不是西方经验主义所知觉的经验事实,不是理性主义能知觉的思辨理性,不是宗教哲学所推崇的超自然的神祇,而是人之道德本体,是人之仁心、本性之所在。因此,唐先生由中西哲学思

---

① 唐君毅:《中国文化之精神价值》(《唐君毅全集》卷九),北京:九州出版社,2016年版,第1页。

② 唐君毅:《中国文化之精神价值》(《唐君毅全集》卷九),北京:九州出版社,2016年版,第1页。

③ 唐君毅:《中国文化之精神价值》(《唐君毅全集》卷九),北京:九州出版社,2016年版,第2页。

④ 唐君毅:《中国文化之精神价值》(《唐君毅全集》卷九),北京:九州出版社,2016年版,第1页。

想比较以肯定自然天道观,转而到肯定真正的哲学所依应为人之"道德自我"、"仁心"、"本性"。

二、确立与展开时期

唐先生经历了上一思想的"进境"之后,便创作了《道德自我之建立》、《人生之体验》、《心物与人生》、《文化意识与道德理性》等著作,以期将其体悟到的中心观念确立并扩展开来。自此以后,他的思想不再有方向上的改变,而只有深度与广度上的扩展,正如他自己在代表其圆熟思想体系的扛鼎之作《生命存在与心灵境界》中总结的:"三十年来寻剑客,几回叶落又抽枝;自从一见桃花后,直到如今更不疑。"

此一阶段,唐先生通过对人之道德生活的反省,肯定并确立了"道德自我"、"道德理性",即人之"本心"、"本性"作为一切学问的本源所在,并积极地构建这一"明体达用"的思想体系。通过对自己思想的反省与批判,唐先生认为无论在思辨上还是在生活体验上,我们的思想皆不能停留在自然论的层面上。因为,从思辨上说,我们不能将生命仅视为一种自然现象的表现,更不能将天人合一仅视为人与自然的合一,而必须由自然升进至超自然从而对人之道德心灵有所肯定。从生活体验上说,人之生活并非完全是一种仅依自然欲望而行动的活动,而是有价值的追求、价值的表现。这种价值的追求、价值的表现并不能在自然的层面上找到依据,而必须从人的本心、本性、道德心灵上说。因此,他认为人之思想必须由自然转至德性,而自己的学问也必须由对自然生命现象的了解、分辨,而转至对道德层面本源的反省与追求。由此,便有了《道德自我之建立》、《人生之体验》、《心物与人生》、《文化意识与道德理性》及其他文化方面的论著,从而充分讨论了人生的目的、生活的意义、道德心灵的含义、道德心灵与身体、物质的关系、道德自我或道德理性与人类文化的关系等一系列的问题。但中心目的却在于:"肯定'道德自我'或'道德理性'的超越存在,再由此而展现它在人生伦理、社会文化与自然宇宙中的地位,或人生伦理、社会文化与自然宇宙与它所形成的种种关系,以代替他以前以'天'为自然生命现象之全,并由此去论述天人关系,或人生伦理与社会文化等说法。"①

---

① 李杜:《唐君毅先生的哲学》,台北:台湾学生书局,1982年版,第16页。

可见,唐先生在《道德自我之建立》、《人生之体验》、《心物与人生》三部人生之书中,确立了"道德自我"这一核心概念,并用这一中心观念去反省与论述他在中西文化上所感受到的问题,并试图加以解答,从而开展出一种以"道德自我"或"仁心人性"为核心观念的文化系统或理想主义的系统,这便表现在其之后的《中国文化之精神价值》、《人文精神之重建》、《中国人文精神之发展》等著作之中。

三、升进与圆熟时期

唐先生在肯定了自己的中心观念之后,先后通过《道德自我之建立》、《人生之体验》、《心物与人生》、《文化意识与道德理性》等著作,完成了"道德自我"的中心观念的建立与展开。此后,唐先生转入对中国传统哲学进行系统梳理、挖掘,完成了其有关中国哲学思想的系列论著《中国哲学原论》。通过对中国传统哲学的探讨、疏论,唐君毅开拓了原有的思想规模,去除了其原来只根据已肯定的中心观念评论中西思想、中西文化的偏见,即改变了他原先试图由"道德自我"为核心去建立一种哲学系统的想法,改而由人的整个心灵的活动上去建立一个更大的哲学系统,这便成就了其扛鼎之作《生命存在与心灵境界》一书。

"此综合由他的思想的发展上看可分为两方面去了解:一为由他对'道德自我'的逐步反省与肯定,与对西方的理想主义与唯心论的了解,以及对中国传统哲学对人性的了解,而见到合'生'与'心'为'性'的人生的内涵。此内涵为具体的人生的内涵,亦即为人的整个生命存在与心灵活动。一为由才智思辨上的了解进而用心于中国、西方与印度三大传统哲学思想中对有关知识、道德、伦理、宗教等问题的种种讨论,而将此等讨论皆了解为心知所对的事,而可分为不同的领域与层次而皆统摄于人的生命心灵的了解中。"[①]

而"道德自我"这一中心观念在其新的、更完善的"心灵"体系中的地位却是不容置疑的:"《生命存在与心灵境界》一书对有关中国传统的哲学为重视德性的了解没有改变,它只改变了以中国传统的哲学为完全可以归到'道德自我'上去作解释的观点。因为人不是纯道德的动物。人的思

---

① 李杜:《唐君毅先生的哲学》,台北:台湾学生书局,1982年版,第58~59页。

想亦不是全由道德的问题所引生。事实上'道德自我'亦不是独立存在，而是与人的生命存在其它方面相关联，它实仅为人依道德心灵的活动而来的一种肯定。但人的心灵活动除了道德的活动外尚有其它种种活动。人可以由人的道德活动以肯定一道德自我，亦可以由其它的活动以肯定其它不同的自我，而此不同的自我皆有活动。故中国传统的哲学虽重视德性，我们不能了解它只是人的道德自我的表现，而应了解它是中国人的生命存在的整个表现……《生命存在与心灵境界》一书即从此一新的了解上去建立一新的哲学系统。于此系统中注意由人的心灵的不同活动所建立各种不同的学术。但各种学术皆应为人的道德理性所主导，以建立人生的真正价值。"①

李杜对唐君毅先生思想的核心观念"道德自我"的理解是准确的，不仅指出了唐先生试图将其思想的核心观念由"道德自我"向"生命心灵"的拓展，而且也指出了"道德自我"这一中心观念在唐先生思想中的一贯性，即"道德自我"这一观念在唐先生三十岁左右确立，之后就再也没有改变过。因为在新的体系中，"生命存在的心灵"历经各种不同的"境界"，最终还是要尽人之性去追求那天人合一的"天德流行境"。生命存在的不同活动只有在"道德心灵"、"道德理性"的主导下，才能确立其自身的价值，而生命存在自身也才能造就出真实的生命存在。可见，唐先生对德性路向的重视是承接了中国传统儒学的精髓，但却并没有简单地转回到传统哲学，而是将哲学归旨到人的整个生命存在的活动上，而非仅仅局限在道德这个目标上。

小　结

至此，我们对唐君毅先生道德形上学产生的背景及发展的历程有了一个整体的把握：

在山河破碎，国家民族危急存亡之际，无论是洋务运动、戊戌变法还是辛亥革命，都无法解决中华民族的危机状况。中国的知识分子转而开

---

①　李杜：《唐君毅先生的哲学》，台北：台湾学生书局，1982 年版，第 57～58 页。

始怀疑中国的传统文化与传统的思想观念,直至"五四",便大力宣扬民主与科学,主张全面向西方学习,并对儒学乃至整个传统文化展开猛烈的抨击。面对西方文明、西方文化的挑战,中国的传统文化该向何处去?中国一代又一代知识分子不断地反思与探索着。直至唐君毅先生这一代,由于时局的变化,危机意识有增无减。对中国文化,努力求其"灵根自植",他们承接了以熊十力为代表的第一代新儒家的成果,接过对价值本体论重建的薪火,将学术融入生命,一生追求人之安身立命之所,追求儒学的复兴,追求中国文化的复兴。

机缘巧合,在中华民族与中国文化受到巨大冲击之时,闭塞已久的中国知识分子也开始有机会接触与了解到西方的文明与文化。生活在此时的唐先生始得博采西学、融摄各家。随着他对西方唯心论与理想主义哲学的理解不断加深,对东方先秦儒学、宋明理学、佛学的体悟日渐真切,始觉东方哲学与西方理想主义哲学在"人生之精神活动,恒自向上超越"一义与"道德生活纯为自觉地依理而行"一义上有内在一致之处,而且东方哲学在成教的最后归趣上又有胜于西方理想主义之处。于是,便在西方思想中峰回路转,回到儒释,而归宗于孔孟,终究一生仍以孔孟"性命义理"之学为最后期向。但他并非简单地回归孔孟之言,而是对东西方思想进行全面的综合,从而成就了其独特的道德理想主义哲学体系,肯定了其超越现实一切的"道德自我"、"良知"、"价值意识",完成了他一生以道德的理想为归宗而追求"学在成德"的终极关怀。

唐先生的思想前后相连,一以贯之。其道德形上学的核心观念"道德自我"、"道德心灵"、"仁心本性"在《中西哲学思想之比较论文集》中克服重重迷茫,破土初萌。并在其人生三书——《道德自我之建立》、《人生之体验》、《心物与人生》中,以"道德自我"这一中心观念确立下来,而后在《文化意识与道德理性》、《中国文化之精神价值》、《人文精神之重建》、《中国人文精神之发展》等文化著作中得以展开,从而形成了其以"道德自我"或"仁心人性"为核心观念的文化系统或理想主义的系统。随着才智思辨的进境,对中、西、印三大传统哲学知识的增加,同时对中国传统哲学的探讨与疏论,唐先生开拓了其原有的思想规模,去除了其原来只根据"道德自我"去评论中西思想、中西文化的偏见。即改变了他原先试图由"道德自我"为核心以建立一种哲学系统的想法,改而由"生命存在的心灵"的全部活动上去建立一个更大的哲学系统,这便成就了其扛鼎之作《生命存在与心灵境界》。

第二章 道德生活之源泉
——道德自我

第一节 道德生活的本质

一、什么是真正道德的生活

(一)现实中对道德生活的界定

现实中对"道德生活"的界说是多方面的。首先,自"道德生活"是如何发生方面看:可以说,道德是一种心理反应,"道德生活"是来源于人类的心理要求。可以说,"道德生活"是由社会生活中发生的,遂从"道德生活"如何自社会生活中发生,来界说"道德生活"。例如:"道德行为"是一种习得的行为方式,"道德生活"是人们在生活中习以为常的生活习惯。另有说法认为,"道德生活"是在社会生活中由于人类生存与发展的需要被规定下来的。如果我们受到宗教的影响,可以说:"道德"是一组神的命令,"道德生活"来源于神的启示和对神的信仰。我们还可以说,"道德"来自一套社会惯例,"道德生活"就是按照带有一套可习得的、具有社会重要性的规则的社会惯例而行为的生活。以上便是对"道德生活"从怎样产生方面的界定。

其次,从"道德生活"的目的上说:有人认为,"道德生活"的目的在于创造和保持结构良好的社会或者达到幸福的生活。有人认为"道德生活"的目的在于实现神的意志,或者是客观精神的意志,于是便从"道德生活"是如何实现神的意志及客观精神的意志上,来界说"道德生活"。还有人认为,"道德生活"的目的在于造就个人的"善良意志",达到"至善"的状态以及实现各种道德美德。更有观点认为,"道德生活"的目的在于改进人对他人有限的同情心(因为如果同情心是有限的,将会导致不幸甚至悲惨的结局),从而改善人类当前糟糕的状态和人类所处的逆境。这便是对"道德生活"从目的上论说的定义。

最后,自"道德生活"的本质上说:有人认为"道德生活"是自律的生活;有人认为"道德生活"是他律的生活。有人认为"道德生活"就是追求最大快乐、幸福的生活。有人认为"道德生活"就是获得最大效应的生活,即对涉及的一切人的福利的行为后果的计算,无论这福利是否与个人的义务和普遍的权利相关。有人认为"道德生活"是为道德义务而行动的生活,认为"道德生活"在本质上就是对他人或组织的义务,以及出于自己所应承担的责任。有人认为"道德生活"是顺生命本能冲动而行动的生活;有人则认为,"道德生活"之本在于某种至善的目的或内在的价值。

(二)真正的"道德生活"

唐君毅先生对"道德生活"的界说正是从上面这一本质义上来界定的。他认为"道德生活"的本质乃即"自觉的自己支配自己之生活"[①]。他是这样描述的:

"因我深信道德的问题,永远是人格内部的问题;道德生活,永远是内在的生活;道德的命令,永远是自己对自己下命令,自己求支配自己,变化自己,改造自己。人必需要在自己真切的求支配自己,变化自己、改造自己时,才能有真正的道德意识之体验。一个人希望他人有道德,而对人讲道德,亦只能出于自己之真切的成己成物之道德意识——这一种道德意识当然是最高的。"[②]

他自己认为这是对"道德生活"是什么样的生活的一种方便的界说。事实上,这是在对种种现实中所谓的道德生活之本的批判中确立起来的。

---

① 唐君毅:《道德自我之建立》(《唐君毅全集》卷四),北京:九州出版社,2016年版,第4页。

② 唐君毅:《道德自我之建立》(《唐君毅全集》卷四),北京:九州出版社,2016年版,第2页。

1.对所谓不同类道德生活之追求目标的批判

（1）对道德生活在于追求快乐、幸福的观念的批判

唐君毅先生认为快乐、幸福对道德生活并非没有价值，而是仅具有"负面"价值。快乐与幸福可以去除人的痛苦，而恢复人的精神力量，使人的道德生活得以继续。因此，快乐、幸福包含一种对道德生活的价值。但是，若以快乐、幸福为自觉的追求对象，则不仅不含有任何道德生活的价值，而且是一种虚妄。因为，我们不能真以快乐、幸福为我们自觉追求的对象。理由是，快乐是一种感情，感情只存在于你正感受它的时候。我们若以快乐为道德生活追求的目的，只能是以某种与过去曾使你发生快乐之情境相类似的情况为追求对象。你所追求的至多只是此类似情况之实现化于当前。这样做的唯一原因，只是过去的情境使你感受到快乐，你便对于那类情境有种执着，并希望它能够继续，希望它可以扩大。于是，这种执着便成为你现在求此类似情境实际化的要求。这样，若以某种情境的实现为道德生活的全部活动，那么这种生活就是非自觉的，是盲目的。因为，你只是受那种盲目的执着之流的支配，而没有看到人生有其他更值得追求之目的。并且，任何情境，都只是一种情境，它本身，并不含有值得执着与追求的意义。值得执着与追求，是你附加的。毕竟，任何一种情境，对于他人，对于过去的你、将来的你，不会是同样被认为值得执着与追求的。

（2）对"道德生活"在于满足欲望的观念的批判

此种观点认为，道德的生活在于满足欲望。唐先生认为当你欲望正发动，要求满足时，你并不是真自觉到你的欲望。例如，你的食欲发动时，你只是想将你饥饿时机体感受的活动形式，改变成腹饱时的另一种形式。你之所以要由前一种形式的活动，转变到后一种形式之活动，只是因为你不安于前一种形式，而想要安于后一种形式，由安者看不安者，便觉不安是有所不足，有所缺少。于是，欲望就产生了。但是，"安"与"不安"的状态是相对的，你的欲望也便是相对的。例如，在饥饿状况下，饥饿是我们不愿"安"的状态，腹饱是我们愿意"安"的状态，但是，对于"嗟来之食"的状况下，我们又宁愿忍饥挨饿，而不愿安于接受"嗟来之食"。可见，"安"与"不安"是相对的，单纯的欲望也就是盲目的。所以，为满足欲望而满足欲望，不是自觉的活动，我们不能真把满足欲望，作为自觉的道德生活追求的目的。

（3）对"道德生活"在于追求生命的更广大丰富的生活观点的批判

如果不能以快乐、幸福之感，安与不安的状态为道德生活追求的目

标,那么,能否改而说道德活动的目的,在于使生命活动更丰富、更广大呢? 因为,生命活动总是在实现一些形式,总有新形式的出现,但这些新形式总是同时保存一些旧形式,或使一些旧形式渗透融化在新形式里面。于是,我们的生命活动向着更广大丰富的方向发展,道德的生活也就在于追求生命活动的更广大、更丰富。唐先生反驳道:人的生命活动随时间拓展,总是在向更广大丰富的路上走,不需要先设定此目标。而且,未来广大丰富的生活之所以为更广大丰富的生活,只是因为它留在未来。你必须在未来时,才能真正经验到它。因此,它不能全部呈现于你现在的自觉之中。你也不可能在现在自觉以一更广大、更丰富的生活为人生的目的。

以上,对于人生目的,在于追求快乐、幸福,在于追求某一状态、满足一种欲望,在于实现更广大更丰富的生活,都是错误的。它们均不能作为自己道德生活之最高指导原则。虽然,它们都是从客观上分析人的行为,如见人之行为总归宿于快乐,所以便说人之行为以快乐为目的。但若以这些目的为过道德生活的人所追求的目的时,都是在追求人生目的于你当下能自觉的心以外了。因为,你会总以为你的人生目的在于得着什么,或合乎什么,而非人生真正自己的目的。人生真正的目的在于当下能自觉的心之中,而不能说人生的目的,在使你当下能自觉的心,去取得什么,发出合乎什么的活动,你应当以你当下能自觉的心之所以能自足自主的活动,为人生真正的目的。

那么,什么是当下自觉的心所自足自主的活力呢? "即是由你感应该作而作的活动。"①这一种活动与一切因要做什么而做什么的活动根本不同。当我们认为该做而做时,则我们明觉我们可做可不做,但仍会去做。我们不是受逼迫而做,我们是自己下命令自动地去做。我们所命令于自己者,只是我该去做并去做。只要照着我自觉认为该如何做地去做,我便已做我所该做的了。而我去做,是我自觉的心本身所能自己支配的。所以感该做而做,是当下自觉的心自足自主的活动。"感该作而作是自觉的活动,你自觉此时自定之命令,你自觉你可作可不作,自觉你能作你所该作,自觉你所以认为该作之理由,你自觉'你或该作而作时,你所自觉之上述之一切'。所以你可以自觉的以'作该作者''完成你该作者',为你人生

① 唐君毅:《道德自我之建立》(《唐君毅全集》卷四),北京:九州出版社,2016年版,第26页。

之目的。"①

人生的目的,唯在做你所认为该做者,这是指导生活的最高原则。至于什么是你该做的内容,唐君毅先生认为这并不须规定。只要你真以为该做的,便都是该做的。而真正道德的生活便是出于"该做而做"这一信念。时时本"该做而做",便是扩大道德生活的唯一途径。"这似乎最空虚的应该之意识,正是最实在之道德的动力,推进人生向上的动力。作你所该作者,是最古老的成语,然而它却是要求真正的道德生活的人,所必需认为千古常新的真理。"②只要不断地反省,便会有很多"该做的"呈现于自己之前。问题是在,你去做,而不是再问什么是自己该做的。"该做的"只是自己对自己下命令,并且只有自己能对自己下命令,而别人所谓的该做,对于自己并无真实意义。

2.对所谓不同类道德生活之本质的批判

(1)对个体主义的批判

在现实生活中,持个体主义观点的人认为:个人不同于他人之处才是个人的真正价值所在,也是生命的真实所在。在此观点下,人们在思想和言行上处处表现其独一无二性。这类人只顾求个体生存或求衣食住行胜过他人,求权力超凌他人,求名位高于他人,以突显其居人之上。如果一味地追求自我的独一无二性,便会产生人与他人相对立的局面。因为个体主义者认为,我要高于他、优于他,于是在行动中就会排斥他人,毁灭他人,以使自己凸显。但这种欲凸显个体自我独一无二性而要排斥、毁灭其他个体却并不可能成功。因为无数的他人不可能被"我"所排斥、毁灭,即使能为"我"所排斥、毁灭,也必将导致"我"失去了其他个体的支持,也就不存在个人与他人了。因为,个体主义者要求自我凸显,要靠他人与"我"同在,由"我"与他人之对显而凸出"我"的独一无二。若他人都不在了,则"我"也无法凸显了。如果个体主义者无法意识到这种情形,反而一味地追求个体独显,便会出现自私自利的行为方式与生活方式。但如果个体能对其一己之要求反躬自省,了解到他人作为一个体也一样要求表现其

---

① 唐君毅:《道德自我之建立》(《唐君毅全集》卷四),北京:九州出版社,2016 年版,第 27 页。

② 唐君毅:《道德自我之建立》(《唐君毅全集》卷四),北京:九州出版社,2016 年版,第 28 页。

独特性,那么他心中便有了一种"同情的了解"。他便由此了解到,自己要求表现自己的独特性,也要尊重他人要求表现其独特性,这就是人的"普遍理性"。个体主义者若能自觉地依"普遍理性"而对个体的要求进行审查,便能将其中自私自利的因素化除,而对自我有一番更深的认识。若能自觉地把"做该做者"建立起来,针对"自私的我"实行一套教化,便会使"个体自我"趋于广大高明。因此,唐先生认为,道德生活最重要的还是要使自己凭借着"做该做的"而自做主宰。

(2)对功利主义的批判

功利主义道德哲学是以功利效果或最大幸福的达到为道德行为的标准。认定一个行为之好坏依据此行为产生的功利效果大小与幸福程度大小。如果一行为带来快乐,则这个行为便是好的、善的。如果一行为带来的是痛苦,则此行为便是错的、恶的。而人的感觉具有相同性,所以,人行为的目的就在于求得最大多数人的最大幸福。唐先生对此批判道,以一个行为带来痛苦或快乐来决定此行为的对错、善恶,并不能分清道德的行为与非道德的行为。功利主义所认为的能带来快乐的行为未必是道德上善的行为,但有些行为虽带来痛苦却在道德上是善的。而就行为的善与恶的准则在于最大多数人的最大幸福,也是重人的行为对社会大众的效果,并非就道德本身而说。如果按照功利主义的评价原则,那么,一个事物的价值便决定于这个事物对于其预期的事物的出现是否发挥作用与功能。在道德生活中,事物的价值便在于它能否对于我们要达到的目的产生作用来决定,而人的行为与其价值也是由人对要达到的目的起作用的大小而决定。因此,功利主义哲学关注的并不是人的行为、人的价值以及道德生活本身的"性相"如何,而仅仅关注的是此"性相"所产生的"作用"如何。事物的"性相"是从事物本身之"所见之质"上说,而事物的"功能"则是从事物对他物的作用量上来说。但是事物的"性相"与"作用"并非相应的。一方面,事物的"性相"不同,在功能上却可以相同;另一方面,事物的"性相"相同,但在功能上却可以完全不同。

因此,由一事物对其他事物产生的作用来说此事物的价值,并不等于从此事物本身的"性相"来说它的价值。同样,在道德生活中,从人的行为与活动所产生的功能与作用上并不能看出与评价出此行为与活动本身有无道德价值,值不值得赞美。因此,以功利主义为指导的行为不是道德的行为;以功利主义哲学为指导的生活,也不是道德的生活。

（3）对日常生活中表现的具体之德的分析

唐先生列举出多种生活中具体之德：人为了求得个体的生存，必须能够面对现实中的重重困难而勇往直前，奋力克服，他便在这一过程中表现了"勇敢"之德。在力求生存的过程中，知道不能任意妄为，便对一切困难都能忍耐并无怨地承受，他便表现出了"坚忍"之德。为了延续生计，就不能不从事某一行业的职业，并自我规定职业生活，并立下志向一生从事，这便表现了他在其职业上有"尽忠"之德。人处于种种因果关系中，要想运用因果律，就必须穷尽心思而明了因果知识，这就有了"勤劳"之德。要想采取某一手段以达到预期的目的，就必须有"智慧"之德等等。唐先生认为，在日常生活中还表现出其他多种德行，但这种种德行的性质是不同的：一是人所不自觉地、自然地具有之德，是未经修养而自然形成的性德；一是为人所自觉地修养而成之德。唐先生进一步指出自然所具之德不是真正的德行，只有"自觉求具有德性"而成就德性的行为才是真正的道德行为。所以，同样是"勇敢"，同样是"坚忍"，同样是"尽忠"或同样是"勤劳"，由"不自觉而自然具"者只是自然之德，由"自觉为求而具"者才是道德之德。出于自然之德者，只是人顺自然之德而行，则尚说不上是道德之生活，但若是人自觉地加以培养，并成为生活之主宰者，则其表现虽为自然之德，但实际上仍是真正道德之德。因此，只有当人的行为被此"自觉之德"所主宰的时候，人的生活才是道德的生活。"自觉地求具备德"而成就德才是道德生活之真相。

综上，通过破除以快乐、幸福、欲望以及顺着我们生命活动自然向前为道德生活之目标，唐先生认为真正的道德生活之目的应归宿于"行自己之应当意识对自己所下命令之说"①。这里包含三层意识：其一，这一"应当意识"，是你自己自觉的心所能感、能知的，只要你不断地反省，便会随时呈现于自己面前；其二，这一"应当意识"会在你该做的情境下，命令你去做该做的；其三，这一发出"应当意识"的主体与接受"应当意识"命令并去行动的主体为同一主体。道德的生活便在于按照自己该如何做的去做，也即自觉的心本身自己支配自己。

通过对个体主义、功利主义以及生活中表现的具体之德的考察，唐先

---

① 唐君毅：《道德自我之建立》（《唐君毅全集》卷四），北京：九州出版社，2016年版，第6页。

生得出结论，"道德生活之本质乃即自觉的自己支配自己之生活"①。唐先生相信，人在根本属性上是自觉的，所以在现实中表现出对自己、对世界的不同自觉态度，如自觉了解的态度，自觉欣赏、表现的态度，自觉祈祷、皈依的态度，以及自觉支配自己或实践的态度。人正是由于有了自觉了解的态度，才会有科学、哲学的求真生活。由于有自觉欣赏、表现的态度，才会有文学、艺术的求美生活。由于有自觉祈祷、皈依的态度，才会有宗教的虔诚的生活。由于有自觉支配自己实践的态度，才会有道德、政治经济之生活。唐先生进一步分析到，道德的生活、政治的生活与经济的生活虽然都是表现于心理上、行为上的实践功夫，并去有所支配，但是，政治生活所要支配的是我以外的他人，经济生活所要支配的是客观事物，而道德生活所要支配的则是自己。所以，道德的生活是自己支配自己的生活，而且是自觉地自己支配自己的生活。唐先生十分强调道德生活之"自觉性"。为了说明"自觉"的生活，我们将作两类区分。一类是人的生活与动物的生活。一类是自律的生活与他律的生活。在第一类中，不自觉地自己支配自己的生活，是纯粹生物本能的生活。自觉地自己支配自己的生活，才是人的道德的生活。人的生活之所以为人的生活便在于此"自觉性"。在第二类中，道德的生活是自作主宰的、自己规定自己的生活，是自律的生活。而他律的生活则可能与宗教的生活、政治的生活、本能的生活有关，却不是纯粹的道德的生活。综合此二类来看，纯粹的道德生活则是纯粹的求自律、自觉的人的生活，是人自觉地以自己的"应当意识"对自己下命令的生活，是人自觉地自己支配自己的生活。

二、道德心理、道德行为的共同性质

上一小节已讲到"道德的生活"是"自觉地自己支配自己"的生活。唐先生进一步强调道德的生活只能从心灵内在的自觉处讲，而不能从外在的具体行为上讲，所以他并没有对道德生活的具体内容做进一步的说明，

---

① 唐君毅：《道德自我之建立》（《唐君毅全集》卷四），北京：九州出版社，2016年版，第4页。

他只讲"关于你该作的是什么,你自己只要反省便知道"①。但是关于该做的事是什么,即自己支配自己要往什么方向发展,自己支配自己的目的是什么,唐先生认为这一问题可以转化为人类该做的行为,即所谓道德的行为有什么共同性质。他认为人只有在道德行为、道德心理的共同性质中才能见到自己支配自己的目的,才能自觉自己的道德行为、道德心理的意义,才能过上更加道德的生活,才能懂得他们之所以该做的真正共通的理由。

唐先生通过对实际的道德行为,如勤俭、谨慎、勇敢、忍耐、牺牲等的分析,以及道德行为内部的道德心理,如勤勉、自尊、自信等的考察,总结出道德行为与道德心理的共同性质。唐先生认为这些行为与心理虽不能一一举出,但都是随人"应该意识"之拓展而自然呈现于人心之前的,所以,在事实上是不可能也不必一一列举出来的。所以,其重点在于,通过列举出一些人们公认的、比较普遍的道德行为、道德心理,把握一切行为与心理之共性,以帮助人们对其道德生活有所自觉。而其结论则是:"一切道德行为、道德心理之唯一共同的性质,即为自己超越现实的自己的限制。"②

唐先生先从现实中、通常人们认为的道德行为讲起:勤俭行为是道德的行为。勤,是继续使用现在的力量。俭,是抑制现在的欲望。他们都表现为一种对现实自我的超越。谨慎、严整之所以被称为道德的行为,是由于二者可以防止、约束意外的、偶然的任意,这都是出于人对现实的自我的超越。勇敢,是不怕困难;忍耐,是承担继续遭遇着的困难,它们同样表现出一种对现实自我之超越。牺牲自己以利他人,被称为一种道德的行为,因为牺牲自己,是把他人包涵于我之内,从而破除自我之限制。坦白的行为是一种道德的行为,因为此行为中表现出自己能超越自己与他人之隔阂、之距离的限制。爱美而求美的行为是一种道德行为,是由于这种行为不愿意爱美的心理只受限于内心活动之中,而是要打破这种限制,使美外在化、客观化。爱真理而追求它是一道德行为,是因为爱真理是要超

---

① 唐君毅:《道德自我之建立》(《唐君毅全集》卷四),北京:九州出版社,2016 年版,第 28 页。

② 唐君毅:《道德自我之建立》(《唐君毅全集》卷四),北京:九州出版社,2016 年版,第 30 页。

越自己已有意识的限制,而摄取事理之本质,从而破除自己原有知识的有限范围。

我们认为人具有勤俭、谨慎、严整、勇敢、牺牲、坦白、爱真理、爱美而求美的行为,是道德的行为,并不是因为人能够由勤俭而得到富有的结果,由谨慎、严整、勇敢的行为而得到做事成功的结果,自我牺牲而使他人获得利益的结果,由坦白的行为而得到他人信任的结果,由爱真理而求得真理的结果。而是由于纵使这些行为没有得到这些结果,我们仍然认为这类行为是道德的行为。可见,道德行为的道德价值之所在,并不在于它能够得到结果或使人们间接获得利益,而仅仅在于它能使人超越现实的自己,破除现实自己的限制这一点上。

在分析道德行为之后,唐君毅先生进一步分析了现实生活中的各种道德心理同样具有不断拓展自我、超越现实自己之限制的性质。

向上的奋勉,是一种道德心理。因为,向上奋勉的情绪,是想要改造自己,是不愿受限于已成的自己。而且向上奋勉之情绪,常是一种内在的感动,觉得自己应当不安于过去之自己。正是由于这种向上奋勉的情绪,才有想要实现人生价值的情绪,才孕育出各种确定的人生理想,设定出不同的人生目标。可见,这种向上奋勉的道德心理的道德价值,并不在于获得某种目的物,而是在于想要超越现实之自己之限制上。尊重他人是一种道德心理。能尊重他人是一种比只能尊重自己更高的道德品德,因为只尊重自己,尚局限于自己之内,尊重他人则越过了这种限制。自信是一种道德心理。因为自信是对已实现或未实现的目标、价值的肯定。这里包含了现在自己对过去自己的自觉了解以及对未来自己的自觉向往,是过去、现在、未来自觉的相通。这种相通,表现了自己现在的自觉,能超越时间的限制,超越自己现在的限制。信任他人是一种道德心理,因为信任他人是一种对于他人的过去或将来的肯定。这种肯定使我的自信相通于他人的自信,从而超越了只信自己的限制。宽容大度是一种道德心理。宽容大度是从自己的人格形态中解放出来,而去欣赏、了解他人的人格形态,从而表现出对自己人格形态的限制的超越。

所以,唐先生重申:"道德心理之所以成为道德心理,则唯赖自己超越之活动。才从自己超越,即达于人与自然,故唯此自己超越,为构成诸道德心理之本质。"①虽然,道德心理是自己超越现实自己的活动,但是,在这种活动中必然存在着想要达到另外一种理想、目标、结果或者心理的事实。但唐先生认为,是先有破除自己局限、超越现实自己之自己之后,才自然而然地形成理想的状态、目标的结果,而不是先设定了理想状态、目标结果,而后才有自我超越的自觉。"所以,在道德心理中,只有超越自己限制之自觉,是唯一在实际上有,且必需有的。此外,都是实际上不必有,亦不需有的。"②进一步说,如果将道德心理的道德意义与价值设定在理想状态或理想目标的达成上,唐先生认为,这种心理与行为便是以外在的他物为标准来评判"道德",而不是从心理与行为自身出发,那么,这种评判标准便不能成为道德心理与道德行为的评判标准。

这一小节列举了许多现实中人们通常以为的道德行为与道德心理,进而分析出一切道德行为与道德心理都表现出一个共同的性质,即超越现实自我、原有自我的限制。于是,唐先生确定出,"道德行为"与"道德心理"的共同性质,即"超越现实自我之限制"。得出道德行为、道德心理的共同性质之后,我们便知道了在真正道德的生活中,关于我们应当做的是什么了。唐先生认为真正纯粹的道德生活的目的就是"按自己应当意识做你认为该做的";并且做你认为该做的时候是自觉的、自律的。那么,道德的生活便是自觉地自己支配自己去按照应当意识去做你该做的。现在,我们通过分析日常生活中人们通常认为的一系列道德行为、道德心理,得出它们有一种共通的性质。便知道了自觉地自己支配自己往什么方向发展了,这便是不断地超越现实自我之限制。也就是,道德价值表现于"现实自我限制之超越之际"。唐先生认为,有超越的要求,并不足以构成道德心理、道德行为,必须先对所要超越的"现实自我"之存在有所认识。那么,什么是"现实的自我"呢?

---

① 唐君毅:《道德自我之建立》(《唐君毅全集》卷四),北京:九州出版社,2016年版,第36~37页。

② 唐君毅:《道德自我之建立》(《唐君毅全集》卷四),北京:九州出版社,2016年版,第38页。

第二节　道德自我的凸显

一、现实自我的含义

所谓"现实自我"是什么，唐先生在文中并未加以定义。他认为要对"现实自我"加以定义，必须涉及形上学中极麻烦的问题。

如前已述，道德行为、道德心理的发动纯为自动的，不是依赖于其发动之后的目的物的，每发动一次，都是自我的一次解放，而得到的收获便是自我从现实所处状况的限制中突破。破除之后，自我便少了一种限制。紧接着，这种已破除现实自我的自我，又会受制于新的目的物，又有了新的限制。所以，随时间的革故鼎新，"自我"便需不断地做对"现实自我"的破除。那么，这种自觉的破除活动是不是就必须有一个一定的自己为对象呢？唐先生的答案是否定的。

"那你便要知道我们从来不曾说，'自觉'是以'一自己'为对象。因为你并不能真想象一自己，而以之为所对或对象。所谓自己原只是一与'所对'相对之'能'，所谓自觉，只是对此'能'本身之自觉。对此'能'本身之自觉，即不断有新能，以此新能，贯彻于旧能，而不感隔阂之存在。此新能与旧能，乃非二非一。所谓自觉超越限制者，不外新能不停滞于旧能，旧能过渡到新能，而旧能复投映于新能。所以真正的自觉，真正的超越自己之限制，并非真以一自己，为所对之对象。所谓我们若觉有一所对之'自己'者，实因我们尚未真自觉此自己。只是有向自觉之途而趋，方觉有此所对之自己。"①

唐先生用"光照暗"的例子加以说明这种超越活动中涉及的两个方面。光照暗，暗渐渐退去，但却不能完全退尽，所以好像有暗与光之间的对立。就好像我们通常认为的有一个现实自己为超越活动的对象。这种现实之自己其实是我们在没有完全达到自觉超越最自觉的状态下，所假

---

① 唐君毅：《道德自我之建立》(《唐君毅全集》卷四)，北京：九州出版社，2016年版，第41页。

设的对象。人们好像感觉有一个曾被超越的自己存在,正如光已经到明时,回想过去曾有一个从暗到明的过程,有一个"暗"被破除了。唐先生认为,"其实真在明中,实不能回想暗。其所以能回想暗,乃因此明尚未贯彻至回想中之暗"①。所以,在道德生活中,真正已经超越自己之限制者,是不会感觉到有被超越的"现实自我"之存在的。那么,人常感到有一个被超越的现实自己,是由于这种自觉的超越活动尚未被贯彻到底。又因人是有限的,这种自觉的超越活动是始终无法彻底贯彻的,只能是不断地趋向于那一种完全的自觉、完全的贯彻。

由此,在现实中、在道德生活中,要使人更明确道德行为、道德意识的特性,更自觉地过道德生活,以实现自己的人生价值,对"现实自我"加以设定是必需的。唐先生指出,如真要把"现实自我"的特点加以描述,他认为"现实自我即指陷溺于现实时空中之现实对象之自我,为某一定时间空间之事物所限制、所范围之自我,亦即形而下之自我。而道德心理、道德行为之共性,即使自我自此限制范围中解放,不复有所陷溺,而道德价值即表现于此解放之际"②。

因此,唐先生为人们所设定的"现实自我"是生存于时空限制之中的自我,是与形而上的自我相对的,它可指人生理的本能与行动,可指对于过道德生活时所需要的道德行为、道德心理的发生的一种限制等等。"现实自我"是陷溺于现实时空中的形体自我,为特定的时间、空间的事物所限制、所范围,是形而下的存在。与现实世界的其他事物一样,我们可以认为它是一种对象性的存在,受具体时间、空间的限制,是无常的、暂时的、特殊的、虚妄的,而不是永恒的、普遍的。因此,是需要被破除、被超越的。而谊德价值也就表现于对这些种种被限制的超越,是主体的人对现实自己被限制的一切超越。

二、道德自我的含义

道德生活的性质既然是自觉的、自己支配自己去超越现实自我的限

① 唐君毅:《道德自我之建立》(《唐君毅全集》卷四),北京:九州出版社,2016 年版,第 42 页。

② 唐君毅:《道德自我之建立》(《唐君毅全集》卷四),北京:九州出版社,2016 年版,第 6 页。

制,那么这种活动主体的自己,即能超越"现实自我"的"自我"是什么样的自我呢?唐先生认为,这一自我便是"道德自我"。

"一切道德价值均表现于你超越现实自己之心理。超越现实自己之心理,是你自己发出的。然而他自何所发出?他不能自你现实自己发出,他必自一超越现实之自己发出。所以你必需肯定一超越你现实自己之'自己',为你道德心理所自发。"[1]

这样,两个"自我"的对立格局便呈现出来了。即在"现实自我"之外,还有一个"超越现实之自己",而这一"超越现实之自己"就是"道德自我"。

依唐先生的观点,人就其本身而言可分为心灵与身体、灵魂与肉体、精神与躯体、形上与形下。那么,人的这种一体的"自我"便也可一分为二来设定:一是道德自我,它是不受时空限制的、精神的、内在的、主动的、超越的、形而上的;一是现实自我,受时空限制的、物质的、外在的、被动的、被超越的、形而下的。

唐先生认为"道德自我"就是引出你超越现实自己的一切道德心理的东西,而且这一东西是内在于你自身之内的,是你本身内在具有的,存在于你的内心之中。这便是中国哲人所说的"本心"、"本性"。唐先生又把它与"性理"或"理性"联系起来。

"吾人所谓理性,即能显理顺理之性,亦可说理即性。理性即中国儒家所谓性理,即吾人之道德自我、精神自我或超越自我之所以为道德自我、精神自我或超越自我之本质或自体。此性此理,指示吾人之活动之道路。吾人顺此性此理以活动,吾人即有得于心而有一内在之慊足,并觉实现一成就我之人格之道德价值,故谓之为道德的。顺此性此理而活动而行为,即使吾人超越于有形相之物质身体之世界,并超越于吾人之自然欲望、自然本能、自然心理性向等。吾人由此而得主宰此有形相之物质身体之世界,与吾人之自然本能欲望等,使之为表现此理此性之具。"[2]

唐先生认为此"理性"是内在的,属于人心之能,而不属于人心之所,即不是静态的及不变的客体,而是具有主动性的主体。由于它本身便是

---

① 唐君毅:《道德自我之建立》(《唐君毅全集》卷四),北京:九州出版社,2016 年版,第 49 页。

② 唐君毅:《文化意识与道德理性》(《唐君毅全集》卷十二),北京:九州出版社,2016 年版,第 15 页。

内在的,属于吾人之心之"能"的,而不属于吾人之心之"所"的,所以不是作为所与呈现的,即不是现实的,而是我们心灵的灵明自身。因此,它是形上的、超越的、精神性的。

在《道德自我之建立》一书中,唐先生进一步地把这"理性"或"性理"与主体相结合,正式提出"道德自我"、"精神自我"等概念。"我若干年来思想之结果,已使我深信形上界之真实自我之存在。"①"我所谓形上自我,亦实即是中国哲人所谓本心本性。"②

可见,"形上界之真实自我",即形上自我,实即是中国哲人所谓的"本心"、"本性",也就是我们所说的"道德自我"。"道德自我"、"超越自我"、"精神自我"都是以"性理"或"理性"为它们的特征和本质,它们在唐先生著作中经常交换使用。在强调超越于一切已成自我之上的超越性时,用"超越自我";在显示非物质的超形相的、超自然本能欲望时,用"精神自我";在突出能实现人格价值之能时,用"道德自我";在显示其能成就一切文化理想、文化活动时,用"真实自我"或"自我"。但唐先生指出,其实所谓的"超越自我"、"精神自我"、"道德自我"、"真实自我",只是"一自我之异名"。

综上可知,唐先生所肯定的能超越"现实自我"之限制的"道德自我",是一种形上的自我,能从事自觉的道德之实践。不是已成现实的存在,而是属于人心之"能",是人本身内在具有之"能",是能动性的主体。它可以超越特殊之现实,来主宰我们的自然活动,以达成普遍之理想,所以,更能代表"自我"的真实性,是更真实的"自我"。

三、道德自我与现实自我之关系

将上述"道德自我"与前面已提到的"现实自我"加以比较,便可看出"现实自我"是受时空限制的、形体的、物质的、生物的自我,而"道德自我"是指那不受时间空间限制的、精神的、形上的及超越的自我。

---

① 唐君毅:《道德自我之建立》(《唐君毅全集》卷四),北京:九州出版社,2016 年版,第 1 页。

② 唐君毅:《道德自我之建立》(《唐君毅全集》卷四),北京:九州出版社,2016 年版,第 7 页。

　　唐先生认为，"道德自我"是内在的、是自由的。它并不是一种具体的、外在的、被超越的对象，而是作超越活动的主体本身，是一种纯粹的能觉，不同于并且超越于一切具体的限制性的因素，同时也不同于并超越于一切的性格、习惯、心理结构。不仅不会受它们影响，反而能不断地打破这些限制。

　　而"现实自我"则是已成现实的具体的自我，是受时间的限制、空间的束缚的自我，是有缺陷的、不完善的自我，易受各种外在他物限制之自我，是有待于被超越的，是"道德自我"超越的对象与客体。

　　唐先生分别从内部、外部两面来看人："人自内部看为一精神之存在，超越特定时空之存在，自外部看，即为一物质身体之存在，亦即役于特定时空之现实，而为其所限制之存在……所谓内部看，人为一精神之存在者，仍是自内部看人，为一超越物质身体之存在之意。"①可见，唐先生分别从内部与外部、精神与躯体、心灵与肉体、形上与形下两方面来分析人这种个体。那么，这种一体之自我便也可一分为二来设定：一是道德自我，它是不受时空限制的、精神的、内在的、主动的、超越的、形而上的；一是现实自我，它是受时空限制的、物质的、外在的、被动的、被超越的、形而下的。

　　"道德自我"与"现实自我"虽属于人的不同方面，有着不同的属性与特质，处于不同的地位，是两个不同的概念，但它们却仍然统属于同一"自我"，是"自我"不同的两个方面。"现实自我"虽是被主宰、被统摄的一方，却正因为有它的存在，才有超越它的必要性，道德生活才有了现实的出发点，道德生活才表现其价值之处；而"道德自我"虽是处于主宰、统摄地位，它对容易陷溺的"现实自我"进行超越，从而人才能摆脱自己的本能、欲望、冲动等生物性的属性，从而依于人心之本身真正自觉地实现道德的生活。

---

　　① 唐君毅：《道德自我之建立》（《唐君毅全集》卷四），北京：九州出版社，2016年版，第10页。

第三节　道德自我的性质

一、道德自我与自我

"自我"这一概念,在唐先生的哲学体系中有两种用法。

第一种用法是与这样一组概念相关:道德生活、文化生活、生命存在的活动,其中,"道德生活"是"文化生活"的一方面,而"文化生活"又是"生命存在整体活动"的一方面。三者是一种从特殊到一般的描述。相应地,"道德自我"是"文化自我"的一方面,而"文化自我"又是整个"自我"的一方面。三者也是一种从特殊到一般的陈述。而这两组概念又是相对应的。"道德自我"是使道德生活成为可能者,"文化自我"又使文化生活成为可能,而"自我"则是使生命存在活动成为可能者。"道德自我"、"文化自我"、"自我"适用的范围是依次扩大的,都是后一个概念包含了前一个概念。但唐先生认为最重要、最核心的概念仍是"道德自我"。

唐先生进一步讲到,道德生活虽然只是生命存在全部活动中的一种,但是,其与生命存在的其他活动并不是并列的关系。道德活动与其他活动最大不同就在于:它内在于其他一切活动之中,并且能够成就其他一切活动。例如,求真的科学活动与求美的艺术活动,都包含着求善的道德意识,体现了一种道德价值,而正是这种道德意识与对道德价值的追求,才使求真的活动与求美的活动以及其他一切人类活动联结起来,相融无碍,成为人类整体的活动。"故吾人必须指出科学哲学之活动,在究竟义上之不能孤立,实与其他之文化活动,乃同根于吾人之道德理性,亦当同受一道德自我之主宰,而可在不同情形下,分别表现道德价值者。"① 由此推之,一切生存存在的活动,都有道德意识、道德活动在其中,都体现着道德价值。相应地,在文化活动、生命存在活动中起作用的"文化自我"、"自我",其实也不是别的,正是根植于人的"道德自我",也即超越的自我、精

---

① 唐君毅:《文化意识与道德理性》(《唐君毅全集》卷十二),北京:九州出版社,2016年版,第225页。

神的自我,是依"道德自我"而生的一种"道德意识"。正是有了这种"道德意识",生命存在才会在现实中不断求超越活动,以实现自己的生命价值。

"自我"的第二种用法,是"现实自我"与"道德自我"的统一体"自我",也即由"形下自我"到"形上自我",从不完善、不完满到完善、完满而实现的真实"自我"。

道德的价值来源于自我超越的活动,表现于"现实自我"解放之际,追寻道德化的生活便在于不断地破除"现实自我"之限制,其本质也就体现在"现实自我"的解放。但是,"现实自我"的解放,也就蕴涵了形上自我、真实自我之实现。所以,道德生活之本质也就在于形上自我、真实自我之实现。那么,"道德自我"与这一含义的"自我"是什么关系呢?

在前面,我们曾提到唐先生用"光照暗"来比喻"道德自我"对"现实自我"的破除活动。唐先生认为,其实并不存在暗与光的截然二分与对立,只是光照暗,暗渐渐退去,但又尚未退去尽,就好似有暗与光的对立。以此来比喻我们"自觉地做应当做"的意识的自觉活动。此活动在未完成完全自觉时,即在没有完全实现对现实及不完满自己的破除时,就好像有一个具有道德意识的"道德自我"与"现实自我"的截然对立。由于人不能完全具有这种自觉,因此必须设定此二分与对立。于是,唐先生对"自我"做了剖析,将"自我"分成了上下两层:一层为"现实自我",一层为"超越自我"。

"此能以知指向万物之我,为一超越的我。此超越的我所指为万物之一之我,则为经验的我。"①

经验的我是处于现实时空中的"现实自我",与万物相同的现实之物;而超越的我则能"以知指向万物之我",即可以认识、了解"现实自我"的自我。

"而此主体之能,便不只是一能、一用,亦是一实体,因其有内容之性故。此主体不只是一主体,亦是一客体,因其为判断之所对故。此判断之活动之自身,为此主体所自己发出,而亦自回向于其自己之活动。此回向其自己,即自觉其自己,亦自建立其自己之是其自己,而有其自己为内容之性,以为实在、存在之一实体。故此实体之存在,即由此判断之活动,或

① 唐君毅:《生命存在与心灵境界》(上)(《唐君毅全集》卷二十五),北京:九州出版社,2016 年版,第 89 页。

自觉的建立自己之活动而存在,亦即此活动之自身。此中存在义与活动义,乃不可分者,亦不能说其只为一活动而非存在、只为用而非体者。"①

可见,唐先生认为超越自己的活动就是超越的我自觉其自己之"能"、自觉其自己之"用"以成就自觉之自己。所以,"道德自我"、"现实自我"与"自我"三者的关系便表现在:第一,"道德自我"的超越活动,不断地向前、向上以对"现实自我"限制进行破除;第二,"道德自我"在不断破除中,将"现实自我"不断完善的具体内容摄受涵藏,以成为自身之内容,以趋向于完善之"自我";第三,"道德自我"的超越是一种能动的活动,是"用",是"能";同时,又以其所不断涵藏的"现实自我"之好的材质、内容来形成自身,便又是"体"。因此,"道德自我"在超越活动中既是"体"又是"用",体用不二。

综合看来,唐先生将"自我"分为"道德自我"与"现实自我",是为了更好地对这一体之"自我"的存在进行更好的描述与引导。

二、道德自我与心灵

唐先生说:"道德的问题,永远是人格内部的问题;道德生活,永远是内在的生活;道德的命令,永远是自己对自己下命令,自己求支配自己,变化自己,改造自己。"②他认为道德生活的本质,即是自觉地自己支配自己去破除现实自我之限制。而破除自己、超越自己便是一切道德心理、道德行为的本质,而且这是人本身内在便具有的,均包含于人的超越的心灵之中。我们自己的道德生活就是这一自己的主体心灵之呈现,也是照见这个主体心灵的。而自己支配自己的主体本来即是指在道德生活中自作主宰的主体心灵,而不是心灵之外的对象。

那么,唐先生所谓的"自觉心"、"超越的心灵"是什么呢?唐先生认为心灵不应被理解为一切意识内容的总称,也不是由意识内容构成的连绵不绝的流——意识流。更不可以将其看作是心灵活动或心灵内容的集合

---

① 唐君毅:《生命存在与心灵境界》(上)(《唐君毅全集》卷二十五),北京:九州出版社,2016年版,第97页。

② 唐君毅:《道德自我之建立》(《唐君毅全集》卷四),北京:九州出版社,2016年版,第2页。

体。因为,心灵的活动与内容不是静态的、并列的存在,并不是像一个物体是许多物体的集合体那样(譬如身体是头、身与四肢的集合体,身体只是头、身与四肢的并列的、静态的存在),而是"动而愈出,相续不穷"的。我们可以亲自体验与感受到心灵活动是超越于一切已有的活动、现象与内容的超越活动,而且反过来,正是在这超越活动中,我们才感受到我们的"心灵"主体。

可见,"道德自我"实质上是自觉超越的"心灵"在道德生活、道德实践中的显现,是心灵活动的核心和最重要的组成部分。自觉超越的心灵还呈现在生命存在活动的不同领域。如在认知活动中的"理性自我",在审美活动中的"艺术自我",在文化活动中的"文化自我",在生命存在活动中的"自我"。但唐先生最为重视的仍是心灵活动在道德生活层面的"道德自我"。

三、道德意识

唐先生在确立"道德意识"这一概念时,先从辨析道德活动与其他文化活动的不同处入手。唐先生认为道德活动自一方面而言,是属于人类文化活动的一种。但它却内在于其他一切活动,而又超越于其他一切活动,以成就其他一切活动。原因在于,道德活动皆在自觉地实现一种善、一种道德价值,而一般的文化活动,虽也内涵道德价值,但却是不自觉的,因为,毕竟它在于实现道德价值以外的具体之价值、特定之价值。

"所谓道德上善之价值,唯存于吾人之人格内部者,即道德上之善,皆表现于自己对自己之支配,改造或主宰上。自觉的道德上之善,表现于自觉的以自己支配、改造、主宰自己之志行中。不自觉的道德上之善,表现于不自觉的自己支配、改造、主宰自己之实事中。故道德上之善,皆存于人格之内部。言人有道德上之善,亦专指人之人格内部有此善而言。然言吾人有某种文化活动,某种文化活动中实现某一特殊之价值,则不能于开始点即专指其人格之内部有此价值而言。吾人必须就吾人从事文化活动时,吾人之人格与置定人格以外之事物之关系,乃能指出此价值之所在。"①

由此,唐先生进一步指出,善之价值只存在于我们的人格内部;而其他的文化价值,则存在于我们的人格与被置定为我们人格以外的事物之间的关系之中。

在道德活动中的自觉性与善的价值的内在性基础上,唐先生指出,在道德活动的意识中,我所支配改造的主宰者,即是我自己。这中间没有我之自我与客观对象的截然对待。"在道德意识中,吾人觉被支配主宰之我,虽有过失罪恶;然此有过失罪恶之我,与能改过去罪之我,仍属于一统一之自我。"②

"又在道德意识中,吾人固亦时有一道德理想,欲其实现于我之行为生活。然此理想乃我自心所建立,乃我自己对自己之所命。此理想在道德意识中,就其为昭临于吾人之现实自我之前,并有普遍性言,固亦当称为一客观之理想。然此客观理想,乃我心之所建立,乃我自己对我之所命。我之如是建立理想以自命,宛若求此理想之自上至下而贯彻于现实自我之中。故吾人复可自觉此理想为内在吾人之整个道德自我者。"③

所以,唐先生指出,在我们有道德理想的时候,同时便有了对我们自身行为、生活中的过失或善行的觉察,而道德生活的核心,也就在于道德理想对我们现实生活、具体行为的反省,由反省而迁善改过。

由是,"道德意识"就其本身而论,是那自觉地知晓什么是善、什么是恶的意识。而且,具有道德意识的人,不单自觉其行为是善是恶,而且会依此意识设立一种道德理想,让理想成为其生活中度量人行为的标准,而人也便依此来实现自己的道德生活。

那么,"道德意识"与"道德自我"是什么关系呢?唐先生认为,"道德意识"是"道德自我"确立的前提和基础。可以说,"道德意识"便是"道德自我"的内在属性与内在规定。

"而我之道德意识则为支配主宰自我,使吾人之自然自我化为常有文

---

① 唐君毅:《文化意识与道德理性》(《唐君毅全集》卷十二),北京:九州出版社,2016年版,第391页。

② 唐君毅:《文化意识与道德理性》(《唐君毅全集》卷十二),北京:九州出版社,2016年版,第393页。

③ 唐君毅:《文化意识与道德理性》(《唐君毅全集》卷十二),北京:九州出版社,2016年版,第393页。

化之活动之自我;复使此自我之各文化活动得协调的发展,延续的完成;而建立吾人之道德自我者。"[1]

因此,人的道德意识支配并规定人自身,使人的各方面活动协调发展,以达到完善的道德生活。从而人的道德自我、形上自我才能被确立起来。

"缘道德意识所以为道德意识,在其能自觉的知善与不善。吾人上固只言道德意识能知吾人之文化活动之过失。然实则其一方知过失之为不善,同时即知无过失或改过者之为善。故道德意识之涵盖文化意识,即一'辨别见证文化意识中之善不善'之意识之昭临于上。而道德意识之协调延续文化意识,即一善善恶不善之意识之实现其自身,亦即善之实现其自身,以求充善之量于意识中之事。"[2]

"道德意识"能够判别善恶,自觉善善恶恶,趋善除恶,而它自身之内便有善在其中。回顾我们之前探讨过的"道德自我"之含义。"道德自我"是在道德生活中,能自觉自己支配自己破除现实自我之限制的以达成真实、完善自我之自我。是内在的、精神的、形上之自我。而"道德自我"正是通过这种"道德意识"而得以确立和得到规定的。因此,我们认为,"道德意识"是"道德自我"的内在属性和本质特征。

四、道德理性

道德生活的本质是"道德自我"自觉地超越"现实自我"。"道德自我"是超越之自我、精神之自我、形上之自我,它以"道德意识"为内在属性和来源。"道德意识"便是人们知善知恶、善善恶恶、行善避恶的心理及活动。在道德生活中,人以"道德意识"产生道德理想,并以这种理想来评判自身以及他人的行为。那么,这种"道德意识"偏向于道德行为、道德心理的主观层面,它能否具有普遍性,在道德生活中又能否具有必然性呢?

唐先生认为,"道德意识"形成道德理想的依据是"道德理性"。唐先

---

[1] 唐君毅:《文化意识与道德理性》(《唐君毅全集》卷十二),北京:九州出版社,2016年版,第397页。

[2] 唐君毅:《文化意识与道德理性》(《唐君毅全集》卷十二),北京:九州出版社,2016年版,第398页。

生又将"道德理性"等同于中国儒家传统哲学中的"良知"以及宋明理学中的"理"。并指出"道德理性"的特征便是超越,超越物质身体世界与自然本能欲望,即超越感觉形相的世界,超越个体所具、所遇的一切特殊现实,以形成普遍的理想,使这种理想具有必然性、普遍性与公性。

唐先生"道德理性"这一范畴是继承西方学者康德、黑格尔的理想主义传统哲学而来的。唐先生指出,康德所谓的"道德理性"是自觉地依理性以立法以自律之理性。根据这种自律的理性,人的一切自然心理性向、自然欲望、所追求的快乐幸福等都不具道德意义。从而,人们在经验中的日常生活和文化活动所表现出的道德理性,在康德道德哲学那里,并未加以重视。而黑格尔则在一切文化中皆能看到有一种精神、一种理性。一切文化都是此精神、此理性的表现。但唐先生认为,黑格尔的"精神理性"却又不是一直向上超越最后达至道德生活的领域的,而处处是直接正面地成就它自己本身。于是,道德一名,只是在文化领域中,在哲学、宗教、艺术之下的客观精神的领域,也即道德与其他文化领域并列。因此,唐先生的"道德理性"不仅是如康德那样,只以自觉地依理性以立法的道德理性所成道德生活为真正的道德生活和真正的道德理性,不仅仅是以道德为文化中心,居于一切文化之上,而同时进一步认为,人自觉地实现道德以外的文化理想时,都有不自觉或超自觉的道德理性表现在其中。人的一切文化活动与文化生活,在含有道德理性的前提下,都可成为道德生活的内容。于是,道德生活就内在于一切文化活动中。因此,唐先生论以"道德理性"为特征的道德活动既不同于黑格尔的以道德与其他文化领域并列,也不同于康德只承认自觉的道德生活为道德生活,并以自觉的道德生活为一切文化活动的中心,居一切文化活动之上的论法。

"我乃着重于指明人在自觉求实现文化理想,而有各种现实之文化活动时,人即已在超越其现实的自然心理性向、自然本能,而实际的表现吾人之道德理性。由是而将康德之道德理性之主宰的效用,在人类之文化活动之形成发展上,加以证实。"[①]

那么唐先生所论的、内在于一切人类文化活动中的、起着核心作用的并能成就一切文化活动的"道德理性"是如何定义的呢?

---

① 唐君毅:《文化意识与道德理性》(《唐君毅全集》卷十二),北京:九州出版社,2016年版,第11页。

"吾人所谓理性,即能显理顺理之性,亦可说理即性。理性即中国儒家所谓性理,即吾人之道德自我、精神自我或超越自我之所以为道德自我、精神自我或超越自我之本质或自体。此性此理,指示吾人之活动之道路。吾人顺此性此理以活动,吾人即有得于心而有一内在之慊足,并觉实现一成就我之人格之道德价值,故谓之为道德的。顺此性此理而活动而行为,即使吾人超越于有形相之物质身体之世界,并超越于吾人之自然欲望、自然本能、自然心理性向等。吾人由此而得主宰此有形相之物质身体之世界,与吾人之自然本能欲望等,使之为表现此理此性之具。"

由此可见,唐先生认为理性就是中国儒家所谓的"性理",而人顺应"性"与"理"的活动,就是超越现实自我的活动。并且按此"理"此"性"而行动,是来自于心灵的内在活动,于是便能成就我们人格之价值,从而便具有了道德意义。顺此"理"此"性"的活动是一种超越现实的活动,反过来,超越现实的活动便是此"理"此"性"的具体显现。

那么,这种"道德理性"与前面提到的"道德意识"有什么联系呢?

"此理此性本身为内在的,属于吾人之心之'能'的,而不属于吾人之心之'所'的。故非作为所与而呈现的,亦即非通常所谓现实的,而只是现实于吾人之心之灵明之自身的。故此理此性为形上的、超越的、精神的。顺此理此性之活动,为精神活动。精神活动之内在的体验即精神意识,简名曰意识。而当吾人之精神活动,有一自觉或不自觉依理性而形成的对客观世界之理想时,吾人即有一文化理想而亦有一文化活动。"①

可见,人在"道德意识"中产生道德理想,并以这种理想来判断、指导自身的行为。但道德意识之所以能形成道德理想,又出自"道德理性",也必须合乎"道德理性"。

唐先生"道德理性"的提出,可否解决"道德意识"设立"道德理想"时过于偏向于道德行为、道德心理的主观层面,可否保证道德行为、道德生活具有普遍性与必然性呢?

"所谓理性之意义,乃以其超越性及主宰性为主。理性之普遍性,乃由其超越性所引出。其必然性由其主宰性引出。吾人可谓理性之发用,首先表现为一超越感觉形相之世界,而超越物质身体之世界与自然本能

---

① 唐君毅:《文化意识与道德理性》(《唐君毅全集》卷十二),北京:九州出版社,2016年版,第15~16页。

欲望等的……至于自觉的依理性而成之理想或自然合理性之理想,其普遍性乃直接由此理想之形成,依于吾人之已能超越此上所言吾之个体所具所遇到之一切特殊现实而来。能超越特殊之现实,即能形成普遍之理想。凡意念不自限于特殊事物或一个体自我的本能欲望心理中者,即成具普遍性之理想。意念理想无'私性',即具公性。"①

"而理性之发用,首先乃表现于'私性或自限于特殊之性'之超越,以主宰吾人之自然活动上。至于所形成之理想为具必然性、普遍性、公性、仁性者,乃以后之自觉所反省出者。吾人既能形成具普遍性、公性之理想,以之裁判吾人偏私之意念或偏私之理想,乃有自觉的建立合理的理想之事。以合理之理想与偏私意念之偏私相对照,乃知此合理之理想,为依理性必然当如此建立者,由是而有康德所论之自觉为普遍立法者之道德意志。"②

唐君毅认为,"道德理性"就其超越性而具有普遍性,由其主宰性而具有了必然性。超越性能摆脱个体所具、所遇的一切特殊现实,而理性的本质就在于此超越性,因此,"道德理性"就能导向普遍性,从而道德意识所设立的道德理想、道德行为的判断标准就不仅适用于自己而且普遍适用于他人。同时,主宰性能使其高于人的一切的自然活动,能使人裁判自己的偏私意念与偏私理想,从而形成必然的、合理性的理想,也即人人共有的理想。所以,如果"道德意识"还偏向于私性和偶然性,那么"道德理性"则便具有了普遍性与必然性。

综上所述,道德的价值在于"道德自我"对"现实自我"限制的突破。而此价值活动的发生过程则是,在道德生活中,"道德意识"设立道德理想,依此理想来规定、衡量、指导我们的行为,以成就道德的行为。"道德意识"是"道德自我"能够具有超越性的前提与基础。而"道德意识"在道德生活中之所以能起作用,又出自"道德理性"。"道德理性"依其自身所具的超越性而使个人特殊的、主观的"道德意识"成为具一般性、客观性的普遍道德意识。依其自身在一切生命存在活动中的主宰性,而使一切生

---

① 唐君毅:《文化意识与道德理性》(《唐君毅全集》卷十二),北京:九州出版社,2016年版,第16页。

② 唐君毅:《文化意识与道德理性》(《唐君毅全集》卷十二),北京:九州出版社,2016年版,第16～17页。

命存在活动中必然具有"道德意识"。所以,那具有"道德意识"的"道德自我",就有"道德理性"内在于其自身之中。因此,"道德自我"这一核心概念就可以由"道德意识"与"道德理性"两者加以说明。即"道德自我"具有"道德意识"与"道德理性"两个属性。"道德意识"能知善知恶、善善恶恶、行善避恶;而"道德理性"便可以等同于"良知"及宋明理学之"理",具有超越性、普遍性与公性。"道德意识"偏重于道德生活的主观层面;而"道德理性"则偏重于道德生活的客观层面。道德生活中,"道德自我"起作用的过程,也就是"道德意识"设立道德理想来指导道德行为,而此理想的设立,既出于"道德理性",又合乎"道德理性"。

小 结

在这一章中,通过对真正道德生活追求的目标、真正道德生活的本质以及道德心理、道德行为共通的性质的探讨,得知:

对何为道德生活,虽有不同的看法,但唐先生认为真正的道德生活在于做你应当做的、该做的。你应该做的便是以自己的应当意识自觉地自己支配自己,自己对自己下命令,自作主宰。这便是道德生活的特征之一——自觉性。由人日常现实的道德生活,可以发现人类道德心理与道德行为通常表现出共同的特征,即超越现实自己的限制,是"现实自我"解放的表现。真正的道德生活既然为自觉地自己支配自己,自作主宰,自觉、自律的生活,它就不是一种顺任人的身体的物质变化,或者生理上的自然的表现的生活,而是要对人的物质身体或生理的欲望要求有所节制与主宰的生活。道德生活与道德行为也便表现为对人的这些物质身体或生理的欲望要求等各种限制的破除。唐先生称此为对"现实自我"局限的破除与超越。这便是道德生活的特征之二——超越性。对现实自我的超越,也就是对物质的身体或生理的欲望要求有所节制与主宰的活动,这一活动不能由被节制与被主宰的物质身体或生理欲望发出,而当另有所归。唐先生认为,这便是人的"道德自我"。"道德自我"与前面提到的"现实自我"属于同一"自我",是"自我"的两个方面。"现实自我"是现实的具体的自我,是受时间、空间限制的自我,是有缺陷的、不完善的自我,易受外在他物限制之自我，是有待被超越的自我。而"道德自我"是不受时间、空间限制的自我，是精神的自我、主动的自我，具超越性的、形而上的自我。"道德自我"具有辨别善恶、趋善除恶的"道德意识"。它自身之内便含有善在其中。道德生活便是依"道德自我"的应当意识的活动而表现出来的生活。由于"道德自我"是内在于人自身的，所以，追求道德生活的人有不被自然环境、生理欲望、心理情绪所限制的道德自由，而人生的目的也就在依照这种道德自由去完成"道德自我"所要求人所应达到的道德理想。道德生活，既是超越"现实自我"的限制，是"现实自我"的解放之表现，也是"道德自我"或"形上自我"的实现之际。这也便是道德生活的第三个特征——自由性。

可见，真正道德的生活便是"道德自我"依据其本身所具有的主观性的"道德意识"与客观性的"道德理性"，而自觉地超越"现实自我"的过程。

第三章　道德自我之根源
——心之本体

第一节　心之本体的确立

一、从道德自我到心之本体

(一)道德自我与人之本心、本性

在上一章中,通过对真正道德生活的追寻与解析,我们发现了"道德自我"。"道德自我"是与"现实自我"相对而彰显出来的。"现实自我"是陷溺于现实时空中的现实对象的自我,是被某一定时间之事物所限制、所范围的自我,是形而下的、非永恒的、受限的自我。道德生活之所以能成为道德的生活,就在于它能超越这个受限制的、不自由的"现实自我"。也就是说,道德价值表现在现实自我的解放之际。而超越"现实自我"的原动力,恰恰就在于"道德自我"。唐先生认为,"道德自我"是"能判断吾人之活动之善不善而善善恶不善之自我,即吾人道德理性自我,亦吾人之良知"①。就是说"道德自我"具有自觉地知善知不善、善善恶不善的"道德意识"。"道德自我"在生活中起作用的方式便是:人以"道德意识"形成道德理想,并以这一道德理想来评判和指导自己及他人的行为。而"道德意识"形成道德理想的标准、依据便是"道德理性"。

---

① 唐君毅:《文化意识与道德理性》(《唐君毅全集》卷十二),北京:九州出版社,2016年版,第402页。

前面提到,"精神活动之内在的体验即精神意识,简名之曰意识。而当吾人之精神活动,有一自觉或不自觉依理性而形成的对客观世界之理想时,吾人即有一文化理想而亦有一文化活动。每一文化活动、文化意识,皆依吾人之理性而生,由吾人之自我发出"。此处,"理性"便是道德理性,它是人们形成道德理想的依据与标准。那么,什么是理性呢?唐先生进一步讲到"理性",又称为"性理",是"性"与"理"的合称,"性"不离此"理","性"与此"理"皆为人心所具有。

唐先生强调,此"理"、此"性"是我们本身所内在的,属于我们的"心"之"能"的。可见,此"性"、此"理"与人心是不可分离的。"心涵性理(性即理),其动也直。直心而发,无往不吉。"①"我们之心,有一生生不已之性理,或仁德,要破除执着私欲之限制,以逐渐呈现或呈露。"②

唐先生强调并赞同孟子提出的仁义礼智之德为人心所本有的观点:"恻隐之心,人皆有之;羞恶之心,人皆有之;恭敬之心,人皆有之;是非之心,人皆有之。恻隐之心,仁也;羞恶之心,义也;恭敬之心,礼也;是非之心,智也。仁义礼智,非由外铄我也,我固有之也。"③孟子认为,恻隐之德、羞恶之德、辞让之德、是非之德为人心所本有,此四者为仁、义、礼、智四德之端,从而说明仁、义、礼、智之德为人心所固有。由此,我们便将人心称为"仁心",是具有仁德之心。"而此仁心是存在,此仁性即其本质。仁性内在于仁心,此是本质依于存在。仁心依仁性而有,此是存在之依于本质。"④在这里,唐先生将心与性、理的关系解释为存在与本质的关系,"仁性"不离人心,"仁性"是"仁心"的本质属性。仁德也不在我心之外,是属于我心之"能"的。"性"是人心的内核,是人心的根本属性。

可见,"道德理性"即此"性"、此"理",它与人心是不可分。可以说此"理"、此"性"即是"仁心"、"仁性",是具有"仁德"之心的本质属性。

唐先生进一步将"仁心"、"仁性"与"良知"联系起来。

---

① 唐君毅:《人生之体验》(《唐君毅全集》卷三),北京:九州出版社,2016年版,第220页。

② 唐君毅:《人文精神之重建》(《唐君毅全集》卷十),北京:九州出版社,2016年版,第398页。

③ 杨伯峻译注:《孟子译注》,北京:中华书局,1960年版,第259页。

④ 唐君毅:《中国人文精神之发展》(《唐君毅全集》卷十一),北京:九州出版社,2016年版,第65页。

　　"仁心亦即为能判断一切价值意识之高下偏全之良知或良心。"[1]"良知是是而非非,亦即善善而恶恶,是为人一切道德智慧道德实践之原,人生之内在的至高无上的主宰。"[2]"能判断吾人之活动之善不善而善善恶不善之自我,即吾人道德理性自我,亦吾人之良知。"[3]

　　由此可见,唐先生提出的"道德理性"、"理性"即"仁心"、"仁性",是人的本心、本性,也是人的良知、良心。"道德理性"这一概念,是唐先生对传统儒家心性理论的继承和创新,有着传统的内容,又融入了现代的形式,是用现代的词语、概念对传统思想进行现代阐释。之前,我们阐述了"道德理性"是"道德意识"设立道德理想的标准和依据。在道德生活中,"道德自我"通过"道德意识"设立道德理想来约束、匡正和指导人自身和他人的行为以形成道德行为,达到道德的生活。于是,"道德理性"是"道德自我"的本质特征和内在属性。那么,"道德自我"也就是"道德理性"与"道德行为"主体的相结合,是行为主体具有"道德理性",是道德行为与道德生活中,主体在行为过程中本身内在所具有的"理性"特征。所以,"道德自我"又被称为"超越自我"、"精神自我"、"理性自我"等等。而上面我们已论述了"道德理性"就是仁心、仁性、本心、本性、良知、良心。那么,"道德自我"便是仁性、本性、良知与主体的相结合,是主体内在的本性,是主体心灵所有的属性。而"道德自我"具有的超越性,也就是人的主体心灵因着"理性"即本性、仁性、良知,而不断地进行自我超越。我们知道,在道德生活中,"道德自我"只在对"现实自我"局限性的不断突破和超越中逼显出来。正是通过这种突破与超越的道德要求,我们才发现了和找到了"道德自我","道德自我"才突显出来。这种道德要求并非来自外在事物或别的存在,而是来自人之本心,是人的本心的真实流露与自然发动,是人的本性的自然显现。

---

　　①　唐君毅:《中国人文精神之发展》(《唐君毅全集》卷十一),北京:九州出版社,2016年版,第105页。

　　②　唐君毅:《人文精神之重建》(《唐君毅全集》卷十),北京:九州出版社,2016年版,第470页。

　　③　唐君毅:《文化意识与道德理性》(《唐君毅全集》卷十二),北京:九州出版社,2016年版,第402页。

(二)人之本心、本性与天

唐君毅强调,"道德理性"在本质上、内涵上与仁心、仁性、良知等概念是一致的。同时,他又指出:"道德理性内根于人性、上根于天道。"可见,道德理性的根源既可以追溯到人性、人之本心,同时又来源于"天道"。唐先生的这一思想来源于传统儒家思想中的性与天道思想。为了说明这一思想,我们来先回顾一下性与天道思想的源头:

子曰:"天生德于予,恒魋其如予何?"[①]孔子曰:"君子有三畏:畏天命、畏大人、畏圣人之言。小人不知天命而不畏也,狎大人,侮圣人之言。"[②]子曰:"不怨天,不尤人,下学而上达。知我者其天乎!"[③]可见,先秦时期,孔子是肯定有一种权威的、高高在上的天,而人的德性是来自于这一权威之天的。天的权威性使得人们对其产生敬畏之感之情,而人只有通过"下学"才能"上达",才算真正畏天、敬天。"天"在孔子思想中具有至高无上的地位,是一切道德思想的最终极的根源。

唐先生指出,天之所以能成为人的道德的根源在于,孔子以仁配天,以仁言天,天之道便是仁道,而人之道也是仁道,而且天之道与人之道是同一个仁道。"孔子信天道,中国人之自觉论天道……人之道未立,自孔子自觉之而后立。孔子以前亦有天,人亦信天,而敬天学天之仁等;然自觉天之所以为天之道,即是此仁,而唯以仁道言天者,则自孔子始。惟孔子而后真知人文之道与天道,惟是同一之仁道,而立人道以继天道。"[④]但仁道与天道如何相联结,如何立人道以继天道,孔子并未详加阐明。"夫子之文章,可得而闻也;夫子之言性与天道,不可得而闻也。"[⑤]在《孟子》与《中庸》中,天道与人道使由"性"联结起来。"尽其心者,知其性也。知其性,则知天矣。存其心,养其性,所以事天也。夭寿不贰,修身以俟之,

---

① 杨伯峻译注:《论语译注》,北京:中华书局,1980年版,第72页。

② 杨伯峻译注:《论语译注》,北京:中华书局,1980年版,第177页。

③ 杨伯峻译注:《论语译注》,北京:中华书局,1980年版,第156页。

④ 唐君毅:《中国文化之精神价值》(《唐君毅全集》卷九),北京:九州出版社,2016年版,第34~35页。

⑤ 杨伯峻译注:《论语译注》,北京:中华书局,1980年版,第46页。

所以立命也。"①"天命之谓性,率性之谓道,修道之谓教。"②在"天道"与
"人道"之间突出加入了"人性","人性"成为由"人道"通往"天道"的桥梁,
人便可以通过尽心、知性而知天。"由人性之为天所与我者,以言尽心知
性则知天,把人道与天道通贯起来。中国儒家之人文思想发展至孟子,而
后孔子所言之人文价值,与人内心之德性,乃有以先天的纯内在的人性基
础。"③《孟子》《中庸》在心、性、天之间建立起了桥梁,提出"尽其心者知
其性也","知其性,则知天矣"的思想,不仅为大多数宋明理学家所继承,
也成为现代新儒家的主流思想。

　　唐先生讲"道德理性,内根于人性,上根于天道"思想的源头便来自
《孟子》与《中庸》,是对此二者的继承与发展。首先,道德、德性源于人性、
仁心。"人之所以为人,至尊贵者乃其德性。德性同依于仁心,而其表
现……而万殊。"④"中国思想之不以仁只为超越而外在于上帝之心或佛
心,而以人性即仁,以至以一切善德皆直接内在于人性……"⑤其次,德性
根源于人性,而人性又源于天。"人之人性原于天。天心开发,天德流行,
凝聚以成人心与人性。人心人性开发,而有个人之人格实现,社会之人文
化成。"⑥"性之原本是天命,亦上通于天心。"⑦

　　那么,如何理解儒家思想中的"天"这一概念呢? 唐先生认为,在儒家
思想中,"天"不仅仅指现代自然科学中所讲的物质性的天地,或者客观的
大自然,它一开始便是具有形上精神性的绝对存在。

　　"先秦儒家之天或天地,为一客观普遍之绝对的精神生命,乃自天或

　　① 杨伯峻译注:《孟子译注》,北京:中华书局,1960 年版,第 301 页。
　　② 来可泓:《大学直解·中庸直解》,上海:复旦大学出版社,1998 年版,第 135 页。
　　③ 唐君毅:《中国人文精神之发展》(《唐君毅全集》卷十一),北京:九州出版社,2016
年版,第 11 页。
　　④ 唐君毅:《人文精神之重建》(《唐君毅全集》卷十),北京:九州出版社,2016 年版,
第 196 页。
　　⑤ 唐君毅:《中国文化之精神价值》(《唐君毅全集》卷九),北京:九州出版社,2016 年
版,第 319 页。
　　⑥ 唐君毅:《人生之体验续编》(《唐君毅全集》卷九),北京:九州出版社,2016 年版,
第 26 页。
　　⑦ 唐君毅:《中华人文与当今世界》(下)(《唐君毅全集》卷十四),北京:九州出版社,
2016 年版,第 186 页。

天地之形上学之究极意义言之。"①"中国儒者之天或天地,非只一感觉界之自然,不同于西方自然科学家,或自然主义者所谓自然之说……乃一具形上精神生命性之绝对存在……实则中国后儒亦多以天或天地,直指形上之精神实在。"②"天地先人而有,亦可后人而存,指宇宙之存在、生命、精神价值之全之实体或总体,为无限、为超思议所及,代表超越原则。而天与地分言,则天代表宇宙之存在、生命、精神、价值之实体之理念,超越于已成就之一切现实事物上之超越原则。"③

"天"在形上意义上指一种绝对的精神生命,正是在这一点上"天"作为人性的形上根源。"天"具有超越的属性,具有存在、精神、价值意义。因此,人才能通过"人德"以继"天德"。人之本心、本性才能通于天心、天性,而人性、人德才能论说为源于天心、天德。

由本心、本性根源于"天",可以看出"天"这一终极根源是超越于人心、人性的,是自本自根的终极存在。从人通过尽心、尽性、存心养性,才能通过人德、上达于天德这点上看,天与人、天性与人性、天道与人道是不同的,是有着高低层位区别的。天性可以不断地呈显于我们的人性,但天性、天道总有某些部分是未显明的,而未显明的部分不能是无,必然是有,所以,这些未显明的部分便是形而上的,可以不断地牵引着人之性去完善、去充实。所以,"天"是高于"人"的,"天性"是高于"人性"的,"天"与"天心"、"天性"是具有超越性的形上存在、客观实在。

(三)天与心之本体

在凸显了"天"的超越性、至高性、实在性之后,唐先生又将儒家的"天"与西方的上帝观念进行对比以凸显它特有的内在性特征。

"这宇宙中精神性的统一原理之所寄托,基督教名之为上帝,回教徒名之为阿拉,中国先哲名之为天心,亦即人之本心。印度教徒名之为梵

---

① 唐君毅:《中国文化之精神价值》(《唐君毅全集》卷九),北京:九州出版社,2016 年版,第 303 页。

② 唐君毅:《中国文化之精神价值》(《唐君毅全集》卷九),北京:九州出版社,2016 年版,第 304 页。

③ 唐君毅:《中国人文精神之发展》(《唐君毅全集》卷十一),北京:九州出版社,2016 年版,第 330 页。

天，而佛教之佛心，亦是遍满十方世界的。"①

唐先生认为中国的天道、天心有着自己独有的特征：

"基督教之思想毕竟是神本的，其所谓上帝之本身，毕竟是超越于人以外以上的，而非内在于人之心性的。"②

"孟子的'尽心知性则知天'，能尽心知性就可知天，天与心性分不开。大概中国宗教思想的传统，讲天、讲神，总不离人的心灵。人的心灵就是天，就是神。"③

可见，基督教的上帝是外在于人的，是与人相对而言的，而儒家的"天"与"心性"是不可分离的。"天心"一方面是高于"人心"的，但同时又是内在于"人心"的。

"道德生活中所要求之上帝与天心，亦当说之为即吾人之本心。此本心亦即在真性正显于真情之际显露。一切超越的道德理想，皆当视为内在于吾心之性理，此性理即天理……即人所以体天心帝德而立人极……亦即人心性情之最高智慧也。"④

"人心、我心、本心、天心、仁与理体，异名同实。唯其异用，俨然有别。明其一贯，表其同体，异用周流，名之为道。"⑤

上帝、天心、天理、人心、我心、本心、仁与性理在本质上都是相通的。人性、人德虽源于天性、天德，但人的仁心与天心都是相同的，人心与天心并不能分离为二心。"如果说在形而上之境界，我与天地万物原是一体，我之仁心即是天心。"⑥

那么，从"形而上之境界"上说，这便涉及唐先生所指出的"天心"与

---

① 唐君毅：《人文精神之重建》（《唐君毅全集》卷十），北京：九州出版社，2016年版，第249页。

② 唐君毅：《中国人文精神之发展》（《唐君毅全集》卷十一），北京：九州出版社，2016年版，第37页。

③ 唐君毅：《东西文化与当今世界》（《唐君毅全集》卷十五），北京：九州出版社，2016年版，第71页。

④ 唐君毅：《中国文化之精神价值》（《唐君毅全集》卷九），北京：九州出版社，2016年版，第112页。

⑤ 唐君毅：《人生之体验》（《唐君毅全集》卷三），北京：九州出版社，2016年版，第218页。

⑥ 唐君毅：《人文精神之重建》（《唐君毅全集》卷十），北京：九州出版社，2016年版，第190页。

"人心"同体异用之说。

之前,唐先生已讲到"人的心性即是仁,即是爱"①,"道德理性"又即是此心、此性。而"道德自我"的本质属性与特征是"道德理性",是"道德理性"与主体相结合,所以,"道德自我"在道德生活中发挥作用的基础便是"仁",是"爱",是仁心,是性理,是仁心作用于道德主体的表现。什么是"仁心"? 唐先生解释道:

"仁心即为个人内在所具之一有普遍性而超越的涵盖其他个人,与家国天下,并情通万物的心。人人可在有一念之仁时,反躬体验,当下实证……是既超越而内在,既属个人,而又属于客观宇宙之实在。"②

"仁心"既属于我,又属于客观之宇宙。人人都具有一个"仁心",所以,"仁心"是普遍的、超越的、涵盖天地的。此时,"仁心"便可被视为"天心",与"天心"不二,是"天心"在人身上的显现。"仁心"就是宋明儒者所言的天理、良知、本心。既是天,又是人;既是内,又是外;既是内在的,又是超越的;既属于个人,又属于客观宇宙之实在。他进一步指出:"仁心"是自个体人上说,"圣心"是自个人"仁心"完全实现上说,而"天心"则自诸圣同心一心上说,而显于人我之仁心交感处及天地之化育中。唐先生认为,必须在人的"仁心"、"圣心"中见到"天心",只有通过"仁心"、"圣心",才能真正肯定"人心"与"天心"不二,才能通过人德以达天德。

唐先生在解释了"仁心"之后,进一步将"仁心"与"良知"、"良心"等同起来。"仁心亦即为能判断一切价值意识之高下偏全之良知或良心。"可见,良知、良心与仁心一样,既内在又超越,既是内在于人心之主观理性,又是能超越人自身之内的限制,与天心、天理相通,成为客观存在的宇宙理性而具超越性。

"良知可说只是天知之呈于我,天知只是良知之充极其量,因而是一。"③

"此良知天理,因其初为内在而又超越,且普遍无私,廓然大公,故讲

---

① 唐君毅:《人文精神之重建》(《唐君毅全集》卷十),北京:九州出版社,2016 年版,第 35 页。

② 唐君毅:《人文精神之重建》(《唐君毅全集》卷十),北京:九州出版社,2016 年版,第 297 页。

③ 唐君毅:《人文精神之重建》(《唐君毅全集》卷十),北京:九州出版社,2016 年版,第 472 页。

到最后,必须承认其来自我即来自天,属于我心,亦即属于天心。而我之主观之良知,即客观天地万物之良知;吾心主观之理性,即客观存在之宇宙之理性。"①

良知、天知并不是分离的、不同的两物。良知既属于我心,又属于天心。天知是良知的"充极其量",良知是天知之"呈现于我"。良知与仁心相同,都是存在于人心之中而又超越于人心的。因此,唐先生称"良知即天心天理,即造化精灵,即乾知坤能"②。

人心、人性便是仁心、良知,天心、天性也是仁心、良知。"仁心"本不限定在我一身,实则遍在于天地万物,是人人所具有、物物皆表现的,因此,仁心就是宇宙万物的本体,人能体悟这宇宙本体并"随感而通",便能由人心通往天心。仁心为道德生活、道德实践提供了形而上的根据,道德生活、道德实践则呈现出仁心周流万物宇宙全体的功能。孔孟以降的儒者,大都确立了这种形而上的本体,孔、孟之天与仁心、仁性,汉儒之天道,宋明理学之天即理、心即理等等。他们都是以天人合一、天人合德的方式去追寻这一本体,以道德去联系天与人、本体与现象、主观与客观,也即以道德的维度去把握这一本体。他们认为,"天"是宇宙的终极根源,是生化之本,但"天"又不能离开人而存在。因为,能够侍奉天、体悟天的,是人,是有德性的人。因此,要想感悟形而上的本体,把握天地万物和谐一体的本体境界以达到天与人统一,只有通过道德修养与道德实践。所以,对本体论的思考是不能脱离人的,不能离开人之心性的。本体超越于人之身体,但又内在于每个人自身之中,与人之心性发生着千丝万缕的联系。我们对本体的玄思也就不得不诉诸道德认识与道德实践,并通过道德实践去体验和到达这种本体境界。

唐先生也十分重视本体问题,他对本体的追寻,也是采用这一主客合一、天人合一的传统追寻方式,而他的整个哲学思想也都是围绕这一本体的构建而建立起来的。唐先生将这一道德的本体根据、宇宙的本体根据称为"仁心"、"良知",也即道德心灵。这一道德心灵是各种道德行为、各

---

① 唐君毅:《人文精神之重建》(《唐君毅全集》卷十),北京:九州出版社,2016 年版,第 401 页。

② 唐君毅:《人文精神之重建》(《唐君毅全集》卷十),北京:九州出版社,2016 年版,第 439 页。

种文化活动、文化意识的根本与终极根源。唐先生将其命名为"心之本体"。这并不是说在道德心灵之外另存在一个"心之本体"作为宇宙的本体、万事万物的形上根据。而是"心之本体"是道德心灵、仁心、良知的正式命名。唐先生不仅在道德实践、道德生活中突出"心之本体"的本体地位,而且进一步将其扩展到人类各种文化活动、文化意识之中,将其放在生命存在的各类活动之上,成为万事万物、宇宙的形上本源。宇宙万物莫不以"心之本体"作为本体而存在,这样便确立了其本体之地位。

二、心之本体的提出

唐先生在论述道德生活时,皆不离自觉心中之应该意识以立言。"我处处皆直就道德心灵本身,以显示道德生活之内蕴。"①"然我对此道德心灵之形上性,则虽曾提出,而罕所发挥。此道德心灵在宇宙中之地位及命运,亦未论及。"②于是,唐先生便进一步确立了道德心灵的形上性。

"心之本体,乃生生不已之仁德或性理。"③

"道德自我之根原,即形上的心之本体,乃将道德自我向上推出去说,以指出其高卓与尊严;然后再以之肯定下面之现实世界,并以之主宰现实世界。"④

可见,"心之本体"与"仁德"、"性理"在本质上是相通的,它与"仁心"、"良知"、"仁德"、"性理"具有相同的本质属性。但是,当它被"推出去说"以后,便具有了高卓的地位与尊严,具有了超越时空、完满、善良、恒常的真实性。它便高于现实世界,是宇宙万物的本体根源,可以主宰我们现实之世界。而处于道德生活中的"道德自我"虽与其具有相同的属性,但却仍是局限在道德生活、道德实践之内,并以"心之本体"为其终极根源。

---

① 唐君毅:《道德自我之建立》(《唐君毅全集》卷四),北京:九州出版社,2016年版,第8页。

② 唐君毅:《道德自我之建立》(《唐君毅全集》卷四),北京:九州出版社,2016年版,第8页。

③ 唐君毅:《人文精神之重建》(《唐君毅全集》卷十),北京:九州出版社,2016年版,第398~399页。

④ 唐君毅:《道德自我之建立》(《唐君毅全集》卷四),北京:九州出版社,2016年版,第10页。

"此部自怀疑现实世界之真实与感现实世界之不仁出发,进而指出心之本体之存在,及其真实、至善,即以之为道德自我之根原。"①"心之本体"是"道德自我"的形上根源,正是有形上的"心之本体",才有"道德自我"的确立,才有"道德自我"不断地实践道德行为,现实道德生活才能得以继续,人类才能追求对于"现实自我"的超越,现实世界才能得以存在。

那么,唐先生提出与确立的,恒常与真实的、高卓与尊严的"心之本体"到底在哪里呢?

"此恒常真实的根原,即我自认为与之同一者,当即我内部之自己……此内部之自己,我想,即是我心之本体……我要求恒常、真实、善与完满,这种种理想,明明在我心中。我之发此种种理想,是心之活动,是我心之用,如果我心之本体不是恒常、真实、善而完满的,他如何能发出此活动,表现如此之种种理想?"②

此恒常真实的根原——心之本体,就是我自认为与之同一者,就是我内部之自己,这个"内部之自己"就是我"心之本体"。可见,唐先生"恒常真实的根原"、世界的本体、宇宙的终极根源的"心之本体",看似外在于现实世界、外在于主观世界、外在于人自身,但是却内在于人类自己心中。

"我复相信我之心之本体是至善的、完满的。因为我明明不满于残忍不仁之现实世界。我善善恶恶,善善恶恶之念,所自发之根原的心之本体,决定是至善的。我曾从一切道德心理之分析中,发现一切道德心理,都原自我们之能超越现实自我,即超越现实世界中之'我',所以超越现实世界之'心之本体'中,必具备无尽之善;无尽之善,都从它流出。"③

"我相信我的心之本体,即他人之心之本体。因为我的心之本体,它既是至善,它表现为我之道德心理,命令现实的我,超越他自己,而视人如己,即表示它原是现实的人与我之共同的心之本体。"④

---

① 唐君毅:《道德自我之建立》(《唐君毅全集》卷四),北京:九州出版社,2016年版,第1页。

② 唐君毅:《道德自我之建立》(《唐君毅全集》卷四),北京:九州出版社,2016年版,第73页。

③ 唐君毅:《道德自我之建立》(《唐君毅全集》卷四),北京:九州出版社,2016年版,第79页。

④ 唐君毅:《道德自我之建立》(《唐君毅全集》卷四),北京:九州出版社,2016年版,第79页。

"心之本体"是现实世界的主宰,它涵盖、超越时空中一切事物,其自身具备无限之善,它使我们具备善善恶恶之理念,可以说,我们善善恶恶之理念根源于"心之本体"。"心之本体"又内在于我们每个人心中,我的"心之本体"即他人的"心之本体",也即现实中的人与我有着共同的"心之本体"。它是现实世界的本体,现实世界都为它所涵盖。它是世界的主宰,是神。

第二节　心之本体是道德自我之根源

一、道德自我与心之本体的关系

至此,我们已涉及一系列相互联系着的概念:道德自我、道德意识、道德理性、本心、本性、良知、仁心、仁性、人、人道、天、天心、天性、天道、道德心灵、心之本体等等。在很多情况下,唐先生都将它们联系混合、混同在一起使用。这些概念的含义是否都是相同的呢? 能不能相互替换使用呢? 答案是否定的。实际上,虽然这些概念在本质上有相通之处,但在层次上与地位上以及应用范围上都是不同的。唐先生也正是根据这些不同来使用这些概念的。以下,我们将一一辨析这些概念的同异。我们将这些概念按天和人的区别分为两大类:一类主要是从天的角度说的,如天、天心、天性、天道、心之本体等;另一类主要是从人的角度说的,如人、人心、人性、人道、道德自我、道德意识、道德理性等。而这两类又是由第三类概念:本心、本性、仁心、仁性、良知所联系起来的。前两类都分别与这第三类相通,都分别以第三类为其本质和内在属性。

天代表宇宙之存在、生命、精神价值之全之实体或者总体,是无限的,超越于已成就的一切现实事物之上,具有形而上的精神性、绝对性、实在性及本体性。地代表现实事物之已成就而保存者的总体,具有现实性、时空性、具体性。

在儒家思想中,天不仅仅指现代自然科学中所讲的物质性之天,更是具有形上精神性、生命性、价值性的绝对存在。因此,"儒家之天或天地,为一客观普遍之绝对的精神生命,乃自天或天地之形上学之究极意义言之"。这表明,天是宇宙的形上根源,是超越于万事万物的,具有超越性的精神实在。

于是,属于"天"这一类性质的概念"心之本体"也同样处于超越性、本体性地位,是作为形上的本源而存在的。

心之本体是超越时空、完满、善良、恒常的真实,是世界的主宰,但唐先生认为它是内在于吾身的。"上帝或佛即我们自己之本心"[①],"本心即天心……人至诚即如神"[②]。而我们在第一章已得出结论:"道德自我"是以本心、本性为本质属性和归属的。"道德自我"就是本心、仁心与道德主体相结合而起作用的。可以说,"道德自我"与"心之本体"在本质上都是相通于我们的道德心灵,相通于本心、仁心、良知的。那么,这二者是否就是等同的呢?

唐先生认为,在存有的层次上,"道德自我"与"心之本体"是不同的。由于存有层次上的不同,导致它们在地位上、起作用的范围上、外延上以及名称上等等都是相互区别的。

"我们所谓'神',原是指我们之内在精神,'神'亦指我们精神要发展到之一切。所以'神'具备我们可以要求的一切价值理想之全部,他是至真至美至善完全与无限。"[③]

从内在的角度来看,"神"似乎是我们心灵对完美价值的全部渴求,只要我念念不忘我们的心之灵明,那么就可以达到包罗万象、具备一切的"神"与"心之本体"。可以体会到"心之本体"位于我们心中,而这内存的"神"亦可理解为我们内在的精神。但是,当无限的超越者——心之本体,内存于有限的心——道德自我时,我们有限的人之本心,便再不是有限的了。虽然,内存的神——心之本体,可以理解成为我们内在的本心、本性、内在精神、道德自我,但当我们自觉到内在的心之本体即我们自身之中的"道德自我"时,我们便同时能够体验到局限于我们自身之中的"道德自我"不再是我个人之道德心灵,而具有了无限性,成为了包罗万象的"心之

① 唐君毅:《心物与人生》(《唐君毅全集》卷五),北京:九州出版社,2016 年版,第188 页。

② 唐君毅:《心物与人生》(《唐君毅全集》卷五),北京:九州出版社,2016 年版,第236 页。

③ 唐君毅:《人生之体验》(《唐君毅全集》卷三),北京:九州出版社,2016 年版,第109 页。

本体"。这"心之本体"虽内在于人们的道德心,但却不再是"道德自我"了,它绝对自足,无待于外。

唐先生也正是这样突显出"心之本体"的高卓与尊严的。因此,他指出"在本部中以道德自我之根源,即形上的心之本体,乃将道德自我向上推出去说,以指出其高卓与尊严;然后再以之肯定下面之现实世界,并以之去主宰现实世界"。唐先生认为人不应把天心——心之本体,与人心——道德自我应有的位分与分际混乱。终极实在的"心之本体"虽内在于吾人之心性之中,使吾人心性可升至无限,从而使人心与天心不能分开来讲,但它们却仍是有区别的。唐先生在《人生之体验续编》中指出:

"知其心之即天心,以还顾其有限之生命存在,则此有限生命之存在,皆依此无限量之即己心即天心,以生以成,而为昭露流行之地;则有限者皆无限者之所贯彻,而非复有限,以混融为一矣。而一切颠倒之非人之本性,在究竟意义为虚幻而非真实,亦至此而见矣。然人之知此义,仍当自使有限者还其为有限、无限者还其为无限,以使有限者与无限者,各居其正位,以皆直道而行始。"[①]

从此段话中,我们可以清楚地看到,唐先生虽认为人心即天心,神即内在精神,人心与吾人内在精神被赋予无限性,但人心所依附的生命仍是"有限之生命存在"。所以,人心在存在层次与天心是不同的。而且进一步说,有限的人心——道德自我,被无限的天心——心之本体所贯彻之后,并不再是有限者了,即"非复有限"。所以,我们应使有限者还其为有限,无限者还其为无限,使有限者与无限者,各居其位。

而所谓人心即天心、圣心,或人心等同于圣心、天心,或道德自我即吾心、吾性、良心,或就是"心之本体",充其量只能是从人能有如天的功能,人不断尽心、尽性能达到如神、如天的境界上说。

"因直接了解天道即人性,人至诚而如神,人可以如天人;乃把宗教中之超越精神,与其所向往神之境界内在化,为人依其仁心以裁成万物、发育万物、曲成人文之精神境界。这不是否定了宗教,这是使整个人生与文化,皆为如在神前之真诚恻怛之心情所贯注,移敬神之礼以敬人与其文

---

① 唐君毅:《人生之体验续编》(《唐君毅全集》卷七),北京:九州出版社,2016 年版,第 147 页。

化,以对神之亲情对天地万物,而充量的实现宗教精神。"①

此段话明显可以看出,人至诚如神,人可以如神,人可以如天人,只是从人可以依仁心以裁成万物,发育万物,曲成人文之精神境界的作用和功能上讲的。人便能达到神的境界,人便能从仁心、圣心以见天心,仁心天心便是不二,"道德自我"便是"心之本体"。但这仍不能从实然的存在论、存有论上认为"道德自我"等同于"心之本体",不能理解为人神同一性。因为,从功能上、所达境界上看,"人之从仁心圣心见天心"和"仁心圣心之不二"不能理解为在存在论上二者的同一。相反,从存在论上来说,超越的"心之本体"是全,它可以显现于我们人的道德生活、道德实践,但同时仍有未显现,即有隐的部分,而其未显于人的道德心灵、道德自我之处便需要人能够不断率性而行,以致在尽心知性知天的活动中,终极实在的"心之本体"才向人逐一开显。

综上所述,从存在论方面看,人不等于神,本心本性不等于天心、天性,道德自我不等于心之本体;但从作用、功能和能达到的境界上看,天对人,终极实在的心之本体对道德生活中的道德自我的作用,是由人的本心、仁心来决定的,而且一旦离开人的本心、仁心、良知,终极实在的价值便不能凸显,终极实在便不能起作用了。于是,唐先生才讲本心即天心,天心内存于人心,仁心圣心不二。也就是说,从功能作用和所达境界上,"道德自我"与"心之本体"是相通的。但这并不能否认对终极实在——心之本体的神圣存在、客观认定的强调。"心之本体"在根本上是高于和超越于"道德自我"的。而唐先生讲天人合一、天人合德只是从最高可能性上在看人,认为人是可以由小人到大人再到圣人。

"由大人,圣人之心量德量可扩至无限上说,则可与天地合其德,亦即与天和上帝同其德,人心可通于天心,接于上帝;天心和上帝,也不能只超越而外在于大人圣人之心。"

"因心之明觉可无所不到,则人心之仁亦可无所不到。因而人之仁之充量,即与天地合德、与上帝合德。而人有此仁性即证明人在本性上即同

———————
①　唐君毅:《东西文化与当今世界》(《唐君毅全集》卷十五),北京:九州出版社,2016年版,第203~204页。

于上帝。"①

一方面,人心、道德心灵可由圣心扩展至天心,而人心的境界得到上提,以致通于天心,接于上帝,于是超越的心灵内在于人心。也就是说,人的本心即天心,"圣"即是神、上帝,"道德自我"即"心之本体",这些都是从功能作用上、境界上说的。另一方面,天心、天性仍有未全显于人性的一面,"心之本体"仍有还未作用于"道德自我"的隐藏起来的一面,于是人便有了敬畏之情,有了谦卑之感,而去承认与体验自身的仁爱之心的局限与卑下,而相信自身的仁心终有一个终极根源,而这终极根源便是"心之本体",是超越于吾人之上的天与神。所以,本心本性通于天心、天性,但却不能否认天心、天性的终极根源的地位与高卓。

"故此仁心仁性呈露时,吾人既直觉其内在于我,亦直觉其超越于我,非我所赖自力使之有,而为天所予我,天命所之赋。由是而吾人遂同时直觉:我之此仁心仁性,即天心天性。我之仁心仁性之生生不已之相续显现于我,即天命之流行于我,天心天性之日生而日成于我。我遂由此益证天心天性之超越于我,而自有其高明悠久之一面。吾人之仁心仁性之显于我所成之仁德,我皆可推让之于天,而成为天之德。如是之天心、天性、天德,克就其本身而言,即为一绝对普遍而客观之形上实在,谓之为绝对生命、绝对精神,或神与上帝,皆无不可。就其内在于我,而为我之仁心仁性仁德,使之生命、我之精神、我之人格之得日生而日成以言,则天心、天性、天德之全,又皆属于我而未尝外溢,以成就我之特殊性与主观性。"②

所以,如果从存在论上言之,既超越又内在的"心之本体"有其超越于吾人"道德自我"的超越性、根源性与本体性。如果从天对人的价值与功用上看,天与人、心之本体与道德自我又是不能分离为二的。而我们对终极实在的"心之本体",既要从存在论上来理解,又要从功能意义上来理解,而这两方面又要以人的"仁心"、"仁性"的实践和所达境界的呈现为相互转换的关键。相通不排斥相异,相异不排斥相通,我们应辩证地来体会与玩味唐先生的"道德自我"与"心之本体"。

---

① 唐君毅:《东西文化与当今世界》(《唐君毅全集》卷十五),北京:九州出版社,2016年版,第206页。

② 唐君毅:《中国文化之精神价值》(《唐君毅全集》卷九),北京:九州出版社,2016年版,第302~303页。

二、心之本体是道德自我存在的依据

唐先生的哲学体系表现在于自觉而超越的道德心灵自觉做自我超越的反省,并在自我超越反省的基础上不断做自我超越活动而开显出不断上升的境界层次。李杜先生在解读唐先生哲学体系时,是这样描述的:"称他为超越的唯心论者则是就他由人的超越的心灵以建立他的哲学系统上说的"①。

可见,唐先生以自觉超越的心灵作为其中心观念,来构建其道德哲学及哲学其他方面。"道德自我"是自觉超越的心灵在道德生活、道德实践中的显现;"文化自我"是自觉超越的心灵在文化生活、文化活动中的显现;而"生命存在自我"是自觉超越的心灵在生命存在生活与活动中的显现。道德生活、文化生活、生命存在生活的范围是依次扩大的,都是后一个概念范围包含前一个概念范围;相应地,在它们之中起作用的道德自我、文化自我、生命存在自我概念适用的范围也是依次扩大的,同样是后一个概念范围包含着前一个概念范围。而自觉超越的心灵之所以具有超越意识就在于它具有"自我之价值意识"或"良知"或"仁心",而且这种具有"仁心"、"良知"的自觉超越心灵在道德活动、文化活动、生命存在活动中起着核心作用,居于本体地位,一切有价值、有意义的道德行为、文化行为、生命存在行为都根源于它,我们便称之为"心之本体"。

我们可以以李杜先生的解读来验证以上观点:

"因为人不是纯道德的动物。人的思想亦不是全由道德的问题所引生。事实上'道德自我'亦不是独立存在,而是与人的生命存在其它方面相关联,它实仅为人依道德心灵的活动而来的一种肯定。但人的心灵活动除了道德的活动外尚有其它种种活动。人可以由人的道德活动以肯定一道德自我,亦可以由其它的活动以肯定其它不同的自我,而此不同的自我皆有活动。故中国传统的哲学虽重视德性,我们不能了解它只是人的道德自我的表现,而应了解它是中国人的生命存在的整个表现……于此系统中注意由人的心灵的不同活动所建立各种不同的学术。但各种学术

---

① 李杜:《唐君毅先生的哲学》,台北:台湾学生书局,1982 年版,第 135 页。

皆应为人的道德理性所主导,以建立人生的真正价值。"①

由此可见,在唐先生那里,"心之本体"具有至高无上的涵盖性和统摄性,表现在它对道德自我、文化自我、生命存在自我的统摄上。"道德自我"仅仅是道德心灵作用于道德实践主体。但是,实际上,人不能只有道德活动,在道德活动之外,还会有理智的活动,如科学认知活动、哲学玄思活动或文学艺术的创造活动等等。虽然,人类的这些活动,都有道德理性或道德自我或道德心灵的渗入和支持、把持,但"道德自我"毕竟不能代替或包涵这些文化活动的文化自我和生命存在活动中的理性自我、认知自我、艺术自我等等。这就需要有一个更高的中心观念来把握这些自我。于是,唐先生在其晚年的《生命存在与心灵境界》中,便提出了以"心之本体"为中心概念来构建其心通九境的形上哲学体系。"在这个体系里,道德自我只是道德形上学;理性自我只是科学、哲学形上学;他虽然没有提出艺术自我概念,但依道德自我、理性自我来看,显然也有一个艺术自我的存在。这一艺术自我就是文学艺术的形上学。而心本体,则是宇宙形上学。道德自我、理性自我或艺术自我都从它流出或开出。在这里,心本体是一,而道德自我、理性自我、艺术自我是多,一不表现于多,则一必萎缩,而多不归属于一,则多将日益离散。"②

那么,"道德自我"与"心之本体"到底是什么关系?我们将借鉴香港学者郑顺佳创制的图表③来进一步完整地展示两者的地位、属性以及与其他"自我"的关系。

由图 3-1 可见,最底部一层显示了人类的道德生活、文化生活、生命存在之活动。而且道德生活属于文化生活的一部分,而文化生活又属于生命存在之生活的一部分。倒数第二层展示了自我的不同层面:道德自我、文化自我、生命存在自我。道德自我是文化自我的一方面,而文化自我又是生命存在自我的一方面。而且,这倒数第二层的三个不同之自我分别与底层的三种不同生活形态依次对应。都是某种自我决定某种生活,使某种生活成为可能。即道德生活源于道德自我起作用;文化生活源

---

① 李杜:《唐君毅先生的哲学》,台北:台湾学生书局,1982 年版,第 58 页。
② 张祥浩:《唐君毅思想研究》,天津:天津人民出版社,1994 年版,第 340 页。
③ 郑顺佳:《唐君毅与巴特——一个伦理学的比较》,香港:三联书店(香港)有限公司,2004 年版,第 48~49 页。

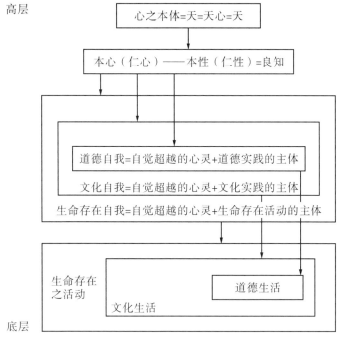

图 3-1　不同自我与不同生活形态的对应关系

于文化自我起作用；而生命存在生活源于生命存在自我起作用。而道德自我之所以是道德生活的根源，使道德生活成为可能，却是由于自觉超越的心灵与道德实践主体相结合，并作用于道德实践的主体。依此类推，文化生活之所以成为文化的生活，便在于自觉超越的心灵与文化实践的主体相结合，并作用于文化实践的主体。生命存在的生活之所以成为有意义的生命存在生活，就在于有自觉超越的心灵作用于生命主体，使主体确认什么是有价值的，什么是值得追求的，并不断地克服生命存在自身的弱点以超越自己，从而达到价值理想的实现。再往上一层展示的是本心、本性层，即仁心、仁性、良知层。由于在道德自我、文化自我、生命存在自我中起作用的自觉超越的心灵，是以仁心、仁性、良知为本质属性的，仁心、仁性、良知是它能够自觉超越的动力与根源。但由于这仁心、仁性、良知又内在于吾人自身之中，是既超越又内在的，所以，同人的本心、本性又是相通的。为了突显这仁心、仁性、良知的高卓与尊严，唐先生确立了"心之本体"这一终极实在和终极根源，并以之作为世界万物、宇宙万物的形上本体。而一旦"心之本体"成为形上之本体，便与"仁心"、"仁性"区分开来,具有了至高无上性。这便是最高一层展示的"心之本体",它是天,是神,是天心,又处处体现着天道。它是仁心、良知、人心、人性的形上基础。从而也成为道德自我、文化自我、生命存在自我的形上基础与终极根源。

我们以图 3-2 来详细展现道德自我的特性以及如何在道德生活中起作用,以此联结上第二章道德生活的内容:

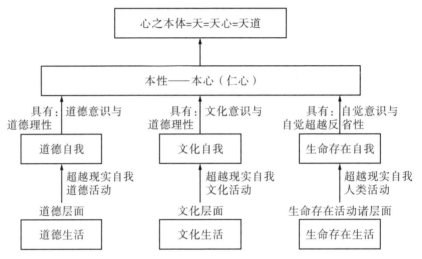

图 3-2　不同自我的特性及在不同生活形态中的作用

在最底部一层中,道德生活的本质是自觉超越现实自我的活动;文化生活的本质是自觉超越现实自我以协调各种文化的活动;生命存在生活则是自觉超越现实自我的人类活动,以达到不同的生活境界。在倒数第二层中,道德自我具有道德意识与道德理性的属性;文化自我具有文化意识与道德理性的性质;生命存在自我具有自觉意识与自觉超越反省性。其中,道德意识与道德理性是使道德生活成为可能者;文化意识与道德理性是使文化生活成为可能者。为什么文化意识中有道德理性起作用呢?唐先生认为,一方面,人类活动不能只是道德活动,道德自我也并不能代替、包涵其他活动中的其他自我;但是另一方面,道德自我却渗透在其他活动的各个方面,因为道德理性渗透在文化活动等生命存在活动的各个层面里,才使真正的文化生活、生命存在生活具有可能性。正如唐先生在《文化意识与道德理性》一书的序言中申明的那样:"本书之内容十分单纯,其中一切话,皆旨在说明:人类一切文化活动,均统属于一道德自我或精神自我、超越自我,而为其分殊之表现。"①他所说的道德自我、精神自我、超越自我,也就是道德理性。因此,此处才说文化意识与道德理性使得文化生活成为可能,而文化自我也便具有了文化意识与道德理性的特性。最后,自觉意识和超越的反省性使生命存在自我不断地做超越反省,才能使所有的生命存在活动成为可能。

再上一层展现了,不管是道德理性,还是自觉的超越反省性,都是内在于人,都来自本心、本性,是人的本心、本性之能。最高一层展示了,心之本体或者是传统儒家的天、天心、天道,是本心、本性的形上根源,它高于一切,涵盖一切。

由此可见,从纵向看,道德生活是基于道德自我,是道德自我依道德意识与道德理性不断对现实自我的超越;道德理性又基于人之本心、本性,也就是人之道德心灵,最后,本心、本性又根源于心之本体。所以,心之本体是道德自我存在的依据;道德自我以心之本体为形上根源。从横向看,道德生活是文化生活的一部分,文化生活又是生命存在生活的一部分。相应地,道德自我是文化自我的一部分,文化自我又是生命存在自我的一部分。道德自我实质上虽然只是自觉超越的心灵在道德生活中的表现,但却是心灵活动最重要的组成部分,处于核心地位。它指导文化自我对各种正确文化价值理想的追求,协调各种文化活动,使人类文化生活和谐发展。扩而言之,在生命存在生活中,它又指引人们去感受和经验各种不同的事事物物,经历不同境界之生活,使生命存在心灵不断自我超越反省,以达完满的天人合一之境界。因此,唐先生指出:

"人在事实上,亦只有在其生命成有德之生命时,此有德之生命之现有,乃为真实有。至当人之生命只为无德之生命时,此无德之生命之现有,则不能为真实有,以其虽现有而后可无故。依其后之可无以观,即见其有非真实有故。"②

所以,唯有"真实之常然"的道德自我才能创造出真实之常然的有德之生命。"故此,在唐先生的道德哲学中,道德自我永远占有主导的地位,

---

① 唐君毅:《文化意识与道德理性》(《唐君毅全集》卷十二),北京:九州出版社,2016年版,第3页。
② 唐君毅:《生命存在与心灵境界》(上)(《唐君毅全集》卷二十五),北京:九州出版社,2016年版,第495页。

具有本体论的意涵。如果说唐先生所建立的本体论是一种'心本体论',那么道德自我肯定是这个本体的一部分,是能够显现心本体的功能而内在于人类心灵的一股道德意识。由此可见,唐先生的道德哲学并非是以心物二元立论的;它是道道地地的心一元论,或可称为'道德心一元论',所着重的是一颗澄明通灵并且恒常不灭的道德心灵。"①

第三节 心之本体确立的途径与心之本体的特性

一、心之本体的确立途径:对现实世界的追问与反省

唐先生对心本体的证明,采取的是超越的反省法。心之本体不能通过实证确立,只能由不断地超越的反省中被体验出来。

唐先生首先对现实世界进行追问,进一步对现实世界进行了否定。他得出的判断是:一、我们所面对及生存与其中的现实世界是不真实的,它是虚幻的、如梦、如幻。"现实世界中的一切事物是在时间中流转,是无常、如梦、如幻,是非真实的。一切存在者必须消灭,时间之流,如在送一切万物向消灭的路上走。一切的花,一切的光,一切的爱,一切人生的事业,一切我们所喜欢之事物,均必化为空无。这似是我反复的对现实世界的思维之最后的结论。"②现实世界中的一切事物都是由现在的化为过去的,生的必须灭,有的必须无,因此世界是不真实的。二、现实世界根本是无情的、残酷的、可悲的宇宙。"我从时间中之一切事物之流转,及其必须消灭上,我知道了,此现实世界根本是无情的。天心好生,同时即好杀。现实世界,永远是一自杀其所生的过程。"③"一切有价值有意义的人生活动之不复再来,便是一可悲悼的事……人生每一活动所有之价值与意义,

---

① 严家建:《略述唐君毅先生的道德哲学》,《唐学论衡——唐君毅先生的生命与学问》(下册),北京:中国文史出版社,2005 年版,第 349 页。

② 唐君毅:《道德自我之建立》(《唐君毅全集》卷四),北京:九州出版社,2016 年版,第 69 页。

③ 唐君毅:《道德自我之建立》(《唐君毅全集》卷四),北京:九州出版社,2016 年版,第 70 页。

都是唯一无二的,所以其消灭与过去,便永远是一可悲的事。"①天心好生亦好杀,这便是现实世界的本性。

世界是不真实的,是残酷、可悲的,但是我们却渴望与要求真实的、善的、完满的世界。这一真实的心理要求都是现实世界中所没有的,因而在现实世界之上,必有其超越现实世界的根源。这一根源是超越生灭与虚妄,它不能不是恒常、真实、完满的。这一根源不是外在于人的,而是与人自身等同的,他认为就是"心之本体"。"在我思想之向前向下望着现实世界之生灭与虚幻时,在我们思想之上面,必有一恒常真实的根原与之对照。但是此恒常真实的根源,既与我们所谓现实世界之具生灭性与虚幻性者相反,它便不属于我们所谓现实世界,而亦应超越我们所谓现实世界之外。但它是谁……我想,即是我心之本体,即是我们不满现实世界之生灭、虚幻、残忍不仁、不完满,而要求恒常、真实、善与完满的根源。我要求恒常、真实、善与完满,这种种理想,明明在我心中。"②

"心之本体"是真实、至善、完满的,它持续地知恶与去恶,它不断地追求一个恒久、有情、仁爱的现实世界;因为不断追求真实、至善、完满,它便又是超越现实世界的,具有自觉与超越的能动性。"心之本体"是至善与完满的,在其统摄下的"道德自我"才能保证每个个体都有去恶从善的可能。"道德自我"只是构成"心之本体"和现实世界的中间环节,人类道德生活的可能和现实世界存在的意义,最终还要靠"心之本体"来说明。

二、心之本体的特性

唐先生指出所有事物可借三个范畴来解释:体、相、用。③ 事物的"体"一般由名词来表达,"相"则以形容词表达,而"用"则借动词来表达。而"体"、"相"、"用"三者的关系则是:"体"可以由"相"、"用"来描述之,"体"联合"相"与"用";从层位而言,"体"居于上层,主宰"相"与"用";从次

---

① 唐君毅:《道德自我之建立》(《唐君毅全集》,卷四),北京:九州出版社,2016 年版,第 70~71 页。

② 唐君毅:《道德自我之建立》(《唐君毅全集》卷四),北京:九州出版社,2016 年版,第 72~73 页。

③ 唐君毅:《生命存在与心灵境界》(上)(《唐君毅全集》卷二十五),北京:九州出版社,2016 年版,第 24~27 页。

序而言,人必先见到"用",才知道有"体";从种类而言,"体"是依赖其"相",才被归类。因此,"体"、"相"、"用"三者,每个范畴可透过其他两个被察知。① 唐先生"心之本体"这一概念也是通过"体"、"相"、"用"这三个不同角度、不同层次来阐释的。

"心之本体"之体不能孤立而论,必须从其相与用谈起。"吾人本不能离其相用,以知体为何物,问此主体自身之为何物,亦即问其相如何、用如何。故人若问此生命存在心灵之主体自身为何物,即必还须就其活动之用、相与所对境物之用、相而说。"②

首先,从"心之本体"的性相来看,"心之本体"是不灭的、恒常的、真实的。"心之本体"不可思,但我们可以思"心之本体"之用——思想。思想可思考无限的时空,思想之能可跨越无限时空之上,所以此能之本体,必也能超临于时空之上。生灭只为时空中之事,所以超越凌驾于时空之上的"心之本体"本身是没有生灭的。"在时空之上者,其本身必不生灭,因为生灭只是时空中事物的性质。""它们生灭,我心之本体,总是恒常。它们虚幻,我心之本体,总是真实。"③"从我们思想本身内部看,则我们无论如何不能不承认,思想是统一联贯过去与未来……这即是反乎现实世界中的时间之前后代谢之另一功能……这即表示他所自发之心之本体,是不灭的。必需心之本体是不灭的,然后会使思想有灭灭之功能。不灭即是恒常,恒常即是真实,心之本体应是恒常的真实的。"④思想可以将过去与未来统一连贯起来,过去得以在现在保存不灭,未来可以在现在预现,思想的反灭性,即可证明其所发自的"心之本体"是不灭的。不灭即为恒常,即为真实,即为善,即为仁。

"心之本体"是一"纯粹能觉"。唐先生认为,思想本身可以进一步被视为一种"纯粹能觉"。思想在觉察认识的过程中,必有其觉察认识的对象,

---

① 唐君毅:《生命存在与心灵境界》(上)(《唐君毅全集》卷二十五),北京:九州出版社,2016 年版,第 27~28 页。

② 唐君毅:《生命存在与心灵境界》(下)(《唐君毅全集》卷二十六),北京:九州出版社,2016 年版,第 243 页。

③ 唐君毅:《道德自我之建立》(《唐君毅全集》卷四),北京:九州出版社,2016 年版,第 79 页。

④ 唐君毅:《道德自我之建立》(《唐君毅全集》卷四),北京:九州出版社,2016 年版,第 74 页。

觉察认识的对象是无穷的,它们在思想中生灭不已,但思想本身却不同于思想觉察认识的对象,思想本身是一种"纯粹能觉",它本身是不生不灭,因此其所依之体——心之本体,也是恒常的。同时,思想作为能觉,它又可以觉察认识它自身,所以,它又是所觉。思想是能觉与所觉的统一,因而它所依的"心之本体"毫无疑问地也是兼具涵有能觉与所觉,而且是一种"纯粹能觉"兼"纯粹所觉",它可以超越能觉与所觉的对立局面。因此,在更高的一层上讲,"心之本体"是无穷的、澄明的、广大的、自觉自照的。

"心之本体"不单是恒常、真实的,也是"道德自我"的至善与完满的根源,因而它也是至善、完满的。从"我感"而言,现实宇宙永远是一个自杀其所生的过程,是无情残酷的,但在"我要求"之下,我希望有一个不仅是"恒常真实的",而且是"善的完满的"根源,即"我内部"的"心之本体"。"我复相信我之心之本体是至善的、完满的。因为我明明不满于残忍不仁之现实世界……因为它超临跨越在无穷的时空之上,无穷的时空中之事物,便都可说为他所涵盖,它必然是完满无缺。"①

其次,从发用上讲,"心之本体"在不断地进行着自觉的内在超越。这便涉及"心之本体"与主体自我之间的关系。唐先生认为,"心之本体"必须与主体自我相连,"心之本体"才能表现自身。前文已讲到,"心之本体"虽然超越于整个现实宇宙之外,超越了现实世界的生灭与虚幻,但它却不在自我之外,而是我的希望、我的要求,是我内部的自己。可见,"心之本体"与主体自我是同一的,是内在的自我,但同时它又不断破除有限的自我,以达到超越的自我。

"心之本体"以破除有限为它的本性,以破除有限为它的内容,它的无限与超越也必须通过它自己破除有限的主体自我来表现。破除有限是无限的"心之本体"自身的规定,而它的存在就是它的破除活动,它渗贯于一切有限之中,又在其中做不断的破除活动。因此,"心之本体"是积极的无限,超越于一切有限;但却又是不断做破除的消极无限,内在于一切有限之中,而且只能在各种有限中才能表现其本身的品德。可见,"心之本体"并不是静止不动的,并不是与现实世界无关的、高高在上的"心之本体";而是活在现实世界之中的、能动的"心之本体"。

---

①　唐君毅:《道德自我之建立》(《唐君毅全集》卷四),北京:九州出版社,2016年版,第79页。

最后,上面我们已从"相"与"用"方面分析了"心之本体",但唐先生仍认为,"心之本体"是不能以经验的概念来描述的,即使是最普遍的概念也无法描述它,因为"心之本体"是"无此一切相之相",是不可名状的。先前,通过分析"心之本体"的"相"与"用",我们已经得出一系列关于"心之本体"的概念特征,那么,能否用这些概念特征的集合来描述"心之本体"呢?唐先生是坚决反对的。他认为,这些概念特征的集合体,是在"心之本体"的活动过程中表现出来的,而我们又观察到的,但"心之本体"的活动是有显有隐,有屈又有伸。我们感到的"心之本体",是一切活动之相续之原,而又超越于其已有的一切活动之外。"即此主体既超越于其已有活动之外,则此已有之一切活动之相貌,皆不能穷尽的说明此主体之所以为主体,因其尚为此后之相续活动之原故。"①此后的一切相续之活动,当其显出时,又成为如前的已有的活动,又不能用于说明此体。所以,心之本体是"'超越一切活动与其相貌'而'无此一切活动之一切相貌'之'相',即'无此一切相'之'相'"。②唐先生认为的"心之本体"是超越所有"相"的,但它却引起一切活动以及这些活动表现出来的"相"。

第四节　心之本体在道德生活中的运动及展开

在唐先生那里,"心之本体"是恒常、真实、完满、至善的本体,而现实世界却是不真实、可悲的、不完满的状态。但是,"心之本体"绝对不仅仅只有其超越于现实世界的一面,它还要对现实世界起着作用。它是纯粹的能觉,但却又主宰着具体的所觉,它在现实生活中,与现实世界发生着千丝万缕的联系。这便是唐先生"心之本体"之体在现实生活中之用的展开。

唐先生这一至善、完满的"心之本体"必须作用于现实世界中、作用于现实生活的论断,与中西哲学思想中"体用论"的理论是一脉相承的。在

① 唐君毅:《生命存在与心灵境界》(下)(《唐君毅全集》卷二十六),北京:九州出版社,2016年版,第244～245页。

② 唐君毅:《生命存在与心灵境界》(下)(《唐君毅全集》卷二十六),北京:九州出版社,2016年版,第245页。

西方哲学中,柏拉图有最真实的"善的理念";亚里士多德有至高无上的不动的推动者"实体";中世纪经院哲学中有全知、全善、全能的"上帝";黑格尔有统一主观与客观之"绝对精神"。在中国哲学中,孔子提出了具有仁德之"天";孟子在天人之间加入了人之"本心"与"本性",使本体之天内在于人,指出要尽人之性,以立天之命;宋明之时,程朱的"理",陆王的"心",张载、王夫之的"气"。近代,熊十力先生指出"仁心本不限定在我之一身,实遍在乎天地万物"。"仁心"就是宇宙之本体,人能体悟这宇宙本体并"随感而通"就能"常于一己之外知有人伦"[1];梁漱溟先生提出了"意欲";贺麟先生逻辑意义上的"心";牟宗三先生的"心体"与"性体";冯友兰先生的"理世界"、"真际";金岳霖先生提出的"道"等等。[2]

　　唐先生描述的"心之本体"与上述哲学思想家所提出的称呼不同的本体一样,就本质而言,都是作为人的自我异化的观念的存在。但当其一旦被确立,便具有了终极性与至高无上性,是超越于现实之一切的,并作为宇宙万物之所以能存在之本质与本体的,是我们无法加以证实的,是我们无法在现实世界的经验之中直接把握的。但唐先生又认为,我们之所以在现实生活中,在不能直接经验、直接证实这些东西的情况之下,仍然假设它们的存在,是因为我们承认在某种条件下,我们有与它们发生经验关系的可能。如果它们真的在任何条件下都不可能被我们所经验感知的话,那么,我们完全可以认为它们不存在。所以,"它们之存在,至少依于它们之作用,有一种为你经验之可能。在你说他们存在之意义中,就含一种其作用可经验之意义。全离开了可经验的意义,它们无所谓存在"[3]。

　　因此,虽然"心之本体"处于本体位置,道德生活处于现象地位,二者相互区别;但是"心之本体"与道德生活却是融洽无间。"心之本体"为道德生活提供了形而上的根据,而道德生活则是"心之本体"周流全体的功能呈现。所以,唐先生从经验生活、道德生活中发现了"道德自我",进而提炼出"心之本体",同时,又从"心之本体"在道德生活中的运动和展开中凸显出了"心之本体"的地位和价值,他关注的经验生活,不再是纯粹的经

---

①　熊十力:《体用论》,北京:中华书局,1994年版,第184~185页。

②　参见李维武:《20世纪中国哲学本体论问题》,长沙:湖南教育出版社,1991年版。

③　唐君毅:《人生之体验》(《唐君毅全集》卷三),北京:九州出版社,2016年版,第81页。

验世界,而是"心之本体"起作用的现象世界;他所关注的"心之本体",也不再是与现象界生活绝缘的本体存在,而是在时间、空间中不断与经验生活中的一切发生经验关系的"心之本体"。

在经验世界中,唐先生最注重人之道德生活与道德实践。他认为道德生活、道德实践之所以能够形成并成立,处处都与"心之本体"有直接关系。可以说,道德生活与道德实践是"心之本体"在人类现实社会中起作用的一种显现。唐先生认为,假如没有"心之本体"这一本体,道德实践将成为无根之本,无源之水,就更谈不上有道德的生活了。那么,"心之本体"在道德生活中是如何运动与展开的呢?

唐先生认为,恒常、真实、至善、完满、自足的"心之本体"与经验生活中的道德行为主体互相感应之后,形成具有"道德理性"之"道德自我","道德自我"自觉要求人们做出最合"性理"、最具道德价值的行为,这便有了道德生活中各种各样的道德行为。具体说来,"心之本体"与经验生活中的行为主体相互交感,打破了各自的隔膜与封闭,使得人之"本心"在世界之中得以显现,表现为实践主体中的"道德自我"与"现实自我"相互对立,"道德自我"不断破除"现实自我"之限制与局限,以达更高、更真实一层之自我。"道德自我"与"现实自我"二者在这一过程中所起的作用表现为消极的一面。唐先生认为,"他们在实际上,乃是我心之本体之表现于我们所谓现实世界时所通出之路道之象征"①。可见,"心之本体"必须与有限制的经验主体相联结,才能真正通过交感活动以表现其自身。而在这种消极过程中体现了破除限制是其固有的本性,它的无限性与超越性也就体现在这破除限制之中。因此,唐先生指出,它是"以'破除限'为它之本性,以破除限为它之内容"②。

"心之本体"是恒常、真实、至善完满的无限的存在,而经验世界中的道德活动却是有善有恶的、不完满的,并不能完全表现出"心之本体"的至善与完满。进一步,"心之本体"只有通过这不完满的有善有恶的道德活动才能表现其自身,而且除了对这些有限的、不完满的现实对象进行破

---

① 唐君毅:《道德自我之建立》(《唐君毅全集》卷四),北京:九州出版社,2016年版,第86页。

② 唐君毅:《道德自我之建立》(《唐君毅全集》卷四),北京:九州出版社,2016年版,第88页。

除,别无显现之法。"心之本体是一积极的无限,超越于一切有限;又是一破限之消极的无限,内在于一切有限。心之本体是对象化自身后,活在现实世界之中的、能动的心体,而不是静止的,仅只超越于现实世界之上,与现实世界无关的心体。"①因此,唐先生的"心之本体"并不是一个不动的、不变的、封闭在自身之内的本体存在,而是在经验的道德生活中时刻显现的并活动着的本体存在。有了"心之本体"的存在并显现,现实生活中一切不善的心理与行为,才能得到改变并向善的方向发展。现实世界的不仁、虚幻与悲凉才能找到出路。因为,这不仁、不善的,虚幻与悲凉的现实心理与行为,也同样是"心之本体"在经验世界之表现。"一切人类之活动,都是属于同一的精神实在,只是同一的精神实在表现其自身之体段,一切人类之活动,在本质上是互相贯通、互相促进、互相改变的。唯由此而后,低的活动可以含高级活动之意义,低级活动可转化为高级活动。"②"形上之精神实在之善,必须要求实现于现实世界。所以不能一直实现其善,它便化身为人之罪恶,绕弯子以间接实现其善,这是形上的精神实在与现实世界的关系之最大的秘密。"③

小　结

至此,唐先生便由"道德自我"树立起了"心之本体"。这一章便详细阐述了"心之本体"怎样由"道德自我"一步一步演变而来。涉及"道德自我"与"心之本体"的关系;"心之本体"确立的途径;"心之本体"的特性;"心之本体"在道德生活中的作用等内容。

真正的道德生活是"道德自我"依据其本身所具有的"道德理性"而自觉超越现实自我的活动。"道德理性"是道德自我的本质特征与内在属

① 王怡心:《唐君毅形上学研究——从道德自我到心灵境界》,北京:中国文史出版社,2006年版,第43页。

② 唐君毅:《道德自我之建立》(《唐君毅全集》卷四),北京:九州出版社,2016年版,第118页。

③ 唐君毅:《道德自我之建立》(《唐君毅全集》卷四),北京:九州出版社,2016年版,第124页。

性。"道德理性"即仁心、仁性,是人的本心、本性、良知、良心。因此,"道德自我"的超越要求就并不是来自外在的事物或别的存在,而是来自人之本心、本性,是人的本心的真实流露与自然发动,是人的本性的自然显现。而仁心又不限定于我一人之身,是人人共同具有的,万事万物皆能表现的,因此,仁心就是宇宙万物的本体,就是天道。唐先生进一步将此天道命名为"心之本体",作为人之本心、本性的形上本源。于是,"道德理性"就不仅内根于人性,同时又上根于天道;不仅内根于本心,同时上根于心之本体。可见,"道德理性"与"心之本体"虽具有相同的本质属性,但是当它被"推上去说"以后,便具有了高卓的地位与尊严,具有了完满性、至善性、真实性。它超越于一切时空中的事物,主宰着我们现实的世界。而"道德自我"却只能限定于现实中的道德生活、道德实践之内,并以"心之本体"作为其终极的形上根源。

"道德自我"与"心之本体"在本质上都相通于我们的仁心、仁性、良知、良心,但却是互不相同的。从存在的层次上看,人不等于天,本心、本性不等于天心、天性,"道德自我"不等于"心之本体";但从作用与功能上看,天对人,形上的"心之本体"对道德生活中的"道德自我"的作用,又是通过人的本心、本性起作用的。因为,道德生活就是人依据其本心、本性不断地自我超越以追求并期望达到至善的、完满的、理想的心之本体的过程。因此,"心之本体"的价值与作用也正是通过人之本心、本性而呈现出来的,离开了人之本心、本性,终极实在的价值便不能凸显,"心之本体"也便不能起到作用。因此,"道德自我"与"心之本体"又是相通的,不能分离为二的。可见,唐先生的"道德自我"与"心之本体"既相异又相通,相通不排斥相异,相异不排斥相通。

"心之本体"具有至高无上的涵盖性与统摄性。它除了作用于人之道德生活之外,还在人之文化生活乃至生命存在的一切生活中起作用。"道德自我"是"心之本体"在道德活动中作用于道德实践的主体形成自觉超越的心灵;"文化自我"是"心之本体"在文化活动中作用于文化实践的主体形成自觉超越的心灵;而"生命存在的自我"是"心之本体"在生命存在的一切活动中作用于实践的主体形成自觉超越的心灵。也就是说,"道德自我"是自觉超越的心灵在道德生活、道德实践中的显现;"文化自我"是自觉超越的心灵在文化生活、文化活动中的显现;而"生命存在自我"是自觉超越的心灵在生命存在生活与活动中的显现。道德生活、文化生活、生命存在生活的范围是依次扩大的,都是后一个概念包含前一个概念范围;相应地,在他们之中起作用的"道德自我"、"文化自我"、"生命存在自我"概念适用的范围也是依次扩大的,同样是后一个概念范围包含前一个概念范围。而自觉超越的心灵之所以具有超越意识就在于它具有"仁心"、"良知",而这种具有"仁心"、"良知"的自觉超越的心灵在道德活动、文化活动、生命存在活动中起着核心作用,一切有价值、有意义的道德行为、文化行为、生命存在行为都根源于它,这便是形上的、居于本体地位的"心之本体"。

　　于是,从纵向来看,道德生活是基于"道德自我",是"道德自我"依据"道德理性"不断对现实自我的超越;"道德理性"又是基于人之本心、本性;本心、本性又是根源于"心之本体"。所以,"心之本体"是道德自我存在的依据;"道德自我"以"心之本体"为形上根源。从横向来看,道德生活是文化生活的一部分,文化生活又是生命存在生活的一部分。相应地,道德自我是文化自我的一部分,文化自我又是生命存在自我的一部分。但是"道德自我"表面上看虽然只是"心之本体"在道德生活中的表现,但却是"心之本体"一切发用活动的重要组成部分,处于核心地位。因为,它指导"文化自我"对各种正确文化价值、文化理想的追求,协调各种文化活动,使人类文化生活和谐发展。在生命存在的生活中,它又指引人们去感受和经历各种不同的境界生活,使生命存在的心灵不断自我反省超越,以达到完满的天人合一之境界。

　　在理清了"道德自我"与"心之本体"的关系之后,唐先生指出,"心之本体"不能由实证的方法去确立,而只能在不断地对现实世界进行追问与反省中被体验出来。现实世界是虚幻的、不真实的;是无情的、残酷的。但是,我们却渴望与要求有一个真实的、善的、完满的世界。这一真实的世界是现实世界中所没有的,因而在现实世界之上,必有超越现实世界的根源。这一根源能超越生灭与虚幻,因而它不能不是恒常的、真实的、完满的。这一根源不是外在于人的,正是人人共有的"仁心"、"仁性",也就是心之本体。

　　最后,唐先生通过"体"、"相"、"用"三个不同的角度、不同的层次全面展现出"心之本体"的特性,指出"心之本体"是无法名状的,但却能引起一切活动及活动表现出来的各类"相"。并且指出,"心之本体"虽然有其超越现实世界的一面,但必须还要在现实世界中发用与流行,必须要在现实生活中运动与展开。

第四章　道德自我与心之本体的互动

　　在第二章中,我们已探讨了道德的生活是自觉自己支配自己的生活,是"道德自我"自觉支配自己去超越"现实自我"的限制,是主体心灵自觉地支配自己主宰自己的生活。在接下来的第三章里我们进一步探讨了"道德自我"来源于"心之本体","心之本体"是"道德自我"的形上根源。而且这一形上本体必须在现实的道德生活中才能凸显和显现它的地位与价值。那么,"心之本体"与道德生活中的"道德自我"是如何交接的呢?人心与"心之本体"是如何互动的?又是在何种状态下互动的呢?

　　在前面几部分中我们已经阐述清楚了,"道德自我"是"心之本体"在道德生活中的运动及展开。"心之本体"是完满无缺的、至善的、无限的心灵,自觉超越是它的本质属性。它在本质上与我们所具有的、有着道德属性的"良心"、"仁性"是相通的,"道德自我"是我们的本心、本性与道德实践的主体——人的结合。因此,"心之本体"与"道德自我"的互动实质上就是自觉超越的心灵与主体的互动,是形而上的超越心灵不断作用于道德实践之人,使其依照其与生俱来的、本有的仁心、仁性,不断进行自我超越,以克服不好的外界环境对我们的道德实践的影响,克服我们自身的有限性,来趋于完善和达到完满的道德理想境界。

第一节　道德自我与心之本体互动的前提

一、性善论

　　唐君毅先生的道德形上学是上承先秦儒家的思想及宋明理学的思想,把道德形上学建基于人之性善之上。所以,性善说即是中国古代儒家的道德哲学的基础,也是唐君毅先生道德哲学的前提。基于这个前设,唐先生一方面继承心学传统,一方面又用崭新的现代术语——自觉、超越、无限,来描述人心,并以自觉超越的人心的不断做自我破限、超越的活动来阐释人之性善。

唐先生的性善说来源于传统心学理论,我们就不得不对传统心学进行一番反刍。先秦时期的孟子认为,人先天具有恻隐、羞恶、辞让、是非的四端之心,如果四端之心得以扩充就能成就仁、义、礼、智四种德性,因此仁、义、礼、智根于心,故孟子得出人性本善的结论。这是从道德本体上论证人之性善。而宋明时期的王阳明则进一步,从心本体上论证人之性善。"无善无恶是心之体,有善有恶是意之动,知善知恶是良知,为善去恶是格物。"①他认为"心本体"虚灵明觉,与物无对,没有具体的善恶之说,是高于具体善恶的,即是至善的。良知又是同一于"心本体"的,所以良知也是至善的。这便是以"心本体"的虚灵明觉来论证良知本善,是从"心本体"上论证人之性善。

唐先生的性善学说正是循着孟子、王阳明的这一理论路向而来。他在《道德自我之建立》的导言中申明道,"在此处我又是取资于王阳明之良知之善善恶恶之说,以完成孟子性善论"②。他多次强调:我们应深信人性是善的。

"我们必须相信人性是善的,然后人之不断发展其善才可能。我们必须相信人性是善的,然后了解人类之崇高与尊严,而后对人类有虔敬之情。我们必须相信人性是善,然后我们对于人类之前途之光明有信心。我们必须相信人性是善的,然后相信人能不断的实践其性中所具之善,而使现实宇宙改善,使现实宇宙日趋于完满可贵。"③

这段引文清楚地指出了他的观点:人性本善,不仅仅是一种客观的事实,更是一种主观的需要。因为,人类道德修养之所以可能,就在于人之性善。唯有相信人性至善,人类才能建立起不断向上的信心和超拔的精神。

---

① 陈荣捷:《王阳明传习录详注集评》,台北:台湾学生书局,1983 年版,第 359 页。

② 唐君毅:《道德自我之建立》(《唐君毅全集》卷四),北京:九州出版社,2016 年版,第 11 页。

③ 唐君毅:《道德自我之建立》(《唐君毅全集》卷四),北京:九州出版社,2016 年版,第 119 页。

要理解唐先生的性善之宣称,我们必须弄明白他笔下的人性与人心。

虽然,唐先生在年少时曾相信过人性有善有恶,而且还与主张性善之说的父亲进行争辩,但是,在确立了"道德自我"这一核心观念之后,唐先生则坚信地认为,从经验观点来看,人性包含了善与恶,而可以为善也可以行恶,但我们不能因此而对人性下这样的判断。人性应是属于形而上的,而非经验性的概念。他认为"性"字包含"心"与"生"两部分。"生"是"创造不息、自无出有","心"是"虚灵不昧、恒寂恒感";"心"与"生"都是普遍的、究极的;"生"必依"心",而生之有乃灵,"心"必依"生",而其感乃不息。可见,唐先生认为"人性是善"是一形而上的论断。人性是一超越的人性,是属于形而上层面的。

唐先生进一步以"仁心"来解释人性,并认为,人性的善是先于人的道德实践的,而人也能从道德实践及个人体验中来核定、知晓人之本性。"而此仁心之证实,则不待于向外物观察,而在实践此心于行为,以由近及远的,去作成物或实现价值之事。"①可见,唐先生认为人之性善的结论,不能通过向外观察,而是要通过向内的个人体验,而且要通过现实生活中一步一步的道德实践,来体验"仁心"的活动,并确立人之性善的事实。

人性是善的,我们可深信。人类在根本上是追求向善的,追求精神之上升的,我们亦可信,然而人类之恶自何来?如果人性是善的,如何会有恶?唐先生认为,人之"恶"只是源于人的精神的一种变态。人之精神始终是向上的,其表现根本是善的,"恶"只是一种变态的表现。恶是善的反面,恶出现后,善便要求复求反其反面,所以,"恶"只是一种为善所反的负性的存在,"恶"并非真实的精神之表现。因此,人性始终是善的。唐先生认为,"罪恶自人心之一念陷溺而来"②。而人心的陷溺,又是起源于向上的心,起源于心灵要求无限性。我们的精神心灵本身是无限的,现实世界则是有限的,但是无限的心灵必须在有限的现实世界中表现出来,借以破除超越现实的有限、彰显无限。唐先生认为,人对饮食、男女、名利之欲不必是恶,人的精神心灵的无限性更不是恶,只有当人在追求欲望的满足中

① 唐君毅:《道德自我之建立》(《唐君毅全集》卷四),北京:九州出版社,2016年版,第103~104页。

② 唐君毅:《道德自我之建立》(《唐君毅全集》卷四),北京:九州出版社,2016年版,第120页。

丧失了主体心灵的清明,不再能主宰支配自己的活动而陷溺于外物,执着于外物,为外物、为某目标所封闭,这才是"恶"。

综合看来,唐先生认为人性是全善的,是形而上的;而人心则不然,它会随时陷溺于外物之中。但这并不能抹掉"心"所本身具有的本质。我们的精神心灵的基本取向仍是超越的、能动的;并且这一超越的能动性是由于"心"有自觉的能力,是一种自觉对自己的反观,从而自觉实现对自己的超越;由于"心"具备自觉性与超越性,因此,它也是无限的。而人性的善,也正是人心在不断地进行自觉的超越自我而实现的。唐先生的人性并不是一种静态的属性或性质,而是一种"心"自觉超越的能动性的活动。总之,唐先生笔下的人性具有不是经验性的形而上的属性,它先于人的道德实践,而且通过"人心"不断地活动和自我超越来完成,人只有在道德实践及道德行为与心理的体验中才能体悟到人性之善。

二、天人合德

在了解了唐先生性善论的含义之后,我们来看看另外一个他构建其体系的背景——天人合德。他认为,中国儒家的形上学主要就是这一理论。"其言人,则主要在其言人心、人性、人道、人德,而人道皆可通于天道,人德亦通天德者。其言天道人道,天德人德之胜义,则在其言生、言善或价值。并言善或价值之本之仁,言善或价值之表现于中和或大和,或至诚无息。此皆为可兼贯通天与人而说者。"[①]他还认为,儒家讲人之本心、本性,通于天心、天性和天理,而后者表现于自然,也内在于人心。人可以尽心、知性以知天,立人道以知天道。唐先生是非常认同这种尽心、尽性以知天的理路的。

"中国之此种伦理思想之不鄙弃已成之自然世界,人间世界,不将世界二元化,以灵魂与善,独归上帝,肉体与恶,独归人间与自然;却又非抹杀天性天理天心之存在于此人人之心性中及自然中,亦非以此自然、此人生为当下完满,而不待裁成超化者。唯是以此能裁成超化之原理,亦即在人之心性中,人之本心本性,即通于天性天理天心。天性天理天心之表

---

① 唐君毅:《哲学概论》(下)(《唐君毅全集》卷二十四),北京:九州出版社,2016年版,第49页。

现,遍在于自然,亦内在于人心;而其实证,则待于人之由修养实践之工夫,而成为大人、圣人,以见其为即主观而即客观,内在而未尝不超越之实在。此即孟子之所以言尽心知性则知天也。"①

可见,天人合德是中国伦理思想上的中心观念,这一中心观念直接支配着中国伦理思想的发展,支配着中国一切社会政治、文化的理想。唐先生的天人合德意谓人之心、性不离天命、天理。所以,尽人之良心、全己之德性,就是事天,就是体天。就是说,天赋予人以道德品性,而人要知天、体天的最直接、最有效的途径,就是实践自己的德性生命,让天命透过我们有限的身体流露出来。所以,天、天命虽然是外在于人、超越于人的,但是当它赋予人之性命时,便是内在化了、道德化了的天命,天命就内在为人之本性,人便可以凭着实践人性所固有的内在天命,以知天、体天、事天并与天相契。人尽心、全性、默契天道,便是天人合德。

所以,唐先生在论及中国伦理思想中一贯重视的天人合德时,便明确指出,所谓天人合一或天人合德,就是一方面使天由上澈下以内在于人,一方面亦使人由下升上而通于天。由下升上表现着人的道德实践,由上澈下则显示着对超越者的信仰。一方面,着重天命的内在性,另一方面,看重人能由天赋人的内在德性以上溯于对天或天道的信仰。

然而,天人合一、天人合德的观念面临着众多挑战。首先,从常识上和现代科学上讲,天是宇宙,人不过是地球上的一种生物。人如此之渺小,宇宙如此之博大,如何能合一呢?其次,从唯物论、自然主义上讲,天是客观存在的世界之全体,人则是这全体中的一部分,而部分决不能等于全体,所以天与人也决不能说是合一的。再次,从唯心论上讲,人与宇宙虽有一种意义上的合一,然而,必须证明人之"心"怎样才能通达于上帝之心,这又是非常困难的。但是,唐先生指出,中国先哲们提出天人合一观念并不是没有根据的。而且,对于他们所根据的理论,我们虽然可以怀疑,并提出批判,但是,我们应当了解:中国哲人不是把天人合一这一观念当作论题而以一定严整的推理步骤加以证明的,而只是用许多话去指点、暗示这种天人合一的道理,或用其他许多的道理来涵摄天人合一之意。所以,中国哲人主张天人合一的根据,可以从很多方面来说。可以从自然

① 唐君毅:《哲学概论》(下)(《唐君毅全集》卷二十四),北京:九州出版社,2016年版,第302～303页。

宇宙观上找到根据,可以从本体论上发现依据,更可以从中国哲人论述身心关系的理论中得到解释。

在进入这三方面论述之前,我们有必要对天人合德中的"天"的含义进行一番梳理,以对其做出明确的规定。"天"一词的含义在中国哲学史上有一个发展的历程。最初,在甲骨文中,"天"就是"大";在周初,"天"用来作为最高神祇的观念,与"帝"连用;春秋以后,"天"一词的哲学意义增加,具有了超越的、无限的终极实在之意义,常常与"道"连用合成"天道","天道"就是世界、宇宙最终极、最普遍的原理、原则。因此,春秋之前,"天"的观念重在表达人格神及宗教的意味;春秋之后,"天"的观念重在表达作为具有超越的、无限的、终极的实在的意思。而"天人合德"观念中的"天"也就重在后面这层含义。

首先,从自然宇宙观上来看,中国哲学上的自然宇宙观有其独特的特质,就是处处用"圆融贯通"的看法,去看自然宇宙。唐先生总结出了"圆融贯通"的十二个特性。第十二个特性就是"天人合德"观,而前十一个可以说都是用来解释说明这第十二个特性的,也就是说前十一个都是用来说明"天人合德"观的依据的。这十一个特性便是:(1)宇宙"以虚含实"观。在中国哲学家看来,我们的宇宙是虚而不妄,实而不固,也就是"实非实质而含虚、虚非虚幻而含实"。"宇宙之本质非'有'亦非'非有';而是'非有'含'有'、'有'含'非有',亦即'无'含'有'、'有'含'无'。"①(2)宇宙无二无际观。我们的世界是唯一的,只是一个世界,但其含无穷无际的变化,所以又是无穷无际的世界。(3)万象以时间为本质观。天地万物与时间同生同灭同升同降,顺贯而行。因为,天地万物在根本上说,是以流行变化为性,所以,没有时间顺贯其中就不成天地万物。天地万物之所以为天地万物,是由时间而取得的,在终极意义上时间与天地万物根本是不可分的。(4)时间螺旋进展观。时间一方面是直进的,一方面又是循环的,是螺旋进展的。因为,时间是贯注于天地万物之中的,天地万物总是有重复的,时间便不能是直进的,而是成螺旋进展的。(5)"时空不二"观。时间与空间不是对立的,而是统一的。(6)时间空间物质不离观。(7)物质能力同性观。中国哲人所谓的"地"是指静止的、不动的、散殊的,相当于

---

① 唐君毅:《中西哲学思想之比较论文集》(《唐君毅全集》卷十二),北京:九州出版社,2016年版,第77页。

现代的"物质"。所谓"天"指运动的、不息的、合同而化的,相当于现代的"能力"。所以,中国哲人论天地,并不是指在上者为天,在下者为地,而是天地交渗互贯、交融在一起。天地相合,物质与能力同性,并且以天统地,以能力统物质。(8)生命物质无间观。中国哲人重视由物质本身观生命之流行的观点,即物质就是生命流行之表现之境。客观的天地不再是纯粹的物质存在,而是生机流行之境界,也就是将物质生命化,将物质与生命视为一体。(9)心灵生命共质观。心即身之心,身即心之身。中国哲人将物质生命打成一片,同时将生命与心灵贯穿起来。所以,身体不只是物质的身体,同时是含有生命、含有心灵的身体。心灵也不只是心灵,而是贯穿于生命,贯穿于物质的身体。(10)心灵遍万物观。就是心灵是周遍流行于万物之间所表现出来的。"心"不是一个独立的封闭的系统,而是生生不已的,而这生生不已就展现于万物。万物运转无方,心灵就无固定的位置,随感而应,与物变化,周流无穷。(11)自然即含价值观。中国哲人一方面将心身合一,一方面谓心灵周边万物,于是心与身、身与物都融为一体,外界之物又处处变现为与自己相同的生命,于是心中所觉得价值,并不仅仅限于主观的心之内,价值既存在于内,又存在于外,于是,宇宙处处充满价值。

通过对"圆融贯通"思想的前面十一种特征的铺垫,唐先生便得出了"天人合一"观。既然生命与物质不是两种,生命与物质就无对立;心与身不分,则心与身就无对立。心灵周流万物,心与物合一。自然含价值,于是人心含价值与自然含价值就无对立了。时空不离物,身为物,则时空不能离身自存,所以身与外在时空就无对立了。物质与能力不分,天地万物亦虚亦实,又自物的虚能妙用观一切事物,于是己身之物质之小,与天地万物之大,便相融而无障碍了。

其次,从本体论上看,中国哲人言心之本体即宇宙之本体,言性即天道。唐先生认为可以从三个方面详细论述。一是本体如何见;二是本体之善;三是人性之善。中国哲人认为,本体于宇宙流行中见,天道也于宇宙之流行变化中见;流行变化就是生生不已,而生生不已之机为善,所以本体就含有善的价值,也就是天道含善;又本体在人为性,或天道赋予人为性,所以人性也含有生生不已之机,人性便为善。所以,在中国哲学中,天人可以合一,宇宙人生素未分为二,客观宇宙与主观人生、天道与人性素未隔绝。而在生生不已之机上,天人可以达到合德。

最后,从中国哲人论身心关系上看,"天人合德"观念也能成立。(1)"心体本虚"观。欲望、意志、感情等本能活动只是人的心理现象,不是"心之本体";"心之本体"是虚灵不昧的,人心活动只是虚灵的明觉。所以,"心"一开始便不是一个主观的实体,而是包含各种本能活动的,可以与外界相感应的活动。而"心之本体"的虚灵明觉,广大无际且可以含摄万物,人心与宇宙无间隔、无障碍,自然可以得出"天人合一"的结论。(2)"能知所知不离"观。"心之本体"本虚,虚便无所闭塞,自然可直接通于外界,与万物感通。(3)活动化之情意观。情感、意志等心之作用、活动虽是人所特有的,客观自然所无的。但情感、意志等活动,又是人心活动的姿态,是生机流动之方式,是生命展开之意味,所以,它们在人的心中并不是处于某一固定的位置,它们是变动不居的,它们之所以能自心中发出,是由于引起它们所能发出的事物或环境,所以,情感、意志等心之活动是与所谓的外部的事物与环境是相互渗透、相互融合的。内部的主观情感意志与外部的客观宇宙,在根本上合一的。(4)功用化之身体观。虽然,人的身体小,而天地却大,但我们不从耳目五官及身体的物质性上看身体,而从耳目五官与外物相感应的功能性上看身体,从身体之气与天地之气相流通处看身体。这样,身体便不再是一个与天地万物相对峙的有限之物,而是人与宇宙相通的媒介了。综上,心体为虚;能知、能直达所知,心所发出的情感、意志又是与外在的环境交融的;心所居住的身体,从功用上看又是超出七尺形骸的,而与万物感应的,"天人合德"便成为必然的结论了。

通过以上三个方面的论证,唐先生为"天人合德"找到了理论根据。并指出,中国哲人主张"天人合德"的本质所在:"中国先哲之此种由知德性以知心,由知心以知天之思想,要在人由充量昭显其心之德性后,以见此心之所以为心,及天之所以为天。此充量昭显其心之德性之心,即圣人之心。故中国先哲之形上学,乃要求人人以圣人之心,自观其心,而据圣人之心,以观天之所以为天之形上学。"[1]

---

① 唐君毅:《哲学概论》(下)(《唐君毅全集》卷二十四),北京:九州出版社,2016 年版,第 304 页。

第二节 道德自我与心之本体互动的途径——心境感通

从前面的探讨中我们可以看出,唐先生的"心之本体"不仅是自然本体,也是人类生命的精神本体、道德本体,是天地人我共同的存在依据。它具有内在超越性与动态连续性。即一方面,体现了自然与人的统一,天道与性命的统一,生命与心灵的统一,理想境界与现实人生的统一;另一方面,又强调这种统一体具有生生不已、超越向上的本性。所以,我们可以从他对"心之本体"的追寻中发现,他的"心之本体"的起点是人,终点也是人。"心之本体"必须下贯于现象,将无限渗透于现象的有限之中,同时现象中的人只有不断地进行道德实践,才能体悟与经验到"心本体"。所以,"道德自我"与"心之本体"的互动,实质上是将本体的追寻与人生的探求合二为一,从而去寻找一条精神上升并实现理想人格的人生之路。

因此,"人"或说"生命存在"就是"道德自我"与"心之本体"互动的出发点和真实前提。那么,"人"或"生命存在"又是依据、凭着什么而存在的呢?唐先生认为就是"人"的心灵之能,也即"生命存在"的心灵的感通活动。

"此心灵自开通,而其感觉感通之'能'自现,其所开所通之'境'亦次序现。此境此感觉之能之自开通后,期能之所运所在,亦即有此感觉之吾人生命存在之所在。"①

可见,唐先生是从"心境感通"所形成的状态来讲"生命存在",而"心境感通"所形成的状态就是"心灵境界",所以,唐先生是从"心灵境界"来说人或生命存在的。也就是说,每个生命存在都是由"心灵境界"构成,都是心灵与境界相互作用而成,而每个人的生命观、价值观都是来自他与境相互感通所造成的结果。例如,个人主义或个体主义的存在状态产生于心境感通所形成的"万物散殊"的心灵境界之中,功利主义的存在状态产

---

① 唐君毅:《生命存在与心灵境界》(上)(《唐君毅全集》卷二十五),北京:九州出版社,2016 年版,第 67 页。

生于心境感通所形成的"功能序运"的心灵境界之中,而道德实践的存在状态产生于心境感通所形成的"道德实践"的心灵境界之中等等。

唐先生进一步指出,"生命存在"的状态具有历程性、阶段性与层级性。"生命之所以为生命之本质,即唯是'自运自化于其种类性之中,而又能超出于种类性之外,以将其种类性之本身,加以更迭的运用超化'之性而已"①。可见,"生命存在"的过程不仅仅是种类的不同,更是具有从一种种类向更高的种类超越化运动的过程,是其自身不断超越所处种类状态的过程。所以,人的"生命存在"是超越低层级的心灵境界以达于高层级的真实存在的心灵境界的一种不断超越的历程。②而这种不断超越的历程正是通过心灵与境界不断感通而形成的,可以说心灵的感通是"道德自我"与"心之本体"互动的唯一途径和最真实的出发点。

一、心、境含义辨析

那么,何谓"心"？何谓"境"呢？下面,我们将辨析唐先生笔下的"生命存在"、"心灵"、"境界"这些概念。"人有生命存在,即有心灵。则凡所以说生命或存在或心灵者,皆可互说,而此三名所表者,亦可说为一实。"③可见,唐先生将"心灵"扩展到与"生命存在"同等意义的概念来使用。认为,"心灵"即是"生命存在"。"又心灵之'心',偏自主于内说,'灵'则言其虚灵而能通外,灵活而善感外,即涵感通义。"④可见,"心"自内说,"灵"自通外说,合"心"、"灵"为一名"心灵",则主要在说明"心灵"有居内而通于外,以合内外的意思。所谓"境",是指"心"之所对,是"心"所感通的对象。唐先生并不称为"物",而称为"境",是因为"境义广而物义狭。物在境中,而境不必在物中,物实而境兼虚实……又物之'意义'亦是境。

---

①　唐君毅:《生命存在与心灵境界》(上)(《唐君毅全集》卷二十五),北京:九州出版社,2016年版,第154页。

②　廖俊裕:《自我真实存在的历程——唐君毅〈生命存在与心灵境界〉之研究》,台北:花木兰文化出版社,2010年版,第6～7页。

③　唐君毅:《生命存在与心灵境界》(上)(《唐君毅全集》卷二十五),北京:九州出版社,2016年版,第2页。

④　唐君毅:《生命存在与心灵境界》(上)(《唐君毅全集》卷二十五),北京:九州出版社,2016年版,第2页。

以心观心,'心'亦为境。此'意义'与'心',皆不必说为物故"①。所以,心灵感通的对象可以是物,也可以是他人的心灵。也就是说,"感通"不仅是认知活动,也包含情意活动。因此,用"境"比用"物"恰当。同时,"境"即是"心"之所对,又是"心"之所现,就是说,"境"既包涵客观景象,又包涵主观意象。而且,"境"不是浑然一体的、静止不动的,而是可以分为不同种类,互相不同,高低有别的,所以又称为"境界"。

二、心境感通

"心"与"境"是通过"心"之"感通"活动而联系在一起的。唐先生讲"心"、"境",不仅仅说"境"是"心"之所知,也不仅仅是说"境"是"心"之所变。因为,说"境"是"心"之所知,那么"心"、"境"就是主客对立的关系;而说"境"是"心"之所变,则"境"就全被统摄于"心"了,会造成有"心"而无"境"了。所以,唐先生讲"言境与心之感通相应者,即谓有何境,必有何心与之俱起,而有何心起,亦必有何境与之俱起。此初不关境在心内或心外,亦不关境之真妄"②。所以,"谓心开而境现,亦可是心开与境现俱起。与境现俱起而开后之心,亦存于境,而遍运于境,遍通其境。固不须说先有离心之境先在,心开而后至于其境,而更知之通之也。如人之开门见山,此山虽或先有,然如此之山之境,以我开门而见者,以正可为前此所未有也"③。因此,"心"不离"境","境"不离"心",心境之"感通"就是心境的交互为用。

唐先生言"心"之活动有三向,即内外向、前后向、上下向。内外向是就种类而言,前后向是就次序而言,上下向是就层位而言。何谓内外向?一方面,即"心"居内以通于"境"。生命心灵活动自身为内,其所出入开阖之境为外。一方面,就感通的境而言,有种类之不同,处于此类中者,就有别于不处于此类中者。处此类者,谓之类内;不属此类者,谓之类外。由

① 唐君毅:《生命存在与心灵境界》(上)(《唐君毅全集》卷二十五),北京:九州出版社,2016 年版,第 2 页。
② 唐君毅:《生命存在与心灵境界》(上)(《唐君毅全集》卷二十五),北京:九州出版社,2016 年版,第 4 页。
③ 唐君毅:《生命存在与心灵境界》(上)(《唐君毅全集》卷二十五),北京:九州出版社,2016 年版,第 67 页。

于种类是就"境"的相而言,所以,唐先生言"于诸相,与依相辨之体用,初宜横观其类别之内外"①。于是,就心的内外向之活动,唐先生便以心灵活动的"横观"名之。何谓前后向?如前所知,生命存在状态有历程性,也就是心境感通有历程性、延续性,所以,"心"之活动便有前后向或次序性。如在上一种境中,我们经验到物与物有种类的不同,有性相的不同,那么,心灵会进一步追问,"此类者"与"彼类者"有何关系,此类能否变化而通达于彼类?当"此类"可以变成"彼类"时,我们便可以说其有成为"彼类"的功能,这样,功能就成为统摄种类的更高一层的观念了。于是,心境感通就进入下一个境界了。"心"之活动具有的这种先后相继性就是前后向。所以,唐先生言"于诸用与用之流行变化中之体相,初宜顺观其次序之先后"②。就心的先后向之活动,唐先生便以心灵活动的"顺观"名之。最后,何谓上下相?"心"必须永远位于所感之上,才能不断超越出低层级的心灵境界以达于高层级的真实存在的心灵境界,生命存在状态才有层级性,心境感通才有层级性、超越性。依此而言"心"的活动就出现了上下向。例如,我们听见一种声音,之后对它有回忆,而后知道听见的声音与回忆的声音有区别,然而这个知道听见的声音与回忆的声音有别的"心",是听见声音的"心"与回忆此声音的"心"更高一层次的"心"。所以,唐先生言"于诸体与诸体之相用,初宜纵观其层位之高低"③。就"心"的上下向之活动,唐先生以心灵活动的"纵观"名之。

"心"之活动有三个方向——横观、顺观、纵观,而"心"之所观的对象又有三种——所观的客体、生命心灵的主体、超主客体的目的理想的自体,因此,"心境感通"就出现了不同的九层境界。

"吾人之观客体,生命心灵之主体与超主客体之目的理想之自体——此可称为超主客之相对之绝对体,咸对之有顺观、横观、纵观之三观,而皆可观之为体,或为相,或为用。此即无异开此三观与所观三境之体、相、

---

①　唐君毅:《生命存在与心灵境界》(上)(《唐君毅全集》卷二十五),北京:九州出版社,2016 年版,第 27 页。

②　唐君毅:《生命存在与心灵境界》(上)(《唐君毅全集》卷二十五),北京:九州出版社,2016 年版,第 27 页。

③　唐君毅:《生命存在与心灵境界》(上)(《唐君毅全集》卷二十五),北京:九州出版社,2016 年版,第 27 页。

用,为九境。"①

唐先生进一步指出,心境感通可以开出更多境界,并非只有此九境,同时亦可以约为更少境,如仅言主、客、超主客境三境,或更可约为"吾人之心灵生命与境有感通"这一种。② 因为,唐先生更关注的是"心""境"关系的展开所开出的丰富的心灵境界,使人见到心灵境界的丰富意义,从而得知"生命存在"的价值所在,通过"心灵"的内在性与主动性,给人指出了一条拓展生命存在、提升心灵境界的途径。人次第经历这些由低至高的境界,便能对心灵活动与其所感通之境,有一种"如实知",以成"真实行",从而使生命成为普遍、悠久、无限的生命,成为真实无妄之存在。

三、道德自我与心之本体的互动通过心境感通而展现

"道德自我"与"心之本体"是唐先生道德形上学体系中的核心概念。然而,这二者的互动却是通过境界论的研究来完成的。唐先生的道德形上学正是从道德本体即"心本体"出发,深刻揭示了作为"心之本体"在道德生活中表现出来的"道德自我"如何在心灵境界"感通"所形成的各种"境"中确立、扩展、升进的图景。这种研究路数并不是唐先生所独创的,而是有着中国传统哲学研究方法的历史背景的。中国古代哲学中,无论是儒、释、道都围绕着心性理论而展开,都为寻找人的自然或必然的终极追求,这都必然涉及境界理论。所以,心性理论多与境界理论交相呼应,糅合在一起。例如,儒家讲究"尽性立命",主张完善自我以成就理想人格境界;佛家讲究心身的自我解脱以寻求佛性,主张"无我无执"以成佛的境界;道家讲究道心、道性,主张"虚静逍遥"以达到与宇宙天地化而为一的境界。在中国现代哲学中,梁漱溟、熊十力、冯友兰、牟宗三等大哲人也都非常重视将心性理论与境界理论结合起来,讲究通过个体心性价值的内修以达成"成圣成贤"的人格境界。而在唐先生的哲学中,心性理论和境界理论构成了其全部哲学的核心和基础,可以说,心性理论和境界理论就

① 唐君毅:《生命存在与心灵境界》(上)(《唐君毅全集》卷二十五),北京:九州出版社,2016年版,第28页。
② 唐君毅:《生命存在与心灵境界》(下)(《唐君毅全集》卷二十六),北京:九州出版社,2016年版,第204页。

是他的全部哲学体系本身。

在心性理论中,唐先生强调的是"心之本体"内在于生命存在自身之中,形成"道德自我","道德自我"的活动就是生命存在的"心灵"按照其本身就具有的"性"、"理"去行动以破除自身的局限,从而达至真实自我、真实生命存在的活动。而这种"道德自我"的活动,也正是通过生命存在的"心灵"与"境"所"感通"并形成不同的境界层次所展现的。"道德自我"的活动展现出一个不断做自我破除的超越的历程。于是,"心境感通"所形成的境界就是有次序、有层次、有高低的境界层级。每一个境界中都形成了一个居于主导地位的、最高层次的世界观或价值观。随着"道德自我"的破除活动,也就是"心灵"的不断感通活动,前一种世界观与价值观总会被后一种世界观与价值观所否定并代替,从而不断接近于一种完满的价值境界。

但是,在唐先生的境界理论中,对"心之本体"的地位、作用等的研究并没有采取直接论述与讨论的方式,而是通过迂回往复、曲径通幽的方式渐渐凸显"心之本体"的存在。他在对"心境感通"所形成的各种境界的论述中,都只是对"心本体"在发用流行中所表现出来的性相、功用的论述,并未对"心本体"本身做直接论述。但是,唐先生在其缜密详尽的境界层次中,一再强调体用如一,指出欲明其"体",必先见其"性"与其"用"。于是,我们便可以在他展现的心本体的性相、功用的诸现象中,发现潜藏于其中的"心之本体",并感受到其真实存在以及其超越一切的本质。唐先生认为,"心之本体"自身是无相的,但其流行发用的活动却是有相的,我们也只有在其流行发用的活动中,感受这些流行发用有一个源头存在。流行发用就是"心之本体"作用于生命存在形成"道德自我",并使"道德自我"不断地做超越活动;就是"生命存在的心灵"不断地做"感通"活动并开出种种"境界"。因此,要了解"道德自我"与"心之本体"的互动过程,就必须去感受经验生命心灵的"感通"活动所开出的各种境界。

第三节　道德自我与心之本体互动的历程

由于生命存在的心灵的"感通"活动有不同的方向,感通的"境"又有不同种类,于是,就能开显出层出不穷、纷繁复杂的各种境界。在这些境界的系统中,唐先生融入了形上本体观、知识观、宇宙观、人生观、道德观、价值观、文化观、宗教观等种种复杂而难以理解的问题。但是,如果我们明白了这种种问题可以合而言之成一境界系统,同时也可以分而言之,从任意角度切入,便可以将其中的千头万绪,从任何一方面贯通起来,达至条理通贯、容易理解。根据心性理论与境界理论是唐先生全部哲学的核心,并且境界理论是心性理论的展开和表现,即只有在生命存在的心灵感通所开出的种种境界中才能体验到"心之本体"的无限与超越,所以,我们可以发现其纷繁复杂的境界体系的最终目的就是在展现生命存在的心灵按照"心之本体"的本然状态在各种境界中开阖、显隐、升降的过程,也即人按其本心、本性的生存、活动的过程。"唐先生'心灵九境'之一切论述,都可说在将人之本心本性全盘透露。其书千言万语,都在为己为人建立本心本性之存在之信念,使人真切体会此本心本性实流行于天壤之间。"①因此,我们按照生命存在的心灵的"感通"活动而形成的人生境界、道德境界、价值境界的不同,将纷繁复杂的境界分为以下三种:功利型境界、道德型境界、天人合一型境界。

一、功利型境界

这种境界是一切生命存在心灵都能经历到的,是一切生命存在都能够体验并容易陷溺其中的境界,是一般人、凡人所处的人生状态。

(一)个体主义境界

生命存在的心灵首先感受到的是,世界由无数事物(这里的事物并不只是一般物质意义上的物质事物,唐先生指出"吾人在日常生活中所谓物,则其义不必如此专而狭。只须各为一存在,而相互散殊并列于世界或时间空间中者,即皆可称为物"②。因此,此处事物就是存在的意思。)所组成,这些事物都分散而存在,各具特殊性,成为独一无二的个体。于是,

---

① 梁瑞明编著:《心灵九境与人生哲学——唐君毅先生〈生命存在与心灵境界〉导读》,香港:志莲净苑,2006年版,第7页。

② 唐君毅:《生命存在与心灵境界》(上)(《唐君毅全集》卷二十五),北京:九州出版社,2016年版,第39页。

世界中的个体事物是独一无二的,便成为这一境界的真实观点,而"生命存在的心灵"与"境"的感通也就是与一个个独一无二的事物感通,即心灵观个体事物。此时,心灵观个体事物,便以观这个个体不同于其他个体为焦点,结果必然会将物与物分散,只见其相互对立,见其各以自己的独特性而与他物竞争。所以,以这种个体性为真实存在的生命存在的心灵,在观人生、观人的价值时,便会很自然地认为并肯定,个人区别于他人者就是这种个人的价值所在,也就是生命存在的真实所在。在现实的生活中,便表现出不断追求个体的独特性并以建立个体的独一无二性为真实的人生价值所在。因此,唐先生指出"世间之一切个体事物之史地知识,个人之自求生存、保其个体之欲望,皆根在此境"①。

以个体性为真实价值所在,并无限地追求之,便会出现极端的自私、自利行为,而这种堕落至自私、自利的个体主义决定了其必走向自我毁灭的道路。但如果生命存在的心灵能够反躬自省,认识到他人作为一个个体也同样要求表现其独特性,于是就有了同情的了解,认识到既要表现自己的独特性,同时也应尊重他人、要求表现他人的独特性。而对个体之我的"我"加以反省,便能自觉到"我"不同于他"我"的同时,"我"与他"我"又具有相同性。"我"可指"我家"、"我族"、"我国"、"我人类",可以是一个最自私的"我",也可以是一个大公的"我"。"我"可以化同于他"我",可以与他人、他物成"类",于是个体存在就可以与他物同归于一个"类"而存在,这便进入了生命存在的第二个境界——群体主义境界。在这一境界中,事物以它们的"类"呈现于生命存在的心灵之中,并在"类"中得到真实存在的意义。

(二)群体主义境界

由上一点可以得出,个体的存在是真实的,但是如果认为世界只有个体的存在为真实的,则又会导致极端个体主义的倾向,所以生命存在的心灵才会追问个体与个体之间的关系,生成"类"的概念。个体与个体之所以能成为一类,就在于它们有相同的"性相"。一类就是具有相同"性相"的个体事物的集合。而生命存在的心灵以事物共同的"性相"为标准来感

---

① 唐君毅:《生命存在与心灵境界》(上)(《唐君毅全集》卷二十五),北京:九州出版社,2016年版,第29页。

通"境"时,就可以将世界上众多的独立个体依据性相的相同与不同而划分开来,形成繁多种类的"类"的世界。当我们以"类"的概念来看世界时,"类"就不仅仅代表个体与个体的关系了,而是高于个体概念的概念,因为,生命存在的心灵以性相、以类来看世界时,一个一个散立、特殊的个体就能够统摄于"类"概念之下。因为,一个事物在空间、时间中会表现出不同的性相,所以,心灵在以"性相"为标准与物感通之时,不仅可以体验到物之相,更能体验到一个一个个体由此"相"进入彼"相",由此"类"变成彼"类","次第出一类而入于另一类"。因此,生命存在的心灵所体验到的真实世界应是"一切万物依类而存在,又依类而成其变化演化之世界,即为一依类成化之世界"①。所以,"无生物类、生物类、人类等之知识,人之求自延其种类之生殖之欲,以成家、成民族之事,人之依习惯而行之生活"②都有其存在的真实根据,它们都在这一境界中得到肯定。

古今中外,有许多哲学家将其人生观、道德观、价值观建立在此"类"的观念之上,形成各种以群体主义为价值导向的人生哲学与道德哲学。

(三)功利主义境界

个体的存在是真实的,个体之上的"类"的存在也是真实的,生命存在的心灵以"类"概念观世界之时,便感通到万物都是"类"的世界,都是出一类后又入一类。生命存在的心灵更会自觉地追问:类与类有何关系?在"类"之上有没有更高一级的概念能统摄"类"呢?在此种境界中,对类与类之间的变化、之间的关系的探索,就得到了"功能"的概念。所谓功能,指能造成某种变化的作用。于是,"类"与"类"的概念就可以由"功能"概念来统摄了,而"类"又能统摄"个体"的概念,所以,"功能"的概念就是既可以统摄"类"又可以统摄"个体"的最高的概念了。"此功能之概念,自始亦为一贯通诸个体物、诸类之物,而可说为较此所贯通之物,属一较高之层位之概念。"③

① 唐君毅:《生命存在与心灵境界》(上)(《唐君毅全集》卷二十五),北京:九州出版社,2016年版,第160页。
② 唐君毅:《生命存在与心灵境界》(上)(《唐君毅全集》卷二十五),北京:九州出版社,2016年版,第29页。
③ 唐君毅:《生命存在与心灵境界》(上)(《唐君毅全集》卷二十五),北京:九州出版社,2016年版,第167页。

如果以"功能"概念为真实的存在,在生活中就表现为因果关系。心灵观得此物与彼物有某种关系,便会在生活中规划设计,用具备此物来使彼物生成,所以,这种因果关系就转变为手段与目的的关系,以"因"为手段,以"果"为目的,实用手段以备因致果。"人之备因致果之事,初恒即由手段以达目的之事。"[①]所以,唐先生指出"一切世间以事物之因果关系为中心,而不以种类为中心之自然科学、社会科学之知识,如物理学、生理学、纯粹之社会科学之理论,与人之如何达其生存于自然社会之目的之应用科学之知识,及人之备因致果、以手段达目的之行为,与功名事业心,皆根在此境"[②]。

在此境界中的人去"观"任何一物时都会想到,它对于其他事物的出现具有什么作用,产生什么影响,这便是功用主义、功能主义、功利主义的思考方式,而以这种方式为价值取向与追求的人生哲学与人生境界,就是功利主义的人生哲学与人生境界。生命存在的心灵如果沉溺于这种种精细的算计之中,凡事只考虑手段与目的,并以产生的效果、达到目的的程度为评判一切的标准,就不能正确认识任何事物本身的价值与意义,更不能把所遇的事物本身当目的来对待。生命存在的心灵所感通到的就仅仅是事物与事物之间的因果关系,利用因果律而化事物为目的手段关系,而见不到物自身。生命存在的行为如果仅限于此境界之中,真正的道德生活就不能生起,于是生命存在的心灵会升进至更高的境界。

(四)实用主义的境界

在前面三种境界中,我们已经肯定了个体、种类、功能的真实存在,但是生命存在的心灵进一步追问,这些作为对象的客观存在是根据什么而确立的呢?便发现他们都是依据生命存在的主观心灵而确立的,是依据主观的心灵为感通的主体和基础的。"在客观境中,自有观此客观境之主观之生命存在与心灵在。唯此生命存在与心灵,未能自觉其所观,即在能观之中,故称客观境。在此客观境中,以主观之生命存在与心灵,虽存在

---

① 唐君毅:《生命存在与心灵境界》(上)(《唐君毅全集》卷二十五),北京:九州出版社,2016年版,第167页。

② 唐君毅:《生命存在与心灵境界》(上)(《唐君毅全集》卷二十五),北京:九州出版社,2016年版,第29页。

而不自觉其存在……唯于主观境中,方自觉此客观境在自觉中,亦自觉其感觉、关照、道德实践等心灵活动之存在。"①可见,生命存在的心灵在其感知的客观对象中发现了它自己。生命存在的心灵所知所觉的客观对象的种种"相",离不开生命存在的心灵的感觉而存在;而"相"离不开"体",有"体"才有"相","相"在生命存在的心灵的感觉内,则"体"也亦在心灵感觉之内,也同样依据生命存在的心灵的感觉而存在。因此,可以说万事万物的"体"与"相"都是由生命存在的心灵的感觉而存在,此时万物就统摄于这自觉的生命存在的心灵感觉之下,世界"乃为此能自觉其感觉之心之所统摄"②。"于是此心灵即首自见其为在感觉世界中,能统其所感与万物之一心灵主体,而见一切其所感觉而有生命存在之物之自身,亦为一能感觉之心灵主体。此即成一感觉主体之互摄境。"③

　　生命存在的心灵的"感摄"活动,不仅用于知,还会用于行。它不断地感摄到周遭存在的性相、活动与状态,并与它所感摄的事物的性相、结构、活动相应和以趋同于其所感通者。生命存在的心灵的感觉互摄活动最初并没有一定的目的,所以,它在"感摄"中与物趋同,在原始状态下完全是随所遇环境的不同而变化着自己。所以,人在群体生活中,可以是通过感觉趋同,与环境相适应,以达成自求保全、充实其生命的看法,这便会使人提倡一套适应环境的处世哲学,认为只有这样的适应才是真实存在。也可以是通过感觉趋同,而获得无功利、无目的、纯粹的美学欣赏、艺术追求。更可以通过感觉的互摄,发现人有共同的道德理性即仁,使得人人都趋同于感通道德的存在、追求道德的生命。

　　唐先生认为,在这种境界中,求适应、求生存的实用主义的处世哲学,应该是被肯定的,但如果只讲求适应而不讲其他,却并非人生哲学的终极所在。因为,求适应环境而变化自己的实用哲学,虽是生命存在的自然生活之当然,但是人只有在不违背道德理性、仁德前提下,这种适应的更高一层的含义才能显示出来。也就是说,生命存在的心灵只有自觉地将道

---

① 唐君毅:《生命存在与心灵境界》(下)(《唐君毅全集》卷二十六),北京:九州出版社,2016年版,第197页。

② 唐君毅:《生命存在与心灵境界》(上)(《唐君毅全集》卷二十五),北京:九州出版社,2016年版,第253页。

③ 唐君毅:《生命存在与心灵境界》(下)(《唐君毅全集》卷二十六),北京:九州出版社,2016年版,第199页。

德理性与求适应的自然理性同时显现发挥出来,使自然理性不违背道德理性,二者同时并行而不悖,生命存在才不会只讲适应、只讲生存,而造成随俗浮沉,而人更高一层的真、美、善的人生境界、价值境界才能得以建立。因此,生命存在的心灵不应停留在这只会感通人之自然理性的层面,还是要靠心灵的自觉反省翻越过这些感觉互摄、求适应、求实用的阶段,进入无功利的乃至道德的境界。

二、道德型境界

(一)无利害的纯意义型境界

在上一阶段的境界中,生命存在的心灵发现万事万物都处于感觉互摄之中。生命存在的心灵通过感觉而摄入的性相,性相是外在事物功能的体现,它通过心灵的感觉、感摄而得到,所以,这种性相仍是附属于外在事物的,同时又是依赖于生命存在的心灵的感觉作用的。现在,心灵已经在上述"观"客观世界的过程中,发现了自己是独立自主的主体了,于是"心灵"为了进一步追求自见其独立的主体性,就必然要超越主客"感觉互摄"的境界,使得附属于外物的"性相"脱离外物,也使得"心灵"脱离要去适应自然外物的状态。"首在将所感觉之物之性相,一方如推之而出于其主观感觉之外,与其感觉心灵,游离脱开,一方如提之而上,自其所附属之客观实体,游离脱开,而更自生起其心灵,与此性相之位平齐,再与之形成一距离,而就其如何如何,或如是如是之纯相而观之。"①所以,在这种境界中,"心灵"所观的"相"完全从现实事物中脱离开来,凌虚独立地呈现在"心灵"面前,而此时的"心灵"也仿佛凌空而立,脱离身体及一切现实事物的关系。此"相"便成为"纯相",它是一种纯粹意义的存在。而此时的"心灵"也超凌于事物之外,不黏附着物质性的身体,不黏附着一切事物,而常驻于纯意义、"纯相"的世界。所以,人类一切的文学、艺术、音乐、数学、几何学、逻辑学都在这一境界中得到确立。哲学亦然,关注纯相、纯粹意义的存在,并对"纯相"显示出强烈的向往,表现出对宇宙、对人生中一切事

① 唐君毅:《生命存在与心灵境界》(上)(《唐君毅全集》卷二十五),北京:九州出版社,2016年版,第327页。

物的真正意义的追求。

但是,生命存在的心灵在此"纯意义"的境界中的停留却是短暂的,因为人生活于世界中,终究不能避免利害、得失、成败等等困境,现实的生活很快会将"心灵"从此境界中拉下来,从而又堕入了前述的凡人境界之中。"此所谓关照凌虚境——观意义界……乃一承前之一般世俗生活之境,而启后之超世俗生活之境界之中间境,而可上可下者……"①而生命存在的心灵要想体悟、常驻这意义界,即真的世界、善的世界、美的世界,就必须将这些理想化为行动,去化除各种现实的限制。因此,唐先生指出:"人之道德宗教之理想,其初亦只是一意义。此意义之转为理想,唯在人不只以关照心观此意义,而更缘所关照得之意义,以求现实实践之于生活行为。此时人所平观并照之意义,即转为一自上而下贯之一积极的理想。是即此境之所以可通于后之一道德实践境……"②

(二)道德实践境

生命存在的心灵感通到纯相、纯意义世界的真实性,同时也感通到客观事物的不完善性,便要求改变二者的矛盾与冲突,以达于心灵自身的统一,于是乃有改变现实事物之性相,以使理想的纯意义落实下来。"此理想为人所自觉,即为一道德目的……人之实现此合理性的理想目的之行为,即为道德之实践行为"③,由此,生命存在的心灵进入了道德实践境。

唐先生认为,这种被肯定的理想之所以谓理想,就在于此理想合理性,这里的理性唐先生谓之"具体的理性"。即追求一致贯通,不具有矛盾冲突的性质。它包括逻辑理性、知识理性、实践理性三方面,即思想言说自身的一贯性,思想与客观事实的一致性,目的的理想与其以情意行为改变现实事物的一致性。而在道德实践境中,唐先生强调的正是实践理性或称为道德理性对现实事物的考察,看它们是否符合于实践理性、道德理性。也是生命存在本着道德理性而实践,将道德理性表现于客观可见的

---

① 唐君毅:《生命存在与心灵境界》(上)(《唐君毅全集》卷二十五),北京:九州出版社,2016年版,第323页。
② 唐君毅:《生命存在与心灵境界》(上)(《唐君毅全集》卷二十五),北京:九州出版社,2016年版,第411页。
③ 唐君毅:《生命存在与心灵境界》(上)(《唐君毅全集》卷二十五),北京:九州出版社,2016年版,第446页。

世界之中。就是说,生活在此境中的生命存在就表现出如何自觉将其道德理想形成人生的目标、生活的意义,同时又如何自觉加以修行以使道德理想、意义目标实现于世界之中。我们可以看出,在这种境中,唐先生是把应当存在、应然存在视为真实的存在,并将这种应当、应然提升至自觉的层次,自觉地追求一种合理生活以达于真正的真实的存在。于是"人之本道德的良心,所知之一般道德观念,与本之而有之伦理学、道德学知识,及人之道德行为生活,道德人格之形成,皆根在此境"①。

当生命存在的心灵意识到有不合理的生活、不合理的世界存在之时,生命存在的心灵必然会以应然的心、道德的心与之斗争,但有斗争就会有胜负成败。于是,就表现出生命存在的心灵在各不同层次的境界之中的浮浮沉沉。唐先生认为,若要使生命存在的心灵能不断超升,达至更合理的生活境界,而不是沉入倒退,就必须先肯定一个合理生活的真实性、客观实在性,而肯定有这样客观实在的生活世界,就必然肯定与之相连的人格世界。"此种人之自我奋斗,若不与一客观的实在世界与人格世界相俱,则皆无必然之效。此则由于人之只欲由其自力以翻至另一生活境界者,必先肯定此另一生活境界之实有……待于人之实感觉一客观实在世界之存在,与其中之事物之实有一力量,足以改变吾人原生活所在之境界,使吾人对其原生活之境界之执取,失其所依,然后人乃凭其想象理性所及之另一生活境界,更能求加以实现,以使其生活实扩大超升至另一境界。"②生命存在的心灵要想达到合理的、理想的境界,不仅需要不断对自身加以反省超越,还必须对所欲超升的境界的真实性加以肯定,肯定有一种理想的、真实的世界真实存在着,并能对生命存在的心灵不断地起牵引作用。至此,心灵就将进入下一人神合一的境界了。

三、天人合一型境界

生命存在的心灵在道德实践境中有将纯意义、纯粹价值的理想实现

---

① 唐君毅:《生命存在与心灵境界》(上)(《唐君毅全集》卷二十五),北京:九州出版社,2016 年版,第 31 页。

② 唐君毅:《生命存在与心灵境界》(上)(《唐君毅全集》卷二十五),北京:九州出版社,2016 年版,第 461~462 页。

于现实世界的欲望与追求,并确立、肯定了一个真实的、理想的世界。生命存在的心灵对绝对的理想世界凝神向往、对终极真实理想的追索而开出的境界就是神境、佛境与儒家的天德流行境。

生命存在的心灵至此就翻越神境与佛境而进入天德流行境或曰尽性立命境。在这种境界中,生命存在的心灵对绝对意义的追求并不是如一神教那样,先将主客对立,在对立中求超越的上帝或神;也不同于佛教那样,直接破除主观我执与客观法执,而使佛性起现,而肯定一个佛性的境界。而是贯通物我、内外之隔,以融会主观与客观的对立,而达于超主客之境。

首先,在此境中,生命存在被视为一种生命的历程,是生命存在的本真状态有无、显隐的历程。"此生命之所以为生命,则不只是一有或一无,而至少是一由无而有、由有而无之历程,或由隐而显、由静而动,更由显而隐、由动而静之历程……佛家所谓诸行无常;西方中古宗教思想所谓一切现实存在,皆偶然存在可不存在,亦初当是自此诸行或现实存在,皆原非常有处说……此皆不自此生之所以为生之不常有其所有,而能无之,又不常无其所有,而能有之之处,看此生之自身。"①可见,生命存在的生命历程是"真正的生活"有显有隐的历程,本身就含有绝对之道在其中,同时更是一个创造真实自我存在的过程,即不断自反省、自超越而使"隐有"变为"显有"的过程。其次,人不仅仅是一种被创造的、有限的、罪恶的对象,更是一个主体,是有心灵的主体,而且这个心灵与绝对的心灵、天之心灵是同一种心灵,存在于生命自身自我创造的过程中,即是人依照其本有的人之心灵超越自身过程,也是绝对的心灵、天之心灵起作用的过程。"此生命存在之自身或本性,只是一灵觉的生,或生的灵觉……对此生的灵觉,人固亦可说其有一超越的形上根原。因若其无此一超越的形上根原,此生的灵觉之生长发展与流行,即不能继续自超越其自己,以成其生长发展与流行。"②这个形上的根原就是绝对的真实存在,就是天。综合以上两点,"生命存在的心灵"与超越的"形上之天"就统一在生命存在的生命

---

① 唐君毅:《生命存在与心灵境界》(下)(《唐君毅全集》卷二十六),北京:九州出版社,2016 年版,第 121 页。
② 唐君毅:《生命存在与心灵境界》(下)(《唐君毅全集》卷二十六),北京:九州出版社,2016 年版,第 142~143 页。

之中了,它们相依相即,而又相隔相离。因为其根原在天,所以是相依相即;又因其从隐到显,又是表象在生命存在自身之内,所以又是相隔相离。而两者相联系的途径就是"命"。"此命自天而说为天命,自人而说为性命……此生之欲有所向往,欲有所实现,即此生的灵觉或灵觉的生之性……而欲有所向往,有所实现,即是一自命、自令……自命自令,即自依性而知自谓当如何如何,故此自命自令,即性之命。自此性之根原于天言,人之有此性,可称为天性,其依此性而能自命,此自命亦即天命。"①所以,人依照自己的本性而行为,就是绝对之天所要表现、展现的。人德之成就,就是天德的流行。生命存在的心灵如果能自觉依性、依理而与"境"不断超越感通,自觉反省以尽性立命,就能体验到绝对的、真实的存在无处不在、充塞天地。

　　下面,用一幅图表来综合展示唐君毅先生构架出的生命存在的心灵"感通"超越活动历经的种种境界。

四、道德自我与心之本体互动历程的归趣

　　上文已提出"道德自我"与"心之本体"互动的过程,实质上就是"生命存在的心灵"与"境"不断感通的历程。"心境感通"所形成的境界并非是一个个孤立的、没有联系的境界,而是有种类、有次序、有层位的。所以,功利型境界不同于道德型境界,更不同于天人合一型的完满境界;而生命存在也是要首先经历凡人心灵都能感通到的功利型境界,再不断超越达到无功利型的道德实践境,最后不断接近天人合一型的完满境界(如图4-1)。这皆来自心灵活动的方向性与目的性。"生命存在的心灵"活动都向着一个目标,便是实现真实无限的生命。那么,何谓真实无限的生命呢?唐先生说:"何谓吾人之生命之真实存在,答曰:存在之无不存在之可能者,方得为真实之存在,而无不存在之可能之生命,即所谓永恒悠久而普遍无所不在之无限生命。"②可见,真实无限的生命就是永恒、悠久而普

---

　　① 唐君毅:《生命存在与心灵境界》(下)(《唐君毅全集》卷二十六),北京:九州出版社,2016年版,第146页。

　　② 唐君毅:《生命存在与心灵境界》(上)(《唐君毅全集》卷二十五),北京:九州出版社,2016年版,第13页。

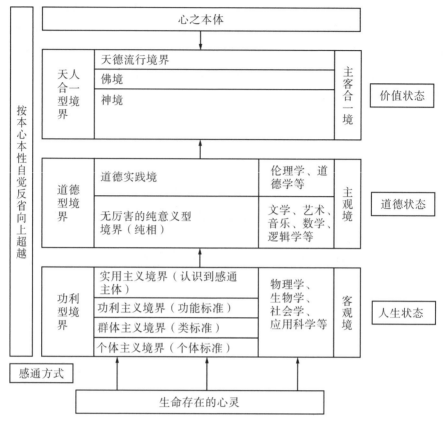

图 4-1 "生命存在的心灵"与"境"感通的历程

遍、无所不在的无限生命。唐先生认为,当生命存在经过"如实知、真实行"的历程,便会达到应然合理、合性、合情的生命,那么这时的生命是无不存在的,便是"永恒悠久而普遍"的生命,而且只有当此生命存在本身就是"理",而不感到有"理"限制它时,才是无限的生命存在。唐先生认为,"生命存在的心灵"活动就是以实现这种真实无限的生命为目标的。而且,由于"心灵"具有超越性,可以超越一切心灵活动的限制,便具有了无限性,"心灵"的这种无限性,就可以实现"生命存在"追求真实、无限生命的生活目标。于是,以这种真实无限生命为目标的心灵活动、心灵运行就有了方向性。

"序必有始,为元序。元序为以后一切序之本。其运之所经,皆可视为一类,类必有分类之始。分类之始,为最大类。其运求遍,必向在全。全涵分,而全为最高层位,分为低层位……全之至高者为大全。故人之心灵活动之求遍运,必求元序以为本,大类以为干,大全以为归。"①

上一节提到,生命存在的心灵活动有种类的内外向、次序的前后向,以及层位的上下向三个方向,"心灵"在这三个方向的感通过程中,为了实现真实无限的生命,也就必然追求种类中的大类、次序中的元序、层位中的大全。所以,"心境感通"的每一个阶段、经历的每一个境界都是"心灵"活动追求大类、元序、大全所形成的。而每一个境界中追求到的每一个大类、元序、大全的义理概念,都是生存在此境界中的生命存在所持有的最高人生观、世界观、价值观。例如,在功利型的境界中,就有个体主义的世界观、功利主义的世界观、实用主义的世界观等;在道德型境界中就有无利害的但含目的性的追求科学之真、艺术之美的世界观和提倡道德实践的追求道德之善的世界观。

唐先生指出,这些形成的世界观看上去虽都是分裂的、对峙的,但是生命存在的心灵具有超越性,可以对每一次"心境感通"后形成的义理概念进行"如实知"后,努力超越之,形成另外一种更普遍的义理概念来包涵之,而"心灵"的感通也就是这样一种不断超越的历程。"凡遍观之种类不同者,循此不断超越之次序历程,即可达于高层位之遍观。此中种类不同之遍观,由历此次序而达高层位,即此中之种类、次序、层位三者间之互相涵摄,以见其贯通之道"②。通过这样超越的历程,便能发现其中的"贯通之道",这种"贯通之道"就是"心灵"活动的目的所在,就是真实无限的生命之所以为真实无限之所在。

所以,通过心境感通所形成的相互贯通的境界构架,唐先生找到了贯通各种世界观、人生观、价值观的途径。每一个世界观、人生观、价值观都是"心境感通"所得到的结论,都是一种心灵境界,只要"心境感通"的活动不断进行,"心灵"活动就会不断进行超越,次序历经各境,将其中低层位的世界观、人生观、价值观带到高层位、高层次,以接近、成就真实的无限的生命,并创造真实的自我。而唐先生构架和展现的境界体系,目的就是使人们遍观、经历各种境界,自我觉察,充分认识和了解各种义理概念、世

① 唐君毅:《生命存在与心灵境界》(上)(《唐君毅全集》卷二十五),北京:九州出版社,2016年版,第14页。
② 唐君毅:《生命存在与心灵境界》(上)(《唐君毅全集》卷二十五),北京:九州出版社,2016年版,第17页。

界观、人生观和价值观,到达"如实知",从而由知而起行,达于"真实行"、"行于圣贤之道"。所以,唐先生的心性论、境界论的目标就是展现生命是如何成就它真实存在的过程的。

第四节　生命存在的心灵超越的动力

一、心之本体的真实、超越存在

在唐先生的心性理论和境界理论中,"心之本体"本身是具有超越性的,这种超越性使得"心之本体"在发用流行中表现出做不断超越活动的性相,表现在"生命心灵"与"境"的不断"感通"活动中,使得生命心灵能够始终处于向上升进的历程当中。"生命心灵"与"境"的感通过程以及升进历程,其实就是"道德自我"不断破除局限的超越过程,是生命存在的心灵按照"心之本体"本来就具有的"性"、"理"、"情"不断自觉、自拔,自我完善、升进更高境界的过程。

可见,"心之本体"的真实存在,是唐先生心境感通的理论基础,是"道德自我"不断超越的内在推动力,更是生命存在心灵不断超越感通的动力。如果没有一个超越的"心之本体"的存在,那么,"道德自我"的超越活动、心灵的超越感通将无法实现。那么,我们如何确证"心之本体"的真实存在并且是超越一切存在的存在呢?

唐先生认为,"心之本体"不可见,但"心之本体"的用却叮以说。唐先生又否定"心之本体"只是诸相与用的集合体,"其所以不能视为一集合体而思之之故,在此生命存在心灵之活动之用与其相,乃依先后次序,更迭轮替出现……既有而又无者……此集合体,即亦为自有而无者,便更无此集合体之可说"①。因为,这种集合体本身就是先后更迭而有,并非一时并有,其自身就是自有而到无,并非一直存有,所以,本来就不存在所谓的集合体,而再用这一集合体的概念去讲"心之本体"则是不通的。所以,唐

① 唐君毅:《生命存在与心灵境界》(下)(《唐君毅全集》卷二十六),北京:九州出版社,2016年版,第243页。

先生提出了,就"用"的显隐不断而见"体"的方法。

假设"心之本体"真实存在,而我们见到它的活动又是一一轮替更迭出现的,也就是说,是"心之本体"使这些活动或显或隐,所以,我们可以说,此"心之本体"是超越于任何一切活动的。但是,这种超越意义,又是表现在使一个活动隐,一个活动显,使前者无,是用另一个活动取代之的方式。因此,"心之本体"的超越意义,又只能在使此用隐,彼用显,在二用的显隐之间才能见到,离开了此隐彼显是无法存在的,所以,"心之本体"的超越又是内在于"用"的。因此,此"心之本体"与其"用"的关系是既有超越又有内在的关系。唐先生从正反两方面来论证体验到"心之本体"的存在:

"见此主体之活动与活动之相,乃动而愈出,相续无穷者。由此相续不穷,即见其泉原之不息,根本之常在。"①"心之本体"的活动是不断向前伸展的,是源源不绝的,所以,可以感到有一活动之源泉,即"心之本体"这一根本所在。"其活动相续不穷之时,即同时直感一超越于其先所感之一切已有活动以外,尚有一由无而出之活动。人即于此活动由无而出之际,或由无至有之几上,感此活动出于吾人心灵或生命存在之主体。"②因此,由心灵活动的无穷性,我们可以感觉到有一个生命心灵主体的存在。从反面来讲,假如没有此生命心灵主体的存在,则"此相续之活动之所自出,则已有之活动是多少,即是多少,不应更增,亦不应更相续生起"③。但是,心灵活动是相续不断而无穷的,所以我们肯定有一个超越的"心之本体"的存在。

综上所述,唐先生没有离开心灵活动的"相"与"用"来说明"心之本体"的真实、超越存在。他认为"体"不可孤立而论,离开了其"相"与"用",不可能知道"体"为何物。因为,"心之本体"与"心灵"的感通活动是相依而立。如"体"以"相用"见,"相"依"体"之"用"转,"用"亦必自有

---

①　唐君毅:《生命存在与心灵境界》(下)(《唐君毅全集》卷二十六),北京:九州出版社,2016 年版,第 244 页。

②　唐君毅:《生命存在与心灵境界》(下)(《唐君毅全集》卷二十六),北京:九州出版社,2016 年版,第 244 页。

③　唐君毅:《生命存在与心灵境界》(下)(《唐君毅全集》卷二十六),北京:九州出版社,2016 年版,第 244 页。

其"相"而属于"体"①。而"心之本体"又是"虚灵无相"②的,"虚"言其无所不超越,"灵"言其无所不贯通。"无相"是指,"心之本体"的本性不会僵硬地停驻在任何一个境界中,而是"如飞鸿踏雪泥,飞鸿不留于其指爪之所在"③。

二、心之本体与生命存在的心灵的关系

在前面章节中,我们已经论述了"心之本体"是形而上的、超越一切的真实存在,而"道德自我"是"心之本体"在道德生活、道德现象中的发用,是生命存在的心灵按照"心之本体"本来具有的性与理而活动的主体。"道德自我"可以说是,"心之本体"这一形上的根源在现实的时空与世界中,所化身、渗透、活动、作用、表现、投影而成的结果,并且是"心之本体"的本然状态的表现、投影结果。也就是没有发生反常、变态的体现"心之本体"的本来样貌的自我,也是生命存在的心灵本来应当处于的状态。我们说这种本然状态就是生命存在心灵不断超越的动力所在。

为了找到生命存在心灵的这种本然状态,我们必须先弄清楚"心之本体"的本然状态以及它与生命存在心灵的关系。

首先,"心之本体"是生命存在的心灵形上的根源。"心之本体"既超越又内在于生命存在的心灵之中,它表现、发用为生命存在的心灵;同时又支配生命存在的心灵不断做自我超越的、自我实现的活动,以趋向于、回归于它自身。这一点可以通过两个方面来论述:一方面,生命存在的心灵本身是"心之本体"的投影。唐先生认为"心之本体"是生命本体、精神实在、世界的主宰,是一切存在的本源与复归之处,是先天地而生的,真实不虚、无形无相的。而人的心灵就是"心之本体"投射的影子,既源于"心之本体"又要复归于"心之本体"。另一方面,生命存在心灵的一切活动也都是"心之本体"的投影。就是说,不仅是生命存在的心灵本身是"心之本

① 唐君毅:《生命存在与心灵境界》(上)(《唐君毅全集》卷二十五),北京:九州出版社,2016年版,第27页。
② 唐君毅:《生命存在与心灵境界》(下)(《唐君毅全集》卷二十六),北京:九州出版社,2016年版,第360页。
③ 唐君毅:《生命存在与心灵境界》(上)(《唐君毅全集》卷二十五),北京:九州出版社,2016年版,第4页。

体"的投影,它的一切感通活动也都是"心之本体"的表现和化身。"心之本体是我一切心理活动之本体。"①"人之任何一种活动,均含一种超物质的现实之精神意义,即饮食、男女、求名、求权之活动亦然……一切活动是同一的精神实在之表现"②,"只是同一的精神实在表现其自身之体段"③。"精神之合理的态度活动,与不合理的态度,皆同可视为精神自身之表现。"④因此,生命存在的心灵的一切活动,无论是精神性的活动,抑或是生物本能性的活动,无论是道德善的活动,还是道德恶的活动,都是"心之本体"的表现与投影。

其次,"心之本体"因为是形而上的本体,所以是至善的、完满的。生命存在的心灵是以"心之本体"为本源的,所以,其本然状态也应是向善的。一是"心之本体"具备一切道德价值、道德情感、道德理性,是一个完满、至善者。二是"心之本体"既具备无尽之善,是无尽的情流,它就不得不表现成生命存在的心灵的道德之善。"它既是至善,它表现为我之道德心理。"⑤"人之爱,即是那无限者透入于人心的影子。"⑥"一切的爱,都是那精神实在生命本体在人心中投射的影子。"⑦

可见,"心之本体"是真实、至善、完满的,具备一切道德价值、道德理性,它渗透并表现的生命存在的心灵的本然状态也应是善的或是向善的。

---

① 唐君毅:《道德自我之建立》(《唐君毅全集》卷四),北京:九州出版社,2016年版,第82页。

② 唐君毅:《道德自我之建立》(《唐君毅全集》卷四),北京:九州出版社,2016年版,第10~11页。

③ 唐君毅:《道德自我之建立》(《唐君毅全集》卷四),北京:九州出版社,2016年版,第118页。

④ 唐君毅:《文化意识与道德理性》(《唐君毅全集》卷十二),北京:九州出版社,2016年版,第12页。

⑤ 唐君毅:《道德自我之建立》(《唐君毅全集》卷四),北京:九州出版社,2016年版,第79页。

⑥ 唐君毅:《爱情之福音》(《唐君毅全集》卷六),北京:九州出版社,2016年版,第4页。

⑦ 唐君毅:《爱情之福音》(《唐君毅全集》卷六),北京:九州出版社,2016年版,第7页。

三、生命存在的心灵超越的动力

(一)生命存在的心灵的本性是善而无执的

根据上面的论述,生命存在的心灵是"心之本体"的化身、投影,所以首先"初为一赤裸裸之生命,乃表现一先天的空寂性、纯洁性,而为一善之流行,为第一义"①。意思是生命存在的心灵的第一位的本性是善。其次,生命存在的心灵具有原始的仁、义、礼、智。唐先生认为,生命存在心灵的原始活动是一种感觉情意之活动,其中没有我与非我的分别,而只有两者的"同情共感",这就是原始的"仁"。与原始的"仁"共同存在的是平等待人我的"义",恭敬奉承的"礼",清明能知的"智",这便是生命存在的心灵本性善的第二种意思。最后,生命存在的心灵是无执的。它并不执着于心境感通的任何一个境界,它"原无定执","对其所偶有者,能自超越"②,以成就其真实自身,就是说,生命存在的心灵本性便是"无定执而自超越"的。

(二)生命存在的心灵最根本的本然状态是向上超越

唐先生认为,儒家所说的人性本善的人性,是指人存在的根本性向,而这种"性向"就是人的超越性。也就是说,超越性是人的心灵最根本的本然状态。首先,生命存在的心灵破空而出后,还要"继续自我超越其自己,以成其生长发展与流行"③,生命存在的心灵的这种本然的自我超越的性向,是一种不断向上做自我超越的活动倾向。它不停地、永远地在破除一切有限,并以这种消极的无限破除方式,来表现其向上自我超越的本性。所以,生命存在心灵的这种本然的向上的超越倾向,就是其本然的状态。其次,生命心灵的自我超越不只是向上的,而且也是向善的。前面见

① 唐君毅:《生命存在与心灵境界》(下)(《唐君毅全集》卷二十六),北京:九州出版社,2016 年版,第 142 页。

② 唐君毅:《生命存在与心灵境界》(下)(《唐君毅全集》卷二十六),北京:九州出版社,2016 年版,第 121 页。

③ 唐君毅:《生命存在与心灵境界》(下)(《唐君毅全集》卷二十六),北京:九州出版社,2016 年版,第 143 页。

到,生命存在的现实自我是陷溺于现实时空的现实对象的,为某一特定时间空间事物所限制、所控制的自我。因此,生命存在的向上自我超越,就是在向着道德理想、道德自我、向着善做自我超越,不断地破除现实自我的限制,此时,生命存在心灵便由消极的无限状态,逐渐升至积极的无限状态,而这种积极的无限状态便是"心之本体"的本然状态。而且,这种超越现实自我之限制的自我超越活动,是自己支配自己的、自觉的、自律的活动,表现出自觉、自律的道德价值。也就是说,生命心灵的自觉超越的具价值的活动,就构成了生命心灵的本质。

(三)生命存在心灵不断地开阖运动

唐先生认为,生命存在的心灵在其本然状态中,是不断地做"一开一阖"运动的。所谓"一开一阖",就是"昔儒者,言天地阴阳翕辟及人心开阖动静之义"。指的是天地万物相互作用、相互感应,以及人心与外物的交相感应。也如同西方理想主义者言"正反及消极积极之相互为用"①之义。开阖两种活动相互为用,而且相依相养,相依而存。相依而有,相对而立,相互转换。这种相互依存、相互对立的开阖运动,不仅存在于生命存在心灵自身之中,还贯穿于一切自然世界、宇宙世界之中,是"宇宙间之开发凝聚之二大理"②,但是,此种开与阖的真正统一只存在于生命存在心灵的本然、真实状态之中。所以,"一开一阖"是普遍贯穿于宇宙中的精神、自然等一切领域的本然之理。正是生命存在的心灵"一开发"、"一凝聚"的本然状态,使得生命存在心灵不断地与"境"感通,并具往返来复的运动倾向。

(四)生命存在的心灵不断地感通活动

这一点是接着第三点而来的,正是心灵不断地开阖运动,使得心灵与"境"感通不绝。而且这种"感通"活动兼具知、情、意的性质,即这种感通活动既是知的感通,又是情的感通,但知的感通与情的感通最终是为了感

---

① 唐君毅:《人生之体验续编》(《唐君毅全集》卷七),北京:九州出版社,2016 年版,第 5 页。

② 唐君毅:《人生之体验续编》(《唐君毅全集》卷七),北京:九州出版社,2016 年版,第 27 页。

通意,也即为了感通"志行"以起生命存在的"志行"活动。而生命存在心灵做出的具有"知"、"情"、"意"性质的感通活动,朝着三个方向,即内外向、前后向、上下向。于是,处于本然状态下的生命存在心灵,便有了"一开一阖以成出入"的内外向的活动,"一伸一屈以成进退"的前后向的活动,"一消一息以成升降"的上下向的活动①,因此,它具备开出九境的潜能与倾向,同时也具备在各个境界中、境界之间自由地、自觉地贯通、升降的潜能与倾向。

第五节　生命存在的心灵超越的阻力

前面提到,唐先生自己讲他的心性理论与境界理论,是借用阳明的"良知"能"善善恶恶"去说明孟子的性善论。也就是,真正的道德就表现在"道德自我"对"现实自我"的超越,是"道德自我"的不断破限活动,也即生命存在的心灵不断的感通、超越的活动。生命心灵的超越潜能、向善倾向来自至善无恶的、绝对善的"心之本体"。既然"心之本体"是纯善的,那么恶又来自哪里呢? 也就是,生命存在的心灵感通超越的阻力是什么呢?

一、生命存在的心灵是心之本体的疏离投射

上一节我们已经论述了,生命存在的心灵感通超越的动力来自"心之本体"的真实存在,是"心之本体"直接发用流行而成的原本的、本然状态。但是,生命存在的心灵既然是"心之本体"在现实的时空世界中,所渗贯、化身、表现、活动、投影的结果,那么,在其由"心之本体"破空而出时的状态,就已经是一种有所疏离、有所异化的状态了。这种"疏离"指的是,生命存在心灵虽是源于"心之本体"的,是"心之本体"的投影,但却与前者的本身及其性质从一开始便有所对立、敌对、隔阂、矛盾,开始感到有所陌生,对前者的归属、认同之感受,开始有所递减。毕竟,心之本体"不能全

---

① 唐君毅:《生命存在与心灵境界》(上)(《唐君毅全集》卷二十五),北京:九州出版社,2016年版,第35页。

表现于其已投射出之影子中,它与表现出之它间,有一距离与矛盾"①。唐先生指出,生命存在的心灵由"心之本体"破空而出时,会脱离而忘却后者。"此超越而忘却之事,不能只说是一与其根原隔离,而堕落,遂不知其根原,而有一生命之原始的无明之事。此超越而忘却其根原之事……亦即此生的灵觉之有破空而出之一创生之活动……以使其生命具一先天的空寂性、纯洁性……不能说全是隔离、全是堕落、全是无明,只可说一半是隔离、堕落、无明而已。"②可见,生命存在的心灵在一开始时,便与"心之本体"有一种疏离。一方面可以性善不执、自我超越、开阖不断;一方面又会与"心之本体"有所隔离,会堕落、会无明而有执。两方面都是生命存在的心灵所与生俱来的特质。不过,唐先生认为,前一方面是它的第一义的性,处于核心地位;后者只是前者受到了遮蔽和阻碍。但生命存在的心灵的这两方面特质却是如随影同行,互不分离,正是前者对后者的反对与超越,才形成了生命存在心灵的真实存在与活动。

由此可见,"心之本体"发用为生命存在的心灵时,若心灵顺成"心之本体"本然的性质,则能不断超越,成善成德。若改变、扭曲、破坏"心之本体"的本然性质,这会使生命存在心灵处于一种变态或反常的状态之中,所以"人之恶只是原于人之精神之一种变态"③。

二、生命存在的心灵超越的阻力

(一)生命存在的心灵向下陷溺

生命存在的心灵处于本然状态时是向上超越,若处于反常状态就会不断向下陷溺,便失去自由,不再自觉反省、自觉超越。而是容易被时间、空间中的某一对象所限制、所范围。这种对象可以是任何事物:可以是饮食、男女、求名、求利;可以是原来的生活习惯、旧的习性;可以是原来的生

①　唐君毅:《道德自我之建立》(《唐君毅全集》卷四),北京:九州出版社,2016年版,第77页。

②　唐君毅:《生命存在与心灵境界》(下)(《唐君毅全集》卷二十六),北京:九州出版社,2016年版,第143页。

③　唐君毅:《道德自我之建立》(《唐君毅全集》卷四),北京:九州出版社,2016年版,第120页。

活环境、生存境界等等。这些都会使得生命存在的心灵停顿于其中,而不愿追求扩大与超升,生命存在的心灵便不断向下陷溺。之所以会陷溺则是由于,生命存在心灵可以对任何事物加以反省,可把任何事物都固定化、符号化,而成为一种现实的对象,同时会沉溺、执着于这些对象,所以也就可以说是被这些对象所陷溺于其中了。

(二)生命存在的心灵对无限性的颠倒追求

由于"心之本体"本身具有无限性,但是如果生命存在的心灵对无限性的追求对象把握错误,便会导致无限性的颠倒投射。具体说来,生命存在心灵有要求无限性的倾向,即要求超越现实对象的限制,要求成就一种无限的人格与生命境界。但是,在疏离投射中,它可能会转移这种追求的方向,而将其指向现实事物与现实对象,要求占有无限的现实对象,于是,便成了对无限的现实对象的追求。这样,对"心之本体"本然的超越性的追求,就成为对现实对象的追求了。因此,生命存在的心灵之所以追求好色、好利、好名、好权、好胜等到一种无以复加的贪求的地步,就是由于它将其无限性的倾向,颠倒投射到这些现实事物之中,并在追求这些现实事物之中获得了一种无限感。"此无穷之欲之本身……依于人之心灵之无限性之颠倒而有,以为其倒影者也。"①

(三)生命存在的心灵闭塞流荡

生命存在的心灵的本然状态是"一开一阖"运动不断,并能自觉、自主地统一开阖的两端,在二者之间往返来复,但它若是"自陷于其凝聚或开发之一端,以使二者相离"②,就会形成闭塞或者流荡。"闭塞"是心灵开发的大敌,"流荡"是心灵凝聚的大敌。心灵流荡的状态就是"开发复开发,而无凝聚";心灵闭塞的状态是"凝聚复凝聚,而无开发"。"开发复开发而无凝聚,如开发之离凝聚以远飏;凝聚复凝聚而无开发,如凝聚之舍开发而自锁。人心灵之开发与凝聚,乃相依相养以为命。而当其相离,则

---

① 唐君毅:《人生之体验续编》(《唐君毅全集》卷七),北京:九州出版社,2016年版,第129~130页。
② 唐君毅:《人生之体验续编》(《唐君毅全集》卷七),北京:九州出版社,2016年版,第28页。

开发如远飏无归,遂成流荡;凝聚如自锁不出,遂成闭塞。"①唐先生认为,
"闭塞"或"流荡"只根据了"心之本体"的一端之用,而不是根据两端相互
为用、周行不殆。所以,生命存在的心灵便闭塞其志,无法超越。唐先生
认为,心灵的这种变态状态,并不是来自"心之本体",而是由于外在事物
的原因。首先,它们"纷至沓来于人之前,为人所目不暇给之时,则可互相
牵连,以成为对人心灵之一引诱"②,所以,生命存在的心灵就会感到"欲
此物之目的未达,而彼物之刺激以来"③,于是便会在诸物之间流荡不停。
其次,"闭塞"的原因在于,生命存在的心灵将世界万象与一切所感、所思
凝聚在自己里面,形成习惯、习气,如果生命存在的心灵不继续地"感通",
则会继续执着于这些习惯、习气并沉陷于其中,从而闭塞即成。因此,生
命存在的心灵如果处于"闭塞流荡"的反常状态之中,则会要么一直不停
地开发而成流荡,要么一直不停地凝聚而成闭塞,要么则会沦陷于时而流
荡时而闭塞的轮转之中。

(四)生命存在的心灵迷失九境

生命存在的心灵可以与"境"感通不断,心灵活动可以不断进行超越,
次序历经各境,但同时它也会迷失于各个境界及境界与境界之间。因为,
生命存在的心灵的"感通"活动与其感通的境界,种类繁多,且"其次序生
起,相引而无尽","其层位高下,亦相承覆而无穷"④,使得它很可能混淆
虽然相同但却又有区别的各种类、次序、层位不同的各种活动与各种境
界,而生出种种妄见。即使在一个境界中,生命存在的心灵的感通活动
"又自是繁中更有繁"⑤,自成为一种无穷境的境界,因此,使得生命存在
的心灵可能永远安居游息于任何其中的一种境界,更是"执一概百",从而

---

①　唐君毅:《人生之体验续编》(《唐君毅全集》卷七),北京:九州出版社,2016年版,
第28页。

②　唐君毅:《人生之体验续编》(《唐君毅全集》卷七),北京:九州出版社,2016年版,
第30页。

③　唐君毅:《人生之体验续编》(《唐君毅全集》卷七),北京:九州出版社,2016年版,
第30页。

④　唐君毅:《生命存在与心灵境界》(上)(《唐君毅全集》卷二十五),北京:九州出版
社,2016年版,第10页。

⑤　唐君毅:《生命存在与心灵境界》(上)(《唐君毅全集》卷二十五),北京:九州出版
社,2016年版,第33页。

偏执不前,无法升进到最完满的天人合一境之中。

三、对自然因素阻力的辨析

一般而言,"自然"是与"精神"彼此相对的概念。这里"自然"指的是,人或人类文化所置身其中的自然环境、自然界,以及人身所具有的自然成分。这种人的自然成分,包括人的身体物质层面、生命层面以及非反省的意识层面。这一层面是人与自然界其他任何生物、植物、动物所共同具有的。但是,人除了这种自然层面之外,还有精神的层面,即是人所独具的,不属于自然层面的成分。它也是一种意识,是人的自我反省的意识,但更是一种能力,是人具有的自我反省的能力,是人自觉、自律、自由的,可超越之前的人的自然成分以及任何对象与境界的能力。所以,我们认为,人具有物质身体、生命、非反省意识、具反省意识的精神这四个层面,而前三个层面是人的物质成分,后一层面是人的精神成分。

唐先生认为,"心之本体"发用在生命存在的心灵的活动之中时,之所以会发生心灵与"心之本体"之间的疏离状态,一方面由于:心之本体发用、表现为生命存在心灵的活动本来就是一项投影活动,所以心灵不可避免的是"心之本体"的疏离性的投影,生命存在的心灵的活动一开始也便是"心之本体"自身对自己的自我分离、自我分裂、自我否定、自我矛盾的活动。因此,生命存在心灵在其本然状态中就已经与"心之本体"有了一定的距离、隔离、矛盾了,所以,便有了生命存在的心灵的陷溺与反常状态。另一方面就是由于:人具有物质身体、生命、非反省意识的物质成分。从而,"心之本体"受到人的有限的身休等物质成分的障蔽与限制,加之外在自然环境、自然界的引诱,生命存在的心灵便陷溺不前、颠倒追求对象。唐先生还举出海水与湖水关系的例子来说明人的物质成分对生命存在心灵的超越性的阻碍。"如海水之倒注于湖,而湖海相离"①,这里海水比喻"心之本体",湖水比喻生命存在的心灵,湖岸则比喻生命存在的物质成分。

---

① 唐君毅:《生命存在与心灵境界》(下)(《唐君毅全集》卷二十六),北京:九州出版社,2016 年版,第 143 页。

(一)自然因素对生命存在心灵超越的影响

那么,生命存在的心灵无法超越感通与这种自然因素的关系到底有多大呢? 以下,我们先来分析一下自然因素对生命存在心灵的影响。

1.自然因素对于心之本体的牵制

"心之本体"之体必须表现于现象,必须在现实生活中表现为生命存在的心灵与外物与境的感通,这种表现活动是必须的。所以,"心之本体"从始至终都不能躲在其积极的无限之中,而是一定要表现为消极的无限,也就是说,"心之本体"一定会造就种种有限的自然因素,从而限制其自己,并与其自己对立,在这中间展现出自我破除限制的能力。所以,"心之本体"的这种必须性使得生命存在的心灵必须与自然事物、自身的自然物质成分处于对立状态,而自然因素对"心之本体"的牵制作用也是不可避免的。

2.自然因素对于生命存在心灵的牵制

自然因素对生命存在的心灵的牵制来自两个方面。一是自然事物的有限性,一是人身体的有限性。首先,生灭变化的外在事物都是同一个"心之本体"的表现,即"我们之心之本体表现于我们所谓现实世界所通出之各种道路之象征"①。而我们的生命存在心灵虽是"心之本体"的表现,但却无法直接认识和感觉到"心之本体"的真理,必须借助于认识"心之本体"的其他表现、象征,即各种自然事物。但是,任何一种自然事物都无法单独表现那个恒常的、无限的"心之本体",都只是有限的表现,所以,生命存在的心灵在感通的活动中势必受到有限的自然事物之牵制。其次,人自身的身体是有限的,而且心灵的"感通"能力也是有限的。人身体的有限性使得"心之本体"在生命存在心灵中无法完全真实呈露,使得生命存在的心灵无法如"心之本体"那样清明广大、人我贯通,而出现闭塞与人我分别、自私我执。同时,人的"感通"能力有限,认识能力也有限,总是以己所知概己所不知,"忘了现实上特定之我,原是与人同时而交相限制之存在,而以此我为唯一之存在"②。由此可见,外在自然事物与人所具有的

① 唐君毅:《道德自我之建立》(《唐君毅全集》卷四),北京:九州出版社,2016 年版,第 86 页。

② 唐君毅:《道德自我之建立》(《唐君毅全集》卷四),北京:九州出版社,2016 年版,第 97 页。

自然成分的有限性、限制性、遮蔽性等所形成的各种牵制影响,都构成了自然因素对生命存在心灵的超越的阻力。

那么,我们能否就认为生命存在的心灵超越的阻力就根源在这些自然因素上呢? 能否就认为生命存在的心灵的反常状态就来源于这些自然因素呢? 下面,我们将分析自然因素能否必然造成生命存在心灵的反常状态。

(二)自然因素对生命心灵反常状态的影响

上文已经阐述过,生命存在心灵由于是"心之本体"的疏离投影,因此具有反常性,会形成反常状态,从而成为生命存在的心灵感通、超越活动的阻力。那么,这种反常状态在哪些方面是来自自然因素的影响的呢?

1.自然因素对生命存在心灵向下陷溺的反常状态的影响

唐先生认为,生命存在的心灵所表现的向下陷溺性,其实质根源于人身体自然成分中的"惰性"。唐先生在"道德人格之树立历程中之艰难"中指出,人之所以有知善而不能实现追求善,知恶而不能实际去除恶,使人的良心之所知之善成为真实的善的情形,是由于人本有容易继续其原来的生活习惯或安于旧的习惯的欲望。这种欲望使得人停止于人原有的生活境界、道德境界而不愿进一步追求超升与扩大。这种欲望就是人的生命存在自身的惰性,"此一惰性之表现其力量,初乃自人之下意识或不自觉之境界而出,而及于人之自觉意识之中。于此,因人之道德的实践功夫,初只在自觉地意识之范围中活动,则不能保证此安于旧习之欲望之不忽然而出。人亦恒觉无力量以从根拔出此欲望。因其根在不自觉之境界者,可非自觉中之力之所及故"①。可见,这种造成心灵向下的陷溺的惰性是人身体的自然属性,是人的生物属性、物质层次,是人与生俱来的。他还认为,人的私欲、怠惰等也是由人体物质性的惰性而来,它会阻碍精神之上升,而人的精神会由于这自然生命之惰性的牵制、拖下而堕落,无法上达。

由此可见,生命存在的心灵本性乃是向上超越的,而它的陷溺性倾向与陷溺的表现活动,是源自生命存在身体的自然成分、生物层次、物质层

---

① 唐君毅:《生命存在与心灵境界》(上)(《唐君毅全集》卷二十五),北京:九州出版社,2016 年版,第 481 页。

次。它的陷溺性与生命存在心灵本身无关,只是被这生物性、物质性的惰性拖下水而已。

2.自然因素对生命存在心灵的闭塞流荡性与迷失九境性的影响

生命存在心灵的"闭塞流荡"表现来自两个方面:一方面,是人自身的物质属性所造成的惰性,使生命存在的心灵将所感、所思的世界万象与一切凝聚在自己体内,形成习惯、习气,执着于这些习惯、习气并沉陷于其中,从而形成闭塞。一方面,外在事物纷至沓来,对生命存在的心灵刺激不断,生命存在心灵应接不暇而表现流荡。这便是生命存在自身的自然成分与外在的自然对象对心灵的闭塞流荡性造成的双重影响。

生命存在心灵迷失九境的反常状态亦是如此。也是由于九境的纷繁复杂,各种境界之内又变化无穷,使得生命存在心灵在感通活动中,妄执不断、偏执不前。

但是,生命存在的心灵对无限性的颠倒追求与自然因素并无任何关联。因为,对无限性的追求是生命存在所特有的,是一种纯精神性的、只有精神才具有的,所以,颠倒追求也是生命存在的心灵本身所造成的。

(三)生命存在心灵的超越阻力不能完全归结为自然因素

虽然,生命存在自身的自然成分使得生命存在的心灵容易向下陷溺,外在的自然对象不断地对心灵超越形成牵制,从而使心灵闭塞流荡、迷失在各境之中而不前,但是,自然因素并不能成为生命存在的心灵超越活动的根本阻力。理由如下:首先,自然事物的存在、性质只有在生命存在心灵与其感通之时,才被确立、被发现。自然事物对生命存在的心灵的负面作用,只有在生命存在的心灵与其感通时才能起作用。因此,生命存在心灵具有反常潜质、属性逻辑在先,自然因素的牵制、影响逻辑在后。其次,我们说自然因素对生命存在心灵超越的牵制与反作用,主要意指生命存在自身的自然成分、生物层面、物质层面等自身有限性起作用的结果。由于生命存在的有限性,使得对"心之本体"无限性的追求出现颠倒、错置,反而造成对自然事物等其他有限的事物的无限贪欲。由于,生命存在心灵"感通"能力的有限性,使得生命存在心灵出现定执、妄执,迷失各境,闭塞不前。

小　结

　　至此,我们已经论述了"道德自我"与"心之本体"是如何互动的:

　　通过对二者互动前提的追溯;互动途径的揭示;互动历程的展现;互动动力与阻力的分别探讨,全面深刻地阐释了"道德自我"与"心之本体"互动的过程、互动的实质、互动的最终归趣。

　　"道德自我"是道德生活中道德活动的主体,是生命存在的心灵按照形而上的"心之本体"(道德生活中表现为生命存在心灵的本然状态,即人本然的本心、本性)而不断超越自我的活动主体。而"道德自我"之所以能成为道德的自我,就在于它对处于同一自我体中的"现实自我"进行不断超越。也就是说,道德自我的真实存在,是以生命存在的心灵的超越活动为基础的,并表现于生命存在的心灵之能。"心之本体"是至善无缺、真实完满的形上本体,它具有无限性与至高无上性,却不能安稳地躲在它无限性的本然状态之中,必须下贯到现象界,渗透并表现于有限的生命存在的心灵。因此,"道德自我"与"心之本体"互动的实质就是"生命存在的心灵"与"心之本体"的互动,是"心之本体"将自身的无限性疏离地投射到"生命存在的心灵"之中,同时,也是现象界的有限的"生命存在的心灵"通过不断的超越活动,体悟并无穷地接近"心之本体"的过程。

　　所以,唐先生阐释的"道德自我"与"心之本体"的互动,实质上是将本体的追寻与人生的探求合二为一,从而去寻找一条精神上升并实现理想人格的人生之路。

　　于是,我们可以找到"道德自我"与"心之本体"互动理论成立的前提条件,即中国传统儒家的"天人合一"、"天人合德"观念与传统儒家的心性理论——性善论。而"生命存在的心灵"与"心之本体"的互动必须有互动的境域,这便是"生命存在的心灵"与"境"不断感通而形成的各种境界。因此,"生命存在心灵"与"心之本体"的互动也就表现为生命存在的心灵的感通活动,在"感通"活动中,不断破除并超越自身的有限性,以接近并达于"心之本体"无限的本然状态。

　　生命存在的心灵的"感通"活动包涵了知、情、意三个方面,不仅是认知,也是感情,更是为了引起生命存在起志行。心灵的感通也朝向三个方向,即内外向的对"境"的横观、前后向的对"境"的顺观、上下向的对"境"的纵观。这三个方向又分别是对"境"的相、用、体的感通。生命存在的心灵感通的对象分为三种:客体、生命心灵之主体、超主客体之目的理想之自体。生命存在的心灵对这三种对象又分别进行三个方向的感通,便开出了九种不同的人生境界、道德境界、价值境界。依据这九种境界性质的不同,可分为功利型境界、道德型境界、天人合一型境界。唐先生认为,这三种境界并不是相互孤立的和平起平坐的,而是相互贯通,随着生命存在的心灵"感通"活动按次序经历,由低到高、价值各不相同。后者的价值高于前者的价值,而且在前者对于在后者来讲,具有工具价值,唯有最后者才是本身具有目的的价值者。生命存在的心灵历经种种境界,最终为了达到一种最高的天人合一境,而唐先生认为,只有这种最高的天人合一境才是生命存在的终极安身立命之境。达到此境界唯一的途径便是生命存在心灵的不断超越感通。

最后,我们分析了"道德自我"与"心之本体"互动的动力与阻力,也即生命存在心灵不断超越感通的动力与阻力。这仍然要在"心之本体"与生命存在的心灵的体、用关系中找到答案。"心之本体"的真实存在、至善完满,使得生命存在的心灵具有善而无执、向上超越、开阖运动、感通不断的本然性质,这便成为生命存在的心灵超越感通的动力。而"体"不同于"用","心之本体"终究无法将其无限性完全表现于生命存在的心灵之中,只能是疏离的投射,这便使得生命存在的心灵具有了反常的可能,在"感通"活动中表现为向下陷溺、对无限性的颠倒追求、闭塞流荡、迷失各境。加之作为"心之本体"表现、投射、渗透贯彻的生命存在自身的局限性,即生命存在的自然成分、生物层面、物质层面的局限,以及外在同样有限的自然事物的牵制,共同构成了生命存在心灵超越感通的阻力。

第五章 道德自我与心之本体互动的目的

通过对"道德自我"与"心之本体"互动过程的展现，我们可以了解到，"道德自我"与"心之本体"的互动根基在于生命存在心灵的感通能力，表现为生命存在的心灵与"境"的不断感通而开出的纷繁复杂的种种境界层次。但这些境界体系的构建并不是文字游戏或仅仅是为了形式的构建，而是有其最终的哲学归趣的，便是对生命存在的心灵与境所感通而成的种种在世间或出世间的生命境界"求如实观之，如实知之，以起真实行，以使吾人之生命存在，成真实之存在，以立人极之哲学"①。

所以，在唐先生所描述的生命存在活动的最高境界——天人合一的天德流行境中，人可以在"人德"的实现上见到"天德"的流行，而"天德"的流行也就是这一最高境界的出现。"心之本体"与"道德自我"的交接与互动，在唐先生看来，从上而观之，人之本性是"心之本体"所赋予人的；而从下而观之，人之本性又表现在生命存在的心灵不断自觉超越自我，也可以说自觉地超越的心是按人之本性来自命自令的。也就是说，天之所命与人之自命自令在人之本性之中得到联结。在这种境界中，人不必探求"心之本体"是什么，"心之本体"只是人之本性的形上根源，而人顺其本性自命自令便可认知"心之本体"，便是可以知天。人的心灵不断地、自觉地做超越自己的活动便可体会到人之本性之善，同时也能体验到"心之本体"完全化入到自己的本性之中。在这种天德流行境中，每个人都可以尽其心，知其性，以知天。

可见，唐先生是将形上的"心之本体"还原到有限的生命存在之中，将对真实、无限的生命存在理想的实现寄托在有限的生命存在的不断超越

---

① 唐君毅：《生命存在与心灵境界》（上）（《唐君毅全集》卷二十五），北京：九州出版社，2016 年版，第 1 页。

自我的道德活动之上。"然此无限之生命,又必表现为此有限之一生。吾人之有限极之一生,亦为此无限之生命之一极。此极,是无限生命之一极,亦吾人之为人之极。人求有如实知与真实行,即求立此人极,亦实能立此人极。而此所谓吾人生命之'吾人',则不只重在言一一人,而重在言一一之'吾'。离此一一之吾,则无一一之人。每一人,皆当先自视为一吾……唯吾自视为唯一之吾,人人皆自视为唯一之吾,然后吾乃能立人极,人人乃能立人极。故此'唯一'亦有普遍义。此唯一之吾,亦可说为一绝对之独体。如何一一人皆能成为绝对之独体,不使此绝对者只成相对,或虽相对而不失其为绝对,则待人之行于圣贤之道。"①

因此,"道德自我"与"心之本体"互动理论的目的,即生命存在的心灵感通的终极指向,就在于兴起人与我之心志,以达于成人成己。生命的真实存在就与成人成己息息相关。唐先生便把心之本体、形上的真实存在还原为生命存在的生活。生命存在的心灵通过自觉感通、自我超越的道德实践、道德活动就可以使得有限的生命存在成为无限的真实的生命存在。

第一节　理性与理想统一于性情

一、道德自我与心之本体互动的理论显示出理想主义的倾向

唐君毅先生以道德自我为始点与根基的,以生命存在的心灵不断对自身进行自觉超越活动为基础的道德形上学是一种理想主义的哲学。他在其晚年的代表其成熟哲学思想体系的著作《生命存在与心灵境界》中,称他的哲学是:"吾所尊尚之哲学,乃顺人既有其理想而求实现,望其实

---

① 唐君毅:《生命存在与心灵境界》(上)(《唐君毅全集》卷二十五),北京:九州出版社,2016年版,第13~14页。

现,而更求贯通理想界与现实界之道德学兼形而上学之理想主义之哲学。"①并把他这一理想,看作是在现实的宇宙、人生中的一种真实存在。唐先生一生都在强调理想的重要,讲究理想是一种真实存在,因而他一生的所有著作也都充满着追求理想、实现理想的向上精神。

唐先生认为这种理想是代表人的最高理性的理想。这种理想不是仅对客观世界或物质世界的知识的追求,而是对宇宙人生中的智慧的追求。这种理想不是人的逻辑理性、工具理性所追求的,而是代表人的最高的理性——道德理性、信仰理性所追求的。这种理想能开辟人的生命之源,能开辟人的各种价值之源,能凸显道德主体,这便是儒家的道德之学。因此,唐先生在《道德自我之建立》一书自序中讲道:"著者思想之来源,在西方则取资于诸理想主义者,如康德、费希特、黑格尔等为多,然根本精神则为东土先哲之教。"②可见,唐先生兼采了西方理想主义哲学的丰富营养,但却并没有随便地抓一个西方哲学家来,作为我们传统哲学的太老师,而是用中国人自己的哲学来解释中国哲学遇到的问题。这不能不说为中国哲学展开了一个新方向。

二、理性与理想统一于性情

之前提到,唐先生非常重视理想的实现、价值的追求,但他认为这种理想并不是外在于人的,高高在上的,无法企及的,而是在人的生活之中,是一种人顺着天地、社会、生活之自然运行而形成的理想,在这种理想的追求过程中,人的主体性可以得到充分凸显。因此,唐先生认为这样的理想——道德,只能在现实中求理想,在理想中求实现。

唐先生认为,这一理想的建立与实现都离不开理性。他认为理性与理想二者不是相反的,其实是一事。讲理想不讲理性,固然是空想;但只讲理性,不讲理想,必然是盲目的。他指出:"然人之失落其理想,亦可重建理想;知理性能力之限度者,仍是理性的思想;知哲学之缺点者,仍是哲

---

① 唐君毅:《生命存在与心灵境界》(下)(《唐君毅全集》卷二十六),北京:九州出版社,2016 年版,第 384 页。
② 唐君毅:《道德自我之建立》(《唐君毅全集》卷四),北京:九州出版社,2016 年版,第 2 页。

学。任何反理性之哲学,仍必多少依理性而思维,以成其哲学……任何只
描述理想之失落之哲学家,亦须自觉:人若非原为一有理想之存在,亦无
理想之失落。人若为一有理想之存在,则理想之失落时之忧虑与怅惘,只
为一过渡至理想之再升起者,故理想主义亦不可反。人类今后之哲学,仍
当本理性建立理想,而重接上西方近代之理性主义、理想主义之流。"①因
此,唐先生认为这种理想是离不开理性的,离开了理性,生命存在的这一
理想只是朦胧一团,是妄想。这里唐先生是吸纳了西方传统思想,认为人
是有理性的存在者。但同时,他也意识到人具有的这种理性并不仅仅是
逻辑理性、分析理性、工具理性,人不能只是作为抽象思维的主体,还必定
是有生命的存在、有情感的存在。因此,人的理性更应是具有情感的理
性。而正是这种情感理性,即此性、此情才使生命存在的理想不至于成为
空形式,而使得理想与现实统一起来,在生命存在的现实活动中达到和谐
一致。

　　这种情感性的理性便是"性情"。"此理想之原始的根,在人之生命存
在与心灵,对有价值意义之事物之爱慕之情。此爱慕之情,柏拉图名为之
Eros,中国先哲谓之为性情。依此性情,而人形成一理想时,此理想即先
实现于此性情之内,而亦求通过其身体之行为,以表现于外,而实现此理
想于其周遭之世界。"②以下将通过四个方面来界说此"性情":

　　首先,"性情"是人之生命存在与心灵对有价值、有意义的事物的爱慕
之情,是一种"好善恶恶"之情。唐先生不否认理想与现实是有区别的、有
相对立之处的,但他强调生命存在的心灵能够感知到这两者的对立,而正
是这种真实感、真实知才能统一两者的对立与分裂。"无论此相对者如何
分裂,皆不能坏此感其分裂之感之自身之统一。此'感'之在其内部,有此
相对,同时亦有一好相对之中之合理想者,而恶其不合理想者之一道德生
活中之内在的好恶之情,即好善恶恶之情也。"③

　　唐先生又将这种"好善恶恶"之情称为愤悱之情、恻隐之情、肫肫其仁

　　①　唐君毅:《生命存在与心灵境界》(下)(《唐君毅全集》卷二十六),北京:九州出版
社,2016 年版,第 365 页。

　　②　唐君毅:《生命存在与心灵境界》(下)(《唐君毅全集》卷二十六),北京:九州出版
社,2016 年版,第 368 页。

　　③　唐君毅:《生命存在与心灵境界》(下)(《唐君毅全集》卷二十六),北京:九州出版
社,2016 年版,第 373 页。

之情。唐先生从字义、词源上解释愤悱、恻隐、肫肫,将这种"情"解释为以恶恶成其好善,同时也是以好善成其恶恶之情。"克在此情之中心看,其一方恶现有之恶,一方好未有之善,即为愤悱之情。愤为好善,悱即恶恶。亦为一恻怛或恻隐之情,或肫肫其仁之情。恻字从心、从则,乃心之一转折,即涵恶恶。怛字从心,从旦,即心之昭明,即好善。恻隐之隐,则自此心之昭明,由潜隐而出言。肫字从肉,以表生命,屯则草木自地生出之义,则由潜隐至昭明之事也。"①可见,生命存在的心灵在道德实践中,又将这种"好善恶恶"之情转化为要求实现"应然"的潜能与冲动。

其次,"性情"内在于生命存在之中,是生命存在的心灵的活动之"能",是促成生命存在的心灵不断向上、向善自我超越的动力。"此动力,乃通主观与客观世界之一形而上之生命存在与心灵,自求一切合理之理想之实现之动力。此动力,是一能、一用;其如何去除不合此理想者,以有理想之实现,是其相,而由此能此用之相续不断,即见其有原。此原即名为体。对此体,中国先哲名之为天人合一之本心、本性、本情。其生起一当实现而必然趣向于实现之理想时,此理想即显为一呼召、一命令之相。此命令是人之自命,亦天之命。"②可见,天命与人之自命在人之性情中得到完美的结合,"性情"是天人合一的桥梁,是理想得以确立的原始根源,也是生命存在的心灵不断超越的动力。

再次,"性情"是即知即行的性情,只有在人之知行合一的道德实践中才能发挥作用。"此性情,为一即知即行,将其内心所知所感之在上之理想,求实现于下于外之性情。故此理想,必须兼存在于知与行所合成之生活之中,而不能只成为人之再一回头的关照之所对。"③所以,有这种"性情"的人应当不仅能如实知,更应起真实行,在道德实践中,将理想转化为现实。

最后,"性情"是人与我在具体情境中,共同感到的、由生命深处发出的却超越于生命之外的呼召。是人人共感共知的理性,共感共知的理想,

---

① 唐君毅:《生命存在与心灵境界》(下)(《唐君毅全集》卷二十六),北京:九州出版社,2016年版,第373页。

② 唐君毅:《生命存在与心灵境界》(下)(《唐君毅全集》卷二十六),北京:九州出版社,2016年版,第372页。

③ 唐君毅:《生命存在与心灵境界》(下)(《唐君毅全集》卷二十六),北京:九州出版社,2016年版,第368页。

不仅是人的主观的欲望,更是一种客观的实然存在。"此合理性之理想,又为普遍的当然,亦为一切人之生命存在与心灵所视为当然,而亦皆可为实然地存在于其生命存在与心灵之内部,以为性情之表现者。由此而后能见得此理想之亦能普遍的实然存在于我之主观世界之外,客观的生命存在与心灵之世界中,以有普遍的人道、普遍的人性之客观存在的信念。于此信念中,我之由我之有理性的理想,而知人之同有此理性的理想……我即知我之理性,不只为一主观的理性,而为一能肯定其他之主观的理性之存在之一具客观义的理性;我之人格,不只为我之主观的人格,而亦为一能肯定其他主观人格之一具客观义的人格;即于此见人我之人格、人我之理性,以及由之而有之理性的理想之相互涵摄贯通,以合为一客观的实然存在的人格世界、理性世界、理想世界。"①

综上所述,唐先生的"性情"是人的生命存在与心灵,在理性的指导下,在主观世界所想建立的理想世界——道德生活、人格王国。它是依赖于人的理想而出现;但又是理性的一种形式,是一种出自人的本性的情感理性。"性情"是情感,也是理性。说它是情感,是由于这是对理想的一种爱慕与想把理想中的一切价值实现出来的愿望;说它是理性,是由于这种理想又是依赖于理性而发出的。可见,"性情"使理想界与现实界联结到一起,是生命存在与心灵个体可以在现实活动中不断发挥主体性的积极作用,成为自觉的存在、自觉的心灵,不断让自己向上升进,向上超越。

唐先生的"性情"并不是横空出世,而是对中国传统哲学以及西方理想主义哲学的继承与发展。中国传统哲学中,"性情"之说始于孟子的性善论。《孟子》一书中有四处谈到"情",其中有两处论述的"情"的意思与"性"相同,如"乃若其情,则可以为善矣,乃所谓善也。若夫为不善,非才之罪也"②。孟子认为,"情"实际上具有"性"之品质,"性"与"情"相为表里,"情"从"性"也,均具善之性。人若能顺此"情"则可以为善矣。荀子主性恶之说,"人之性恶,其善者伪也","凡性者,天之就也,不可学,不可事"③,"性"指人之自然本能。他认为:"性之好、恶、喜、怒、哀、乐谓之

---

①　唐君毅:《生命存在与心灵境界》(下)(《唐君毅全集》卷二十六),北京:九州出版社,2016年版,第370~371页。

②　杨伯峻译注:《孟子译注》,北京:中华书局,2005年版,第259页。

③　(清)王先谦:《荀子集解》,北京:中华书局,1988年版,第435页。

情。"①并认为"情"是由作为天的人格化的"性"所决定的,因而可以"性"、"情"连用为"性情"。荀子论"情"多与人欲相连,"若夫目好色,耳好声,口好味,心好利,骨体肤理好愉佚,是皆生于人之情性者也,感而自然,不待事而后生者也"②。汉代,刘向、荀悦虽主"性情相应,性不独善,情不独恶"之说,但是汉代儒者多还是主张"性"善"情"恶,将"性"、"情"分裂为二元,可以说是对孟子性善说与荀子性恶说的借鉴与调和。宋代儒者中,张载回归到孟子尽心、知性、知天的性善之说,认为"心统性情者也。有形则有体,有性则有形,发于性则见于情"。这中间可以看出,"性"为体,"情"为性的作用和表现,"性"为内在的,"情"为"性"的外在表现,但二者统一于心,这便是其"心统性情"之说。南宋朱熹在张载"心统性情"之说的基础上,明确提出"心有体用,未发之前是心之本体,已发之际是心之用"③。"已发之际"即"性"的发动与作用,也就是感而遂通之情。"性是体,情是用。性情皆出于心,故心能统之。"④故性情体用关系,是心的体用,"'心统性情',性情皆因心而后见。心是体,发于外谓之用"⑤。心体就是形而上之性,心用就是形而下之情,心兼体用。发展至明代,王阳明提出"良知"即本心,"良知"即人能知善知恶,而好善恶恶、为善去恶就是"良知"的发用。以"良知"为主宰,认为识"良知"就能为善去恶,即认识本体即是功夫。明代心学的终结者刘蕺山进一步将"良知"解释为好善恶恶、为善去恶的"意",以"意"为良知主宰,而归于"诚意",即由追求能善善恶恶的"意"的功夫以解释至善的"独体",也就是识功夫即见本体的路数。可见,刘蕺山将王阳明的"意为心之所发",改为"意为心之所存"。在最高的"良知"之上"头上安头",以"意"为"良知"之主,以"意"为"良知"的本心或曰本然状态。

唐先生很认同刘蕺山"诚意"的出功夫而见本体的理路。认为至善的"心之本体"就是蕺山的"独体",能善善恶恶的"意"就是"性情"。唐先生将蕺山的"诚意"学说归纳为:有善有恶者心之动,知善知恶者是良知,好

---

① (清)王先谦:《荀子集解》,北京:中华书局,1988年版,第412页。
② (清)王先谦:《荀子集解》,北京:中华书局,1988年版,第437~438页。
③ (宋)黎靖德编:《朱子语类·卷五》(第一册),北京:中华书局,1986年版,第90页。
④ (宋)黎靖德编:《朱子语类·卷九十八》(第七册),北京:中华书局,1986年版,第2513页。
⑤ (宋)黎靖德编:《朱子语类·卷九十八》(第七册),北京:中华书局,1986年版,第2513页。

善恶恶者意之静,有善无恶者是物则。可见,有善有恶是心之动,属于最低级的,知善知恶的"良知"是更高一层的,而知善知恶又来自于好善恶恶的"意"之中。而"意"能好善恶恶就在于"意"中自具有善善恶恶、体物不遗的物则,即有至善的"心之本体"贯彻于其中。人便在"诚意"之中体验到至善的、形而上的"心之本体"。正是这个"心之本体"使得生命存在的心灵能好善恶恶、知善知恶、为善去恶。可见,唐先生将就蕺山的"意"释为两层,既是心之所发,又是心之所存;既是好善恶恶,又是只善无恶;既是生命存在"性情",又是"心之本体";既是理性,又是理想。"独是虚位,从性体看来,则曰莫见莫显,是思虑未起,鬼神莫知时也。从心体看来,则曰十目十手,是思虑既起,吾心独知时也。然性体即在心体中看出。"①可见,"意"即唐先生的"性情",既是心也是性,其中既有超越性,又有内在性,是超越与内在的统合,是理想与理性的统一。

　　总之,唐先生将"性情"既视为理想的原始根源,又看作理性的合理要求,将超越的、应然的理想内在于生命存在的心灵之中;并通过生命存在的道德实践,即"生命存在的心灵"的不断超越,贯通理想与现实、当然与实然,在理想中灌注了生命存在生活的源头活水。因此,我们可以说唐先生的"性情"理论,既是对中国传统道德哲学的超越,又是对西方近代理想主义的改造。对西方理想主义的改造而言,他在理性与理想之间加入了人之"性情","性情"将分裂的主观与客观、理性与理想、现实与超越统一起来。对中国传统道德哲学的超越而言,他又借鉴了来自西方的人之理性的机能,将传统的内在超越理论贯注了理性的内容。

第二节　尽性立命以达天德流行之境

　　唐君毅先生的"道德自我"与"心之本体"互动的理论显示的是一种道德的理想主义。通过"生命存在的心灵"在现实生活中按照其本然的、应然的状态不断与"境"感通、自我超越,以追求、接近于真正的道德境界、理

---

　　① 刘宗周:《学言》(上)(《刘宗周全集》第二册),上海:浙江古籍出版社,2007年版,第381页。

想境界,并在此超越的过程中,创造出真实的自我、真实的生命存在。

一、尽人之性以立天之命

唐先生构建道德形上学体系的良苦用心,即"道德自我"与"心之本体"互动理论的最终归趣,就在于揭示每一个生命存在个体皆可以通过尽自己的良心、全自己的德性,使得天命透过吾身而流行出来,从而创造出真实的自我、真实的生命存在。也就是说,人之尽心全性既是事天、体天,就能默契天道,就能实现天人合一。这里面包含了两层含义:

(一)对天、天道即"心之本体"的一种宗教性的信仰。相信"心之本体"是宇宙世界的终极根源。它是神,是至善的、完满的。它是形而上的本体,发用为人之本心、本性,使人具有道德的品性。它命令"生命存在的心灵"不断自我超越以向上、向善,这便是天命;但当这种天命作用于人的时候,便内在化成为人之性命,这便是人以其本性自命自令。唐先生将应然的生命精神,加以证实与肯定,作为形而上的、绝对的精神实在即"心之本体"。他认为,"今后之儒家人物,亦未尝不可由去研究、欣赏或姑信仰一宗教,借以为觉悟吾人之本心本性之超越性、无限性之资粮,以扩大儒者成圣成贤之修养之方"①。可见,唐先生是肯定宗教信仰在道德实践、道德生活中的重要作用。他认为,一切宗教都是为了使人类摆脱痛苦,得到救赎,心灵得以平和。对"心之本体"的信仰也是一样,"人心则以无限性为其本质。故人心皆能超冒于这些东西之上,而不能长自限自陷于其中。由是而人只能在其涵具无限性、超越性之心灵,与此心所在之人生存在自己,得其安顿之所时,人乃能得安身立命之地。此则待于人之能有一表现其心灵之无限性、超越性之宗教的精神要求与宗教信仰,及宗教性之道德与实践。此可求之于一般宗教,亦可求之于儒者之教"②。而且,唐先生进一步认为,虽然其他宗教信仰对道德实践具有重要的价值与意义,但是中国注重体证本心,于人心见天心,存理去欲、变化气质的"儒者之

---

① 唐君毅:《中国人文精神之发展》(《唐君毅全集》卷十一),北京:九州出版社,2016年版,第320~321页。

② 唐君毅:《中国人文精神之发展》(《唐君毅全集》卷十一),北京:九州出版社,2016年版,第317~318页。

教"却是最高明、最容易、最简洁有效的。"儒者之自孔孟以降,即重求诸己的自省自知自信之精神。此精神终将为人类一切宗教之结局地。"①因此,唐先生信仰"心之本体",相信人具有本心、本性,相信人性本来是善良的,相信生命存在的心灵能够按照本心、本性的要求不断地超越自我,无限接近于至善的"心之本体"。

(二)对"心之本体"的信仰,对天人合一境界的追求,必须落实到生命存在的现实生活之中,通过生命存在的道德生活、道德实践工夫去积极体证人心即天心。"中国形上学,在本体论方面之主张,我们曾说其亦是与人生之实践论不相离的。换言之,即以形而上之存在,须以人生之修养工夫去证实。"②上面提到,唐先生肯定基督教、佛教等各种宗教的修养工夫对成就道德的重要作用,但他认为它们仍不是最高明的、最简易直截的。同时,也认为佛教的修养工夫又非最高明的、最理想的工夫,"关于印度这种瑜伽行,我因未向此用工夫,亦不便在此多论。我之未向此用工夫,因我相信儒家工夫更简易直截,亦能知天而达超越的精神境界"③。因此,唐先生对儒家之学、儒者之教推崇备至。认为,儒家天命的内在性使得超越的"心之本体"内在于人的道德生活,当人践行道德行为之时便能显露出来。具体说来就是,至善的、完满的"天"赋予人们以"道德律","天"道德人格化内存于吾人内心的方式,这样,对超越的"天"的信仰,就被转化为人内在的天道观;对"天"的信仰就不再是专重祈祷,而转为重视道德修行。而"天"对人的超越意识,也就转变为人的道德意识了。"性之本源是天命,亦上通于天心。然宗教精神者,由下而上达;道德精神者,由上而下达。超形以事天,宗教精神;践行以尽性,道德精神。"④可见,唐先生将宗教性的事"天"体"天"与道德性的尽心全性结合起来,以成全道德的理想。认为,宗教性的知"天"事"天"就是要求道德方面的尽心尽性,而道德性的

---

① 唐君毅:《中国人文精神之发展》(《唐君毅全集》卷十一),北京:九州出版社,2016年版,第320页。

② 唐君毅:《哲学概论》(下)(《唐君毅全集》卷二十四),北京:九州出版社,2016年版,第295页。

③ 唐君毅:《人文精神之重建》(《唐君毅全集》卷十),北京:九州出版社,2016年版,第394页。

④ 唐君毅:《中华人文与当今世界》(下)(《唐君毅全集》卷十四),北京:九州出版社,2016年版,第186~187页。

尽心尽性就能做到宗教性的事"天"体"天"。因为,超越的天命下贯而内在于吾人生命存在自身,昭显为吾人内心的、普遍的、人人共有的道德理想,在吾人实现这种道德理想之时,天命就会流行于吾人自身之中而呈现出来。所以,人在实践此道德理想时,便是知天、体天、事天了。

二、天德流行境的入路端——道德的修养工夫

唐先生在对生命存在的道德价值、道德理想做出选择之后,即中国先哲所说的"明善"、"择善"的"明辨之"之后,接下来要做的便是在实际的生活中、行为中实现这一价值,也就是"笃行之"以"固执善"。唐先生认为,实现这一价值、这种理想的道德修养工夫,关键就在于要在现实生活的种种具体情境中体味如何用"心",要在"生命存在的心灵"上直接用功。他首先提出了用功的前提、基础——生命存在心灵的自由属性。

(一)道德修养工夫的前提——生命存在心灵的自由

唐先生认为,人追求道德的生活、做道德的行为,都是出于人自身的意志自由。因为,道德的生活是自己支配自己、自己改造自己的生活。而被支配、被改造的自己与能支配、能改造的自己是同一个自己。他认为,道德生活的基础就在于:自己支配自己;自己对自己负责、自己相信当下的自己是绝对自由的;并且相信自己能自由地恢复自己的自由,而不受任何外在环境的影响。因此,我们应当承认并相信,人有自己主宰自己意志、行为的自由,有追求道德理想与道德价值的道德自由。而人的这种意志自由又来自人心灵的自由,即"生命存在的心灵"的自由。"无论在你受到任何苦闷烦恼束缚时,只要你一自反,你便会感到你的自由,仍然在你的当下。如果你不觉到自由……只因为你自甘于不自由,你之不甘于不自由……也是你自己决定的。所以,你心之能本身,永远是自由的。"①可见,"生命存在的心灵"具有完全的自由,具有自己主宰自己的自由,同时也具有自己创造自己的自由。因而,人也就不单单意识到自己作为主体的自由,同时也能意识到自己可以做无穷可能的事的自由。

---

① 唐君毅:《道德自我之建立》(《唐君毅全集》卷四),北京:九州出版社,2016年版,第17页。

唐先生认为,生命存在的自由就是主宰生命存在的"心灵"的自由。自由是生命存在的心灵活动的根本属性,而只有生命存在自身察觉其心灵的这一功能时,人才具有道德实践的自由。"生命存在的心灵"的自由包涵两层含义:一、不受外在限制的自由。也就是"生命存在的心灵"不受自己过去的习惯、性格、欲望等自然倾向的限制与支配,也不受外界力量的限制与支配。自由就是"生命存在的心灵"不受外在的原因或判断所限制的自由。因此,自由并非随心所欲去放任自己,想做什么便做什么,而是对这些自然倾向与外在限制进行反思,加以管理,选择此时此地人应当做的。因为,人若被过去的习惯、性格、本能欲望等自然倾向所驱使而行为,就是不自由了。二、"生命存在的心灵"有自己支配自己去追求无限的自由。即"生命存在的心灵"有追求一切价值、理想,追求其本然状态的本心、本性、仁心、仁性等的自由。"生命存在的心灵"由于受到本身自然身体因素和外在自然因素的限制和蒙蔽,无法将至善的、完满的"心之本体"的无限性显现出来,无法达于自身的应有的本然状态,于是就需要不断地依据"心之本体"的要求自我反省、自我超越,自命自令地按照本来应当那样的去做,以追求自由的状态。因此,这样的自由既是生命存在的心灵追求无限的"心之本体"的自由,更是生命存在的心灵自命自令的自由。

综上所述,唐先生的自由并非"生命存在的心灵"具有随心所欲的任意自由,而是指它具有遵从"心之本体"的命令以自命自令的自由。"生命存在的心灵"由于具有超越现实自己,超越外在一切限制的自由,具有自觉追求无限的"心之本体"的自由,这便使得它能够超越现实自我,能够实现真实自我。这便是人之道德修养成为可能的前提基础。

(二)道德的修养工夫

唐先生"道德自我"与"心之本体"互动的理论既具有形上性又具有经验性。一方面,如果没有形而上的"心之本体",则生命存在心灵的本然状态——本心、本性,将失去终极的依据,生命存在的心灵的超越性将失去动力,道德实践的希望将会落空,内在超越性的"儒家之教"将无法开出,天人合一的境界更成为幻想。一方面,如果理想不落实为现实生活,"心之本体"不发用流行为生命存在的心灵的不断自我超越,那么,道德生活的追求将无法落实到生命存在的现实生活,道德生活的反省将无法开始,道德生活的实践将没有起点。因此,唐先生将道德修养的工夫设立为"尽人之性以立天之命"这一抽象原则的具体落实与细化。

1.对"心之本体"的信仰,就必须相信人之本心、本性是善的,相信生命存在的心灵能够通过不断的感通超越无限地接近于超越的"心之本体",以成就其本然的本心、本性。唐先生称此工夫为"一切工夫之运用之根本工夫"①。"此根本工夫无他,即朱子与象山所通皆言及之诚或信或实之工夫而已矣。"②这便是发明本心、本性,相信本心、本性的工夫。

"吾人如知吾人之立志而自信,求其工夫之相续不杂而纯一不已之'思诚'、'诚之'之工夫,即为吾人当下之一工夫,而意在涵摄包括未来于其内者;则此'思诚'、'诚之'工夫,即为一自'保养灌溉其一切工夫,而加以顺成'之一绝对无外之工夫……吾人之所以能有此工夫,又原于吾人之心之有此性,有此理。则此心此理即应为一绝对无外之心之理,而吾人亦当自发明此心、此理,不能说此外有圣人之心之理,乃异于我者,遂不反求诸己,而往求诸'己以外'之圣人。吾人真能保养灌溉此一切工夫,至于相续不已,则吾人自己之心即圣人之心,盖圣人之心即用此诸工夫之心之理之充量实现所成故,而其理亦即吾人之用此诸工夫之心之理故。"③

可见,人人如果能立志自信,不断求此心、此性,则人人皆可以成尧舜,皆可以由人心见圣心见天心。而且唐先生认为,如果时时能持此本心以自立,则此心对人之道德的修养将起更大作用。"时时有其本心之自明而自立;人之更时时能对本心之明之发处,自信得及,亦即所以扩充增益此本心之明,使本心更得呈现,更能而自作主宰,而自立者。"④

如何确立、培养这种本心、本性的信心呢?唐先生认为,首先是从生命存在的心灵能够普遍运行起作用之处"自觉我是人"⑤。"自觉我是人"就是中国先哲所说的自觉人之异于禽兽者之"几希"。就是说,我之所以

---

① 唐君毅:《中国哲学原论·原性篇》(《唐君毅全集》卷十八),北京:九州出版社,2016 年版,第 498 页。

② 唐君毅:《中国哲学原论·原性篇》(《唐君毅全集》卷十八),北京:九州出版社,2016 年版,第 498 页。

③ 唐君毅:《中国哲学原论·原性篇》(《唐君毅全集》卷十八),北京:九州出版社,2016 年版,第 502 页。

④ 唐君毅:《中国哲学原论·原性篇》(《唐君毅全集》卷十八),北京:九州出版社,2016 年版,第 523~524 页。

⑤ 唐君毅:《哲学概论》(下)(《唐君毅全集》卷二十四),北京:九州出版社,2016 年版,第 452 页。

为人并不在于我有一个"处于万物中之身",而在于我有一个"无所不运之能思想之心灵"。这种生命存在的心灵可以遍布运行于万事万物,可以将万物之间的矛盾冲突,加以消除,将它们贯通关联起来。"自觉我是人"就是不仅要承认此"生命存在的心灵"会蔽于万物之中、藏于万物之中,更应相信此"生命存在的心灵"能够遍布运行于万物,能将自己从现实自我中、从万物中拉回来,并自觉成就其应然的本然之性。所以,唐先生称这种从"生命存在的心灵"能遍布运行处"自觉我是人"是一切求真、求美、求仁民爱物之性的起点,也是实践人之道的必由之路。其次,从自然人性的真实表现处"自觉我是人"。就是人应当由人在任何自然的人性之当下的表现,人类之教化之当下的存在处,自觉人性本善,自觉人之所以为人。所以,人应"随处就人性之真实表现处,加以自觉,而充量的加以表现"①。"实践人道之始,并不待远求,并不待对人性有穷尽之研究与分析,而唯待人之就此日常生活中,人之异于禽兽之性之自然表现处,而加以自觉,以知其所以为人。此即实践人道之开始,此之谓'道不远人'。此之谓'道在迩'而不须'求诸远','事在易'而不须'求诸难'。"②

2.生命存在的心灵自我反省、自我超越,克服不善之念,超拔陷溺之心。对"心之本体"的信仰,自立本心、本性的信心,是为了培养乐于从善、乐于迁善的生命心灵,这是从正面的持存涵养来说。但是,每一个生命中仍都会有罪恶,也即生命存在的心灵不单会感通超越,善而不执,也会随时向下陷溺,颠倒追求,蔽于物而迷失自我。这便需要时时省察克制,克服不善之念,回归纯善的自我。因此,道德修养的工夫不仅仅需要迁善,还需要改过;不仅仅需要正面的持存涵养,还需要反面的省察克己;不仅仅要"思诚",还应"知耻"。

上一章我们已经分析了"生命存在的心灵"超越的阻力,正是这些阻力成为道德生活中罪恶的来源。超越的"心之本体"是至善的、完满的,但当它疏离投射于生命存在的心灵时,由于生命存在的身体自然物质性的有限性及外在自然因素的引诱,生命存在的心灵不可能显现出"心之本

---

① 唐君毅:《哲学概论》(下)(《唐君毅全集》卷二十四),北京:九州出版社,2016年版,第456页。

② 唐君毅:《哲学概论》(下)(《唐君毅全集》卷二十四),北京:九州出版社,2016年版,第457页。

体"的全性、全能,不可能一直处于心灵的本然状态之中,而是容易向下陷溺,对无限性的追求颠倒目标,蔽于物而闭塞不前,迷失各"境"而无法超越。因此,唐先生提出罪恶来源于生命存在的心灵的一念之陷溺,并将这种个人的陷溺普遍化而成。

"罪恶自人心之一念陷溺而来。一念陷溺于饮食之美味,使人继续求美味,成为贪食的饕餮者。一念陷溺于男女之欲,使人成为贪色之淫荡者。一念陷溺于得人赞成之时矜喜,而使人贪名贪权……由陷溺于所得之现实的对象,争取现实的对象,而不见他人……"①

生命存在的心灵的陷溺不仅仅是指陷溺于饮食、男女、名权等具体的对象,它还会陷溺于其一切当下的活动以及已成的习惯、气质等等。所以,陷溺其实就是黏滞。"黏滞即是心为物役,即是陷溺"②。此"物"也不仅仅是一个具体对象,而概括地指一切"现在之所务"。

如何才能不生陷溺之念,将陷溺的心灵超拔出来呢?唐先生指出,生命存在的心灵需要时时自我反省、自我超越。因为,心灵自觉到自己陷溺于物时,便已经是超越陷溺的状态了。"因为我们才觉有陷溺,知病便是药,我们的心便已不陷溺。我们觉有陷溺而拔出,即不陷溺。"③所以,生命存在的心灵要时时自我反省,要意识到心灵不是与物对峙的,而是涵盖于身体与万物之上的,意识到有一个不会陷溺的心,其实就是指引一切现实活动的"心之本体"。所以,生命存在的心灵反省是自己把自己与物相对峙,并陷溺于物时,它便能即时拔出陷溺的心。

能做到自我反省是第一步,真正道德修养的努力还在于时时保持心之自我超越。所以,唐先生强调"道德生活是莫有放假"一说,要在当下的视听言动、饮食起居上随时随处用功,使心灵保持超越当下状态而不"陷溺"。"我们只怕不自反;才自反,它便在。而一念之超拔,即遇于一切的善,所以我们虽随时有犯罪之可能,有犯罪之事实,而去罪之可能,亦永远

---

① 唐君毅:《道德自我之建立》(《唐君毅全集》卷四),北京:九州出版社,2016年版,第120页。

② 唐君毅:《道德自我之建立》(《唐君毅全集》卷四),北京:九州出版社,2016年版,第131页。

③ 唐君毅:《道德自我之建立》(《唐君毅全集》卷四),北京:九州出版社,2016年版,第132页。

在眼前,涤洗一切罪之力量,亦永远在眼前。"①

综上,唐先生总结道:"道德生活中真正用力之所在,唯在时时保此道德理想之昭灵而不昧,而自作不断之反省,'才动即觉',使此心常得迁善而改过。"②

3.通过具体德行的实践达到完满人格的实现。"生命存在的心灵"向着至善的"心之本体"而不断自我反省、自我超越的过程,必将落实为在现实道德生活中的人通过具体的德行去塑造理想人格的过程。"生命存在的心灵"的超越活动首先落实为个体之内的"道德自我"对"现实自我"的超越,以创造真实的自我。而真实自我的创造活动不可能仅仅局限于单个个体之内,因为个体之人必须与外在他人、社会发生关系,所以"道德自我"必将层层扩大活动范围。在家庭生活中,通过具体的家庭伦理德行以成就真实的自我;在社会生活中,通过具体的社会伦理德行以成就真实的自我。于是,在家庭生活中,便要求践行父慈子孝、兄友弟恭、夫爱妇敬等基本德行;在社会生活中,便提倡仁、义、礼、智、信等社会公德。而如此一切具体德行的修养工夫都有"生命存在的心灵"的超越活动贯穿始终,是"心灵"自我肯定的持存涵养工夫与自我否定的反省超越工夫的具体表现。由于"生命存在的心灵"自我超越不断,与"境"感通就无完结之时,于是生命存在的个体在现实生活中的道德实践就不会停止。"生命存在的心灵"要求实现真实的自我,必然要求不断地破除当下的限制,以趋向于理想的状态。所以,生命存在的个体也就必须通过在生活中各种具体德行的不断践行,才能成就人人共有的理想的人格。

4.唐先生进一步指出,道德生活中的具体的德行要求举之不尽,更无法要求他人与自己机械地去遵循,但我们却能够指出道德修养的最高原理:

"在道德上之原理皆当然之理,亦即皆吾人在一情境之感受下,吾人自心所显示,而发自吾人当下之良知,以规定吾人之行为者。"③

"吾人之良知乃先天的具有此一切之道德原理或有一自然分化出诸

---

① 唐君毅:《道德自我之建立》(《唐君毅全集》卷四),北京:九州出版社,2016年版,第132页。

② 唐君毅:《文化意识与道德理性》(《唐君毅全集》卷十二),北京:九州出版社,2016年版,第394页。

③ 唐君毅:《文化意识与道德理性》(《唐君毅全集》卷十二),北京:九州出版社,2016年版,第273~274页。

各附从道德原理之最高道德原理,能以所接触之现实的个体事物之不同,而通过当下之良知以当机而呈现,以规范吾人之行为者。"①

可见,唐先生以人人先天内具的本心、本性、良知的"当机呈现"为最高的道德原理与规范。即只有"依本心、本性、良知而做应当做的"这一个抽象的、最高的原理形式,而没有具体的规则与规范,具体规则与具体的道德要求只有在当下具体的情境中才会呈现出来。这种"当然之理"是如何促使人去行动的呢?"盖当然之理之初呈现于吾人之心,即呈现为一命令,一要求实现,而过渡至行为者。"②因此,真正的道德修养、真正的道德生活便是:在道德实践中,自觉地在当下生活中尽性立命。即自觉面对当下的境遇,以见此境对我有所命而率性响应。

小　结

到这里,我们已经找到了"道德自我"与"心之本体"互动的目的所在:

"道德自我"与"心之本体"互动的过程展现为"生命存在的心灵"与"境"感通而历经的由低到高、由凡入圣的种种境界。唐先生构建这一境界体系、揭示出"心之本体"与"生命存在的心灵"这种"体"与"用"的关系的目的,就在于对生命存在的各种生活"求如实观之,如实知之,以起真实行,以使吾人之生命存在,成真实之存在,以立人极之哲学"。而且,唐先生肯定并相信"生命存在的心灵"能够通过自觉感通、自我超越的道德实践、道德活动,使得有限的生命存在成为无限的真实的生命存在。这一美好愿望的达成只能是"生命存在的心灵"通过对至善的追求,对罪恶的克服;对本然的本心、本性的持存与涵养,对反常的迷失心灵的反省与推翻;对心灵向上超越活动的坚持,对心灵向下陷溺念头的拔出等道德修养工夫的践行。

可见,唐先生的道德形上学是一种理想主义的哲学,是"顺人既有其理想而求实现,望其实现,而更求贯通理想界与现实界之道德学"。他的

---

① 唐君毅:《文化意识与道德理性》(《唐君毅全集》卷十二),北京:九州出版社,2016年版,第274页。

② 唐君毅:《文化意识与道德理性》(《唐君毅全集》卷十二),北京:九州出版社,2016年版,第274页。

道德形上学的根基在于"生命存在的心灵"具有独一无二的特性,即"其所思者,恒能上穷碧落,下达黄泉,前通千古,后达万世,无得而限定者"①,这便是"生命存在的心灵"能够遍布运行于万事万物之中的能力。因此,它便可以与"境"不断感通,而开出种种不同的无穷的人生境界。它能够保持不断的向上超越以接近至善的、无限的"心之本体",也会蔽于自身的有限性而黏滞外物,向下陷溺而迷失各境,这便有了理想与现实、应然与实然的矛盾与冲突。这种矛盾与冲突与其内在的要求统一与一贯并不相符,于是"生命存在的心灵"就要求将这一矛盾与冲突加以消除,而将理想与现实、应然与实然贯通关联起来。同时,至善的、完满的"心之本体"必须发用流行,落实在生命存在之内,表现为生命存在的心灵的本然的状态——人之本心、本性,生命存在的心灵依其本心、本性而不断自反省、自超越,便能达至这种本然的状态。于是,唐先生便将理想与现实、应然与实然统一到同一个生命存在之内,将本体的追求与人生的探求合二为一。具体说来便是,他认为这一理想并非外在于人的,高高在上的,无法企及的,而是在人的生活之中,是一种人顺着天地、社会、生活之自然运行的理想,在这一理想追求过程中,人的主体性可以得到充分凸显。

因此,唐先生便将理想与理性统一于人之"性情"。此"性情"既是理性又是情感;既是"善善恶恶"的感情冲动,又是"知善去恶"的理性行为;既是知,又是行。它是人人共有的本性、本情,既是主观偶然的,又是客观必然的。它是人的心灵,在理性的指导下,在主观世界所想建立的理想世界——道德生活、人格王国。它依赖于人的理想而出现;但又是理性的一种形式,是一种出自人的本性的情感理性。说它是情感,是由于这是对理想的一种爱慕与想把理想中的一切美好价值实现出来的愿望;说它是理性,是由于这种理想又是依赖于理性而发出的。可见,"性情"使理想界与现实界联结到一起。这便给"生命存在的心灵"昭显出一条通往理想的途径,即人只要在现实活动中不断地发挥主体性的积极作用,便能使理想变成现实,便能成就真实的生命存在。

人如何发挥主体性的积极作用呢?这便是尽人之本性以立天之命的道德修养工夫。唐先生认为,此工夫关键就在于要在现实生活的种种具

① 唐君毅:《哲学概论》(下)(《唐君毅全集》卷二十四),北京:九州出版社,2016年版,第454页。

体情境中去思考如何用"心",要在"生命存在的心灵"上直接用功。首先,对超越的"心之本体"怀有一种宗教性的信仰,并且相信人之本心、本性是善的,相信生命存在的心灵能够通过不断的感通超越,无限地接近于超越的"心之本体",以成就其本然的本心、本性。要自立此本心、本性的信心,并持存涵养使生命存在的心灵常于清明,乐于从善、乐于迁善。其次,当生命存在的心灵陷溺于当下,颠倒追求,蔽于物而迷失自我时,当时时刻刻自我省察、自我超拔,克服不善之念,回归纯善的本然自我。总之,生命存在的心灵要"时时保此道德理想之昭灵而不昧,而自作不断之反省,'才动即觉',使此心常得迁善而改过"。再次,必须通过在现实生活中对各种具体德行的不断践行,以成就理想、完满的人格,创造出真实的自我、真实的生命存在。最后,唐先生指出现实生活中具体的道德规范是列举不完的,更无法要求人人去机械地遵循,但可以指出道德修养的最高原则:以先天内具的本心、本性、良知的"当机呈现"来规范我们的行为,即只有"依本心、本性、良知而做应当做的"这一抽象的、最高的原则,而没有具体的规则与规范,具体规则与具体的道德规范只有在当下具体的情境中才会呈现出来。可见,真正的道德修养只能是,在道德实践中,自觉于当下的生活中尽性立命,自觉面对当下的境遇,以见此境对我有所命而率性响应。

这便是唐先生道德形上学的全部体系:从"生命存在的心灵"的超越感通出发,肯定本然的"道德自我",超越当下的"现实自我",创造理想的"真实自我"。正如他在代表其道德哲学纲领的著作《道德自我之建立》中总结的:"本书凡三部。三部各自独立,而义蕴则相流贯,互相照应,以表示一中心观念,即超越现实自我,于当下一念中自觉的自己支配自己,以建立道德自我之中心观念。"①

---

① 唐君毅:《道德自我之建立》(《唐君毅全集》卷四),北京:九州出版社,2016年版,第1页。

第六章　唐君毅道德形上学的特点

　　唐君毅先生的道德形上学从生命存在的"心灵"与"境"的"感通"活动出发，"心"与"境"虽是互感互通，但唐先生主张"境"离不开"心"，"境"缘于"心"而起。"心灵"针对不同的境而展开不同的表现，从而形成种种不同境界层次的知识论、价值论。但"心灵"却永远都在所形成的境界之上，是一个超越的存在而不限于所形成的任何一种"境"之中。因此，在互不相同的种种境界中，虽然形成各自所谓的真实的知识观、价值观、世界观，但却都在"心灵"的统摄之中，是"心灵"在各种"境"中的不同表现，也是"心灵"自我反省、自我关照的内容。从这层意义上说，"心灵"是涵盖一切的，是恒常并且超越于一切的。

　　唐先生虽然主张"生命存在的心灵"涵盖一切，超越于其所统摄的一切之上，但是，他却并不认为我们可以仅靠"生命存在的心灵"自身的活动能力就能成就一切学问，而是还需要在经验世界中不断地探求。他主张"生命存在的心灵"可以统摄其所知的一切是为了说明"生命存在的心灵"可以超越于一切所知之上，从而能够不断地从事、开展感通与超越的活动。而"心灵"的这种感通与超越活动又必须凭借着生命存在的各种不同的生活活动而实现和完成。在各种经验生活的活动中，"事物可以无限多，其生长变化可以无穷无尽，宇宙可以无限大，其存在可以无始无终，人的心灵的了解亦随之而精微而至不测"①。同时，这些"无限多"、"无穷无尽"、"无始无终"，又都是随着"生命存在的心灵"的了解而显现，而不能从心灵的了解之外另有说法，也就是说没有事物在"心灵"之外，而不被"心灵"所了解的。可见，唐先生并不主张"心灵"可以离开经验事物，而是主张事物与"生命存在的心灵"并存，世界乃是"心灵"所了解而成的不同的关照境界。

---

　　① 李杜:《唐君毅先生的哲学》,台北:台湾学生书局,1982 年版,第 117 页。

超越的生命存在的心灵肯定、关照万物而形成各种不同的知识、建立不同的世界观、价值观,展开不同的境界,而每一种境界都有其存在的合理依据与价值所在。如"万物散殊境"成就了"世间之一切个体事物之史地知识";"依类成化境"成就了"思想与生活之依类成化及知识的通达";"功能序运境"成就了"一切世间以事物之因果关系为中心,而不以种类为中心之自然科学、社会科学之知识,如物理学、生理学、纯粹之社会科学之理论"与"人之如何达其生存于自然社会之目的之应用科学知识";而"关照凌虚境"更是成就了人类一切的文学、艺术、音乐、数学、几何学、逻辑学。但是,为什么唐先生还要将其分个高低上下呢?这是由于唐先生并不满足,也不安心于"心灵"的这种纯粹智力的了解与关照,还需要"摄智归仁",即以"知"为手段,以"行"为归宿,而达于"成教"之目的,从而完成其"学在成德"的终极关怀。因此,在解释各"境"的含义,确立各"境"的真实存在,展示各"境"的意义之后,都将其联系到生命存在的生活上去,以说明各"境"所表现出的人的道德生活上的意义。于是,"万物散殊境"就表现出人的个体主义倾向;"功能序运境"就表现出人的功利主义倾向;而"关照凌虚静"便表现为高于前两种功利型的无利害、纯意义型的境界,"乃一承前之一般世俗生活之境,而启后之超世俗生活之境界之中间境,而可上可下者"。唐先生认为前几种境界所成就的人之生活都是不足的,所以,一方面在肯定它们存在的同时,一方面又指出其不足,以逐步归向于更高的道德实践境。他认为人之真正的生活,"生命存在的心灵"的真实存在状态,就在于通过在道德实践境中人的道德之实践与道德人格之培养,而无限接近与最终达到天人合一的天德流行境。可见,"生命存在的心灵"并不仅仅满足于对世界超越的了解上,更重要的是在乎人之成德之趋向。

"生命存在的心灵"作为超越的主体,可以通过它在经验生活中所表现的超越的道德活动而被我们体察和肯定。但是,"生命存在的心灵"为什么能够源源不断地表现出这种持续的感通、不断的超越活动呢?唐先生认为必然有一个形上本体作为"生命存在的心灵"不断超越的动力,这便是至善的、完满的"心之本体"。"生命存在的心灵"感通超越的动力便来自"心之本体"的真实存在,是"心之本体"直接发用流行而成的原本的、本然状态。但是,"生命存在的心灵"既然是"心之本体"在现实的时空世界中,所渗透、贯彻、化身、表现、活动、投影的结果,那么,在其由"心之本体"破空而出时的最初状态,就已经是一种有所疏离、异化的状态了。因此,"生命存在的心灵"虽然是来源其形上的根源"心之本体",但却与"心之本体"有所隔离,可以说已经成为另外一个独立的存在了。但是,"生命存在的心灵"与"心之本体"之间除了相互隔离、相互区别之外,还有相互联系、相互统一的一面。这便是天命与人性之间的关系。"心之本体"命令"生命存在的心灵"不断自我超越以向上、向善,这便是天命;但当这一天命作用于人之时,便内在化成为人之性命,这便是人以其本性自命自令。唐先生认为,此天命就"如天或上帝之对我发声,而对我呼召,与我交谈,而此时吾人即可真感一活的上帝,活的天,而我于此灵觉的生或生的灵觉,只是奉承之"①。"生命存在的心灵"顺承此天命,也就是顺其天人不二的本性,即"生命存在的心灵"的本然状态,而自立此命,自正己命,也就是唐先生指出的"人与天之交谈,奉天之呼召,皆只是与人自己之深心交谈,受自己之深心所呼召,以自顺此天人不二之命,而自立此命"②。

因此,唐先生主张尽人之性以立天之命。也就是说,"生命存在的心灵"通过在现实生活中按照其本然的、应然的状态不断与"境"感通、自我超越,以追求、接近于天人合一的道德境界、理想境界,并在此超越的过程中,创造出真实的自我、真实的生命存在。而他构建道德形上学体系的良苦用心,也就在于揭示每一个生命存在个体皆可以通过尽自己的良心、全自己的德性,使得天命透过吾身而流行出来,从而创造出真实的自我、真实的生命存在。概括言之,人之尽心全性既是事天、体天,就能默契天道,就能实现天人合一。

通过对唐先生道德形上学体系的回顾,我们可以发现其道德形上学理论的特点:

一、对中西哲学的继承与超越

唐先生在构建其道德形上学体系时,充分肯定中西哲学的价值,将中

---

① 唐君毅:《生命存在与心灵境界》(下)(《唐君毅全集》卷二十六),北京:九州出版社,2016年版,第151页。

② 唐君毅:《生命存在与心灵境界》(下)(《唐君毅全集》卷二十六),北京:九州出版社,2016年版,第151页。

西传统中的形上学、知识论、人生哲学、道德哲学、宗教哲学圆融地沟通起来,形成了其完整的哲学体系。他在学术上融摄了西方哲学,特别是德国古典哲学中理性精神与超越精神。他欣赏德国古典哲学中由纯粹自我或由纯思中的理性出发,以演绎出世界存在的形上学。但是却认为这种理性的思辨本身并不是目的,真正的目的在于指出如何使现实生活理性化。他认为哲学的纯思理性,必须化为生活中的理性,而不只是使哲学理性化,同时也应使生活理性化。

"哲学思辨,非最后,哲学思辨之最后,为其自身之功成而身退。此哲学之思辨,由思辨非实践性之哲学问题,至系统性的思辨生活中理性之表现于实践之问题,即哲学之开始引退之第一步。而在系统性的思辨中,指出非系统性的——散列之生活之情景之存在,与如何使生活理性化之道。即哲学思辨之引退之第二步。此一思辨之完成,即哲学思辨之完全引退。"①

由此,唐先生哲学思考的最终落脚点又接上了儒家哲学的一贯精神,强调:"讲哲学,必以为世兴教为目标,然后吾人讲哲学之事,乃出于吾人之道德理性,而可成就吾人之道德生活。否则吾人之讲哲学,即止于吾人前所说关照境中。"②也就是说,我们不仅要对哲学的义理有一种抽象的了解,还应当"自悟求他悟,自觉求觉他,以说法利生、兴教救世"③,从而"立言"皆为"立德"。

于是,唐先生进一步推进,德国古典哲学中的这种成就演绎的理性,并非逻辑思维中的理性,而是一种存在的理性。唐先生将这种存在的理性称为"理体",并认为"此乃一三度向之理体,而又可销归于一虚灵无相之心,以为其性之理体"。这一"理体"便成为唐先生形上学体系的核心观念,这便是"生命存在的心灵"。由此,他的"心灵"超越思想便包涵了西方哲学中的理性精神。但是,唐先生对"超越"的理解,却是简朴与直接的。他认为,超越不能脱离经验的世界,"心灵"的超越性就表现在人之现实活

① 唐君毅:《生命存在与心灵境界》(下)(《唐君毅全集》卷二十六),北京:九州出版社,2016年版,第212页。

② 唐君毅:《生命存在与心灵境界》(下)(《唐君毅全集》卷二十六),北京:九州出版社,2016年版,第391~392页。

③ 唐君毅:《生命存在与心灵境界》(下)(《唐君毅全集》卷二十六),北京:九州出版社,2016年版,第392页。

动之中。"生命存在的心灵"的超越就在于人本这一活动而超越另一活动。由此,唐先生并没有简单地回归到中国传统形上学的性善论,而是主张合"生"与"心"为"性"的人生内涵。认为人性的善,正是人之"心灵"在不断地进行自觉的超越自我而实现的。因此,他的人性之善并不是一种静态的属性或性质,而是一种"心灵"自觉超越的能动性的活动。而其道德修养功夫也就不仅仅是强化儒学内圣的路向,也不是简单地回到复性说,而是"生命存在的心灵"不断超越的历程,表现为"生命存在的心灵"不断创造真实自我的过程,更是生命存在自身成就其真实存在的过程。因此,其"心灵"超越的道德形上学便具有了实践性、历程性与创造性。

其次,唐先生的道德形上学对知识论做了充分的论述,也涉及西方知识论中的众多问题。但是,他却没有因为知识论而影响到自己的哲学主旨,而采取了"摄智归仁"的方法,让知识论为其所用,让知识论成为他构架形上学体系的强有力的工具,从而将知识论与其形上学有机地融合起来。

由此可见,唐先生的道德形上学改进了传统道德形上学偏重主观性与内在性的弱点,充分展现出其客观性与现实的超越性。

二、道德意识统摄宗教意识

唐先生的道德形上学同时涉及道德意识与宗教意识,那么,我们不得不进一步追问:这两种意识中哪一种更代表着唐先生道德形上学体系最本质的特征呢? 也就是说,唐先生道德形上学的根基和最终落脚点是道德意识还是宗教意识? 为了解决这一问题,我们必须先考察其道德形上学体系中的人文思想与宗教思想的确切含义。

"我们所谓人文的思想,即指对于人性、人伦、人道、人格、人之文化及其历史之存在与其价值,愿意全幅加以肯定尊重,不有意加以忽略,更决不加以抹杀曲解,以免人同于人以外、人以下之自然物等的思想。"①

"人文的思想与非人文的思想或超人文的思想之不同处,在人文的思想之发自人,而其对象亦是人或属人的东西。非人文的思想与超人文的

---

① 唐君毅:《中国人文精神之发展》(《唐君毅全集》卷十一),北京:九州出版社,2016年版,第 4 页。

思想之对象,则为非人或超人。人与非人或超人,可以同时存在。故人文的思想,与非人文或超人文思想,亦可同时存在,而二者之关系,是一逻辑上之相容之关系。"①

从唐先生对人文思想与超人文思想的阐释中可以看出,人文思想的对象是人的领域,而超人文思想(即宗教思想)的对象则是超人的领域。人文精神是肯定人性、人道、人格及人的价值,而宗教精神则是肯定超越现实世界、超人文精神世界的形上实体的价值。但是,唐先生认为,一切宗教事业又与人相关,所以,尽管人文思想与宗教思想的对象不同,但是二者都是来源于人的思考,是人对它们的反省。因此,宗教也是属于人文的,而且是人文的重要组成部分。理论原因在于,人文世界的人对于神的信仰,可以提升人的精神,可以使人不至于只以物的世界、自然的世界、经验的世界为托命之所托,可以纠正人的物化、自然化以及背离人文精神的各种趋向。可见,在唐先生的宗教意识中,"神"只是人文精神的化身,是为了人道的完全实现而设置的。

"宗教并不必以神为本,而唯以求价值之实现生发之超越的完满悠久为本。照我们之意,是儒家之非一般之宗教之故,仍在于极平凡之一点上。即一般宗教皆有神话或神怪之成分……为其宗教中重要部分。自宗教精神论宗教价值,亦自不能太重此神怪之成分。"②

可见,在唐先生那里,"神"的重要性只在于推动人不断地超越自我并达到最高、最好可能的这一点上。而宗教意识也只是为了实现人文意识、道德意识的辅助力量。正如唐先生自己概括的:"中国文化非无宗教,而是宗教之统摄于人文";"我们的新人文主义……仍是以人文之概念涵摄宗教,而不赞成以宗教统制人文"。

因此,唐先生的道德形上学体系虽然树立了一个至善的、完满的、涵盖宇宙间万事万物的"心之本体",但却更强调在经验世界中,"生命存在心灵"的不断自我超越的现实活动。他指出这二者并不是相互隔离的、没有联系的,而是通过在经验生活世界中,"生命存在心灵"的自我超越的道

---

① 唐君毅:《中国人文精神之发展》(《唐君毅全集》卷十一),北京:九州出版社,2016年版,第4页。

② 唐君毅:《中国人文精神之发展》(《唐君毅全集》卷十一),北京:九州出版社,2016年版,第315页。

德活动,而向超道德境界的"心之本体"的接近,即由尽性立命的道德实践而向"天人合一"、"天德流行"的神圣境界的提升。唐先生用现实的人生之路、道德实践之路,架起了通往无上境界、超越境界的桥梁,以此融通对超越的信仰。他把宗教的价值转入到人的生命之中,表现为"生命存在的心灵"由当下"现实自我",到本然的"道德自我",再到理想的"真实自我"的提升;心灵境界也相应地由"功利型境界",到"道德型境界",再到"天人合一境界"的次第升进。可见,对天心、天性的信仰,对无限的"心之本体"的信仰,实际上是对作为价值之源的"仁心、仁性"、"本心、本性"的完满性的信仰。

综上所述,唐先生的道德形上学虽然涉及宗教意识,但其终究强调的仍是道德意识,注重的是道德实践中的主体者超越,而非宗教精神中的超越主体者。道德意识与宗教意识在人之心灵的超越活动上虽然都表现出某种超越性,但道德意识所表现的是由内在进而超越,而宗教意识所表现的是由超越进而内在。因为,道德意识是以主体——德性之我,作为主宰和皈依的对象,根源在于内在的主体,而宗教意识却以超主体者——神,作为主宰和皈依的对象,根源在于外在的超主体者。他认为在儒家传统中人之对德性之天的信仰与在宗教意识中人之对神的信仰有根本的不同:

"吾以为依儒家义,于此吾人当有一言,近于一般宗教家之所言,则为吾人尚须由此信仰本身之自觉,而生一自信。即自信吾人之能发出或承担此信仰之当下的本心本性,即具备、或同一于、或通于此信仰中所信之超越的存在或境界,此信仰中之一切庄严神圣之价值之根原所在者。即吾人于此,不能只是一往依其心灵之无限性超越性,一往伸长,以形成种种宗教信仰。且必须有一心灵活动之大回头,以自觉此信仰,而在回头蓦见此信仰中之一切庄严神圣之价值,皆根于吾人之本心本性之自身。吾人之此一自觉,可随吾人之信仰之一直向上超越、求无限而俱往,而一面涵盖之,一面凝摄此信仰中所表现之价值,而归其根原于吾人本心本性之自身。在此处,吾人即必须于信仰一超越的存在或境界之外,转而自信吾人之本心本性之自身,而有一超越的自我之主体之自信。"①

_____

①　唐君毅:《中国人文精神之发展》(《唐君毅全集》卷十一),北京:九州出版社,2016年版,第319～320页。

可见,儒家的信仰实质是对道德主体自身的信仰,是"重在能信者之主体之自觉一方面,而不只重在所信之客体之被自觉的一方面"。在儒家传统观念中对超越存在之天与庄严神圣之价值的信仰,最终还是回归到对人这种主体的自信。天人合一的境界、天道即超越又内在的构架最终目的还是在于挖掘主体的潜能,从而使得道德的价值与道德理想通过主体的努力实践而得到真正的实现。

因此,在修养功夫上,唐先生注重的是自发的反省精神,而不是宗教性的皈依、崇拜与信仰。他认为道德活动全靠自己引发的精神力量,而非从天而降的启示。从而主张道德意识的生发来自个人的自我之觉醒,而道德生活的开展也唯有依靠个人之修养上之工夫。

三、主体性的凸显

在唐先生的道德形上学中,"生命存在的心灵"不断自我超越想要达到的理想状态便是天人合一的尽性立命境。在这种理想状态中,天之命与人之所令达到完满的统一,"天命"与"性命"并存。但是,这一"天命"与"性命"并存的境界,却是以"性命"作为第一义的,以"天命"作为第二义的,是人通过"人德"的实现才能见到"天德"的流行。所以,唐先生并不是由"天道""天命"来呈现"人道"、性命,而只是从"人道"、性命来表现"天道""天命"。唐先生虽然也承认天德、天心的独立存在,却也只是将其看成人德、人心的理想化与客观化。他认为"客观天心之被建立与否,可唯视吾人是否能客观的表现:吾人所直感之我心与自然与他心之贯通统一而定。吾人只须客观的表现:吾心所直感之'我心与自然与他心之贯通而统一',即可立天心。我心与自然与他心之贯通,乃仁心之所感也。客观化此仁心之所感,即见一天心。孔子曰:'我欲仁,斯仁至矣。'仁至即仁心至。仁心至,而客观化此'仁心之所感',则天心至"①。可见,"天心"只是"人心"的客观化的表现,"天道"只是"人道"的理想化的实现。因此,唐先生虽然有意要建立一个天人合一的、天命与性命并存的理想境界,却仅仅成就了一种内在于人的主体的超越;想要树立一个既内在又超越的

---

① 唐君毅:《中国文化之精神价值》(《唐君毅全集》卷九),北京:九州出版社,2016 年版,第 356 页。

心之本体,但却仅仅挺立了一个自我超越的生命存在的心灵。

也许唐先生并不在意他的体系能否真正确立起这种超越界的"心之本体",毕竟在唐先生那里没有什么能比重建人文精神、唤醒人之道德意识更重要的了。于是,在这种人文关怀、道德关怀之下,哲学研究最重要的目的就在于鼓励和引导每一个生命存在的个体不断超越自我,以成就理想的、真实的生命存在。所以,唐先生指出自己论著的目标就在于"成就吾人生命之真实存在,使唯一之吾,由通于一永恒、悠久、普遍而无不在,而无限;生命亦成为无限生命,而立人极;故吾人论诸心灵活动,与其所感通之境之关系,皆所以逐步导向于此目标之证成"①。这也就是唐先生所主张的"灵根自植",即自己恢复人之本然的良心、良性。因此,对形上界、超越界的"心之本体"的确立,并不是唐君毅先生道德哲学体系所侧重与强调的。

于是,当追问到这种自我超越的"生命存在的心灵"何以能发出自觉的、不断的超越活动时,唐先生找到了人之"性情"。他认为此"性情"既是理性又是情感;既是"善善恶恶"的感情冲动,又是"知善去恶"的理性行为;既是知,又是行。它是人人共有的本性、本情,既是主观偶然的,又是客观必然的。但此"性情"终究还是人的心灵,在理性的指导下,在主观世界所想建立的理想世界——道德生活、人格王国。它终究还是依赖于人的理想而出现,表达的也是人对于理想的向往。因此,如果将人的道德意识、道德信心建立在这种"性情"之上,建立在"生命存在的心灵"的自觉之上,建立在人依本心、本性而自命自令之上,建立在内在的主体的超越之上,建立在人的自觉的道德实践之上,一旦人之本心、本性无法生发出这种内在的自觉,人之自命自令无法开展,或者生发了此种内在自觉,却无力实现于现实生活、生活实践之时,这种内在自觉的超越又将在何处找到动力与支持呢?

以上这些都为我们今天从形上的层面探讨道德之源,留下了继续探索与思考的空间。而对儒家道德实践、儒家安身立命之道背后的超越根据的发掘与发挥也便成为当代儒学发展的中心与重心。以唐君毅先生为代表的当代新儒家可以说在这一方面取得了重大成就。他们一方面与西

---

① 唐君毅:《生命存在与心灵境界》(上)(《唐君毅全集》卷二十五),北京:九州出版社,2016年版,第14页。

方精神资源积极展开对话与沟通,一方面又不断重新省视儒家精神文明及其价值内核,试图挖掘儒学内部所蕴含的宗教精神,以此作为儒家道德实践、儒家安身立命之道背后的超越理据。他们无不认识到西方文化中最有底蕴、最有深意的正是宗教精神。于是,在西方宗教精神与宗教价值的启发下,开始以新的视域重新省察、开掘、诠释儒学中所蕴含的宗教精神。充分论证了儒家的义理之学、心性之学可以打通天人相隔的局面:一方面,使天"由上彻下"以内在于人;一方面,使人"由下升上"而上通于天。但是,基于维护中国文化、护持儒家精神的心愿,他们始终将宗教意识统摄于道德意识之下,将儒学定义为道德的宗教、人文的宗教、成德之教,强调其既超越又内在、既神圣又世俗的特性。但是,针对儒学超越性不及、内在性偏胜这一点上,的确还有一些尚待思考和需要做进一步研究的地方。如何充分挖掘儒学在世俗世界中体现出的神圣特点,如何把儒学资源中超越的天道与世俗的生活连接在一起,发挥其众多未被认识、未能起作用的珍贵资源,都有待于后来者从现代宗教学和儒学的角度,不断地做出解答。而儒家的义理之学、成德之教能不能或者在什么意义、什么层次上能重返现实生活,并成为当代人安身立命之所,还有待我们从理论与实践的结合方面做出进一步的探讨。

四、与牟宗三道德形上学体系的比较

牟宗三先生与唐君毅先生同被学界尊为现代新儒学思想界的两位巨匠,他们都以儒学心性论为核心,通过不同的方式成功构建了自己的道德形上学体系。因此,将唐君毅先生与牟宗三先生的道德形上学思想进行比较,将有利于进一步凸显唐先生道德形上学体系的特质。

牟宗三先生将自己的哲学体系概括为"道德的形上学",并认为他的道德形上学承接了传统儒学的内在精神,是融合了本体与工夫两个方面的道德哲学。本体方面是讨论道德实践之所以可能的超越根据、客观依据;工夫方面是讨论道德实践之所以可能的现实依据、主观依据。而他的道德形上学也正是由道德意识所显露的道德实体去说明万物的存在。道德实体就是无限的本心、本性,它不仅是人之道德实践的超越根据与形上本体,更是宇宙生化的根据和一切存在的根据。"盖因本心即性即理之本心即是一自由无限心,它既是主观的,亦是客观的,复是绝对的。主观的,自其知是知非言；客观的，自其为理言；绝对的，自其'体物而不移'，因而为之体言。由其主观性与客观性开出道德界，由其绝对性开存在界。"①可见，道德实体表现为主观性时就是人之良知，能知道德的是是非非；表现为客观性时就是客观之理，是道德实践所依据的超越根据；表现为绝对性时就是"乾坤万有之基"，是一切存在的根源，是万物创生的原理，是造化的精灵。可见，无限的本心、本性或者良知，既是道德本体，又是一切存在的根源。它既内在于人之内，又超越于人之上。可见，他的道德形上学是从无限的本心、本性或良知出发，在本体论和宇宙论两个层面上，对一切存在做出根源性的说明。他由道德的进路来构建形上学，即由道德的进路对一切存在进行本体论的陈述与宇宙论的陈述。

具体来看，牟宗三先生首先借鉴并改造了康德现象与物自体相区分的理论。他指出康德的整个哲学系统隐含着两个预设：现象与物自身之超越的区分；人是有限的存在（人之有限性）。在康德那里，物自体是不可知的客观实在，是真实的存在。也就是说，对于有限的存在者而言，根本无法用自己的感性与知性能力去接近物自体，更无法获得任何有关物自体的知识。因此，物自体并不是人能够力求接近但却无法完全达到的概念，而是超绝的存在概念。因此，"我们的知识之不能达到它乃是一个超越的问题，不是一个程度底问题。物自身是对无限心底智的直觉而说的。如果我们人类无'无限心'，亦无'智的直觉'，则物自身对我们人类而言就只是一个消极意义的预设"②。但是，牟先生却拒绝接受物自体仅仅是一个超绝的存在概念、一个消极的预设。他认为，既然物自体不是我们人类认识上所知的对象，也就是说，不是"事实上的原样"的概念，它应该就是一个高度的"价值意味"的概念。由此，牟先生将康德的物自体观念转变为具有高度价值意义的伦理实体、道德实体。对于有限的存在者来说，物自体便成为一种"价值上的封限"③，而物自体的概念对人来说，也只能从实践、伦理等方面加以理解和把握。并且牟先生认为，只有将康德的物自体从价值意味方面进行把握，"则现象与物自身之分是超越的，乃始能稳定得住，而吾人之认知心（知性）之不能认知它乃始真为一超越问题，而不

①　牟宗三：《现象与物自身》(序)，台北：台湾学生书局，1984 年版，第 12 页。

②　牟宗三：《现象与物自身》，台北：台湾学生书局，1984 年版，第 7 页。

③　牟宗三：《现象与物自身》，台北：台湾学生书局，1984 年版，第 12 页。

是一程度问题"①。

牟宗三先生将康德哲学中的物自体概念,由认识论的范畴转变为价值论的范畴,并进一步将"物自体"与中国儒家哲学中的"仁心"概念发生关系,试图从形上层面完成"仁心"对本体世界的开启。

"由不安、不忍、愤悱、不容己说,是感通之无隔,是觉润之无方……不安、不忍、愤悱、不容己,即直接函着健行不息……故吾常说仁有二特性:一曰觉,二曰健。健为觉所函,此是精神生命的,不是物理生命的。觉即就感通觉润而说。此觉是由不安、不忍、愤悱之感来说,是生命之洋溢,是温暖之贯注,如时雨之润,故曰'觉润'。'觉'润至何处,即使何处有生意,能生长,是由吾之觉之'润之'而诱发其生机也。故觉润即起创生。故吾亦说仁以感通为性,以润物为用。横说是觉润,竖说是创生。"②

"觉润即起创生"是牟先生道德形上学的核心所在,也就是说"仁心"具有创生功能。而且"仁心"的"觉润"范围是没有限制的,不仅在现象界起作用,而且也能够在本体界起作用。"觉润不能自原则上划定一界限,说一定要止于此而不当通于彼。何处是其极限?并无极限。其极也必'以天地万物为一体'。"③可见,"觉润"的范围是无极限的,"仁心"的创生也便是无极限的,"觉润"之所及者就是"仁心"之所创者。

"此仁心是遍润遍摄一切,而与物无对且有绝对普遍性之本体,亦是道德创造之真几,故亦曰'仁体'。言至此,仁心、仁体即与'维天之命于穆不已'之天命流行之体合而为一。天命于穆不已是客观而超越地言之;仁心仁体则由当下不安、不忍、愤悱、不容己而启悟,是主观而内在地言之。主客观合一,是之谓'一本'。"④

由此,"仁心"便与宇宙万物的本体合而为一,既是道德实践的根据,又是宇宙生化的根据。"就事言,良知明觉是吾实践德行之道德的根据;就物言,良知明觉是天地万物之存有论的根据。故主观地说,是由仁心之感通而与天地万物为一体;而客观地说,则此一体之仁心顿时即是天地万

---

① 牟宗三:《现象与物自身》,台北:台湾学生书局,1984 年版,第 7 页。
② 牟宗三:《心体与性体》(二),台北:正中书局,1968 年版,第 223 页。
③ 牟宗三:《心体与性体》(二),台北:正中书局,1968 年版,第 223 页。
④ 牟宗三:《心体与性体》(二),台北:正中书局,1968 年版,第 224 页。

物之生化之理。"①可见,就"事"而言就是成己,就"物"而言就是成物。"成己"就是道德实践,"成物"就是道德实践的"功化",此"功化"就是创生,就是实现"物自身"。"就成己言,它是道德创造的原理,引生德行之'纯亦不已'。就成物言,它是宇宙生化之原理,亦即道德形上学中的存有论的原理"②。可见,仁心不单是道德实践的根据,更是一切存在的存有论的根据,此时,仁心、良知便具有了形而上的实体之意义。"仁心"已经不再仅是凭借着人的道德实践去证成"天道"、"天性",同时也实现着物自身的创生功能。在"仁心"的统摄之下,道德创造与宇宙生化合二为一,都在良知明觉中"一体朗现"③。

他进一步强调,这一"良知明觉"(或称为德性之知、智的直觉),所创生的不是认知意义上的现象,而是存有论意义上的物自体。"平常依存有论的方式说本体现象,或依中国传统说体用时亦把用视为现象,那是不检之辞,忘记了'认知度向'之插入。现象(依康德此词之严格的意义),只在'认知度向'之介入上而起,即只对认知主体而起。"④可见,"良知明觉"作为本源之"体"所创生的不是现象,而是现象背后的实体,即康德所说的物自体。因此,"良知明觉"作为万物存有论的根据是指"良知明觉"实现现象(即经验事物)背后的物自体而言。而现象(即经验事物)则是认识论意义上的现象,是对认知主体而言,而非道德实践主体而言。

总之,牟宗三先生从儒家心性之学、内圣之学出发,将西方哲学中的形上学、伦理学、知识论合而为一。他认为,"仁心"、"良知"可以融通道德界与存在界,而"良知明觉"便是由道德意识、道德实践而通往存在实体的途径。他的哲学思考的归趣,就在于超脱西方各门学问之间泾渭分明的模式,而试图将形上学与其他学问通而为一,以建立通而为一的"圆教",即儒家的成德之教。

"近人习与西方概念式的局限之思考,必谓道德自道德,宇宙自宇宙,心即理只限于道德之应然,不涉及存在域,此种局限非儒教之本质。心外有物,物交代给何处? 古人无道德界、存在界、本体论(存有论),宇宙论等

---

① 牟宗三:《现象与物自身》,台北:台湾学生书局,1984 年版,第 442～443 页。

② 牟宗三:《现象与物自身》,台北:台湾学生书局,1984 年版,第 444 页。

③ 牟宗三:《现象与物自身》,台北:台湾学生书局,1984 年版,第 444 页。

④ 牟宗三:《现象与物自身》,台北:台湾学生书局,1984 年版,第 128 页。

名言,然而岂不可相应孔孟之教之本质而有以疏通之,而立一儒教式的(亦中国式的)道德界,存在界,本体界,宇宙论通而为一之圆教乎?此即系于'心即理'之绝对普遍性之洞悟,何必依西方式的概念之局限单把'心即理'局限于道德而不准涉及存在乎?"①

可见,牟先生根据孔孟之教、陆王"心即理"的思想,将道德界与存在界贯通起来,从而确立了自己的道德形上学体系。他以道德来印证存在,凭借道德去通向存在。他强调在德性之知中,人不但能实现道德追求,也能实现万物的生化。在他的道德形上学体系中,"本心"、"性体"成为绝对的存在者,既是我们道德实践的形上本体,也是宇宙生化的终极根源。

与牟宗三先生意在构建其形上学体系不同,唐君毅先生则是从自己体验到的现实人生问题出发,用应然的本心去关照、诠释现实人生,给人指示出了一条超越现实的精神上升之路。他的道德形上学并不是要去认识、证成那个超越现实的实体、本原,也不是从在人之外的本体中去寻找关于人生的终极答案,而是关注人的真实存在状态,将超越的本体置于人之内,视本体为主体,为人开辟出一条精神上升以实现理想人格的人生之路。这便是在现实的道德实践中一念自反自觉,肯定人之本然的道德自我,超越当下的现实自我,从而成就理想的真实自我。

唐先生的道德形上学体系内容宏富,圆融无碍,而牟先生的道德形上学体系则以陆王心学为正宗,义理精微。他们的体系虽都以儒家的心性论为核心与归宗,但致思理路与构建体系以及所要达到的目的却各不相同。

首先,牟宗三先生将康德的道德哲学与佛教天台宗的"圆融无碍",同陆工心学的"良知"结合起来,将"本心"、"性体"证成为绝对的存在者,既是我们道德实践的形上本体,也是宇宙生化的终极根源。他以"良知明觉"作为打通现象界与本体界的中介,以陆王的"心即理"建立起心体即性体的儒家圆教。他的"心体"、"性体"既是道德创造的根源,又是宇宙万物的本体与实体。因此,它就不仅是道德实践之所以可能的根据,更是科学认识之所以可能的根据。即通过良知主体的"自我坎陷"就能开出认知主体与政治主体,从而实现由道德到知识,由实践到认识的过渡。可见,他的致思路径是"从上面说下来",即首先依据儒家哲学传统,肯定人虽然有

---

① 牟宗三:《从陆象山到刘蕺山》,台北:台湾学生书局,1993 年版,第 20 页。

限但却具有无限的"良知明觉",再由"良知明觉"创生出"物自身",从而确立了"无执的存有论",开显出本体界;然后,由"良知的坎陷"来说明"有执的存有论",以解决现象界中的科学知识与民主政治如何可能的问题。

总之,他以"心体即性体"的道德形上学作为自己哲学思想的核心与基础,奋力完成自己"道德的形上学"体系的构建,并建立了道统、学统、政统的"三统"说,宣扬传统儒家心性之学的"内圣"可以开出现代科学、民主的"新外王"。他更加相信,如果能够依据他所建立的道德形上学原理展开人生实践,将道德实践的本心、良知同时视为宇宙生化的本原,就能通过"良知的自我坎陷"将"道德之理"转变为"存有之理"。从而,在中国文化建设中,就能够重新标举儒家之"道"。

唐君毅先生则是将大乘佛教华严宗的思想"一摄一切,一切摄一"与陆王心学的"本心"融合起来,再借用黑格尔精神现象学的理论模式与语言逻辑,成功挺立了"道德自我",展现出人文精神发展的各个方面。他所构建的道德形上学体系,是通过"生命存在的心灵"不断自我超越与升进,去融通东西一切哲学,将古今中外一切观念体系纳入一个"成德之教"的终极体系之中,使人类各种精神文化相辅相成,共同体现出人类所共同具有的心性。他的道德形上学体系在内容上展现出一种大综合的意识,在构建方法上也体现出这种大综合的路径。因此,他融合摄取了各种哲学思想、哲学体系,对它们的存在加以肯定,对他们的价值高低做出评价,目的在于凸显儒家"成德之学"的至高无上地位。他把一切哲学思想、哲学体系统摄到自己的哲学体系之中,最后就落在一个点上——对传统之爱。他晚年所讲的"心通九境"理论,是一个判教的理论,在体验了各种理论、各种教义之后,最终收回来,落到"天德流行"这个儒家推崇的境界之上。他由低到高一层一层讲境界,最后终究讲到"天德流行"为止。这便是唐先生立说的特色。从思想进路上说,便是"从下面说上去"。

另外,唐先生的道德形上学侧重谈"成德的问题"与"工夫的问题",而且他谈这些问题时,都是自己真正的自我生命实感,不仅仅是一些理论化的语言。他对现实的人生,对现实的成德问题之中的很多小曲折、小细节的感触地方真正用过心。因此,他的道德形上学与牟先生的道德形上学的最大不同之处就在于,他从不离开成德的实践来谈道德形上学。与牟先生意在着力构建自己的形上学体系,以创建一个新的理论、新的说法不同,唐先生则更多地关注儒家的原始问题,更多地深思"人能成为什么"这一根本的问题。他成功地把握了中国哲学这方面的特殊成就,以"成德之学"、"工夫之学"去会通世界哲学,以期解决民族危机、文化危机。他的"成德之学"意在说明人能成为什么样的人,而不是人应是什么样的人;他的道德形上学是为了切实可行地指导人的道德实践,而不是在于构造一套语言、一个理论。

其次,他们在各自的道德形上学思想中都强调儒学资源,尤其是超越的理念和宗教的精神,进而对儒学宗教性问题做出了进一步的反思与深化。他们对儒学与宗教的关系问题有着不同的理解,但却都丰富了我们对儒学精神特质的认识,更为人的安身立命问题、终极关怀问题提供了解决的方向。

具体说来,牟宗三先生偏重于从存有论与宗教哲学的角度阐明儒学的宗教之旨,直接指出儒学就是道德,就是宗教,是一种"道德宗教"。他认为,传统儒学中的"天"、"天道"观念,虽然类似于西方的神、上帝,是宇宙万物的最高主宰,但却可以步步下贯,贯注到人的身上,成为人的主体。这一主体体现着真正价值,是真实、无妄的主体,人的"仁心"、"善性"都是由这个主体所导出的。反过来,"天命"是否能够下贯为"人性","天道"能不能显现为"人道",关键在于人能否践行道德的实践。通过对"性"与"天道"的阐释,牟先生总结出了儒家的义理之学具有既"超越"又"内在"的特点。由此,牟先生便依据儒家义理之学这种特点,开始了人文设教、道德设教的构想,进而形成了他的"道德教"、"圆教"。这种"道德教"也就是"本心即性"的"心性之学"、"内圣之学",宗旨在于引导人们自觉地进行道德实践,以发展完成其道德的人格。可见,它又是"成德之教",最终的目标就在于成仁、成圣,而它的真实用意就在于,在个人有限的生命中取得一种无限而圆满的意义。在这种"道德教"中,道德并不是仅停留在有限的范围内,而是可以通向至上的无限领域。因为,人的道德行为虽是有限的,但道德行为所依据的实体、本原却是无限的。"人而随时随处体现此实体以成其道德行为之'纯亦不已',则其个人生命虽有限,其道德行为亦有限,然而有限即无限,此即其宗教境界。体现实体以成德(所谓尽心或尽性),此成德之过程是无穷无尽的。要说不圆满,永远不圆满,无人敢以圣自居;然而要说圆满,则当体即圆满,圣亦随时可至。要说解脱,此即是解脱;要说得救,此即是得救。要说信仰,此即是信仰,此是内信内仰,而非外信外仰以假祈祷以赖救恩者也。圣不圣不所谓,要者是在自觉地作道德实践,本其本心性体以彻底清澈其生命。此将是一无穷无尽之工作。一切道德宗教性之奥义尽在其中,一切关于内圣之学之义理尽由此展开。"①道德主体使儒教成为圆教,人也只有在这种"圆教"中,德福一致的"圆善"才能最终得到实现。

综上所述,牟宗三先生是从伦理向度与超越向度两方面对宗教进行了说明,用"内在的道德论"构建了一个圆满的"道德宗教",并试图用这种"道德宗教"去统摄和代替其他一切宗教。

唐君毅先生虽然也看到以道德为核心的儒学具有宗教性的一面,但却始终以平等的态度对待道德与宗教这两个不同的领域。以宗教平等论的理念,一面深入宗教意识,探索出人类自我超越的内在要求实际上就是宗教信仰的能源与动力,从而肯定宗教信仰对人之道德生活的重要意涵和价值;一面又从儒学中提炼出精粹的宗教意识,以此与佛教、基督教进行比较。他对儒学是一种人文宗教、道德宗教的认识深信不疑,但同时又通过"境界论",将道德与宗教放在更深、更远、更广的人类本性基础之上,放在人类整个心灵、全体生命之上,做出一种深具存在意识的对比、交流与融通。

唐先生认为,儒学虽然不是严格意义上的宗教,但却具有浓厚的宗教性与宗教精神。因为,儒学一直都在主体与客体、此世与彼世、凡俗与神圣、人间与上天之间,开展既"内在"又"超越"的双向思维,因此,儒学不仅仅是一种具有道德意识的人文主义,更是一种具有向上超拔的宗教意识的道德宗教、人文宗教。唐先生认为,儒学的人文宗教属性从孔子开始便已经显现出来。孔子试图由人而上达于天,再由天降"天命"于"人伦",通过我们人格的成全之道,去开拓人文化成的事业。可见,孔子是将人的理性精神、人文精神放在宗教之上,建立了"敬鬼神而远之"的宗教观。在"敬鬼神而远之"之中,孔子一方面用理性去破除鬼神的神秘与玄远;一方面又在"远"的关照之下,显示出鬼神的超越性与不可知性。这种神秘与高远的鬼神境界便是宗教中的神的世界、超越的世界。因此,孔子虽言人可以知天命,但却罕言天命如何内蕴于性命。

唐先生继承了孔子"敬"与"远"的宗教观,一面相信人的道德理性向上发展,终究能够达到"圆而神"的无限境界;一面又挺立"敬"的宗教精

---

① 牟宗三:《心体与性体》(一),台北:正中书局,1968 年版,第 8 页。

神,作为人们立身处世、待人事天的最高要求,将现实的生活世界与理想的意义世界区分开来。在提倡"敬人亦敬天"、"祭亡悼丧又祭天地神明"两路并进的同时,相信那种神秘又玄远的超越世界不会远离现实生活中的人。相信人的理性自能通过实践的能力达到那种"玄远"的境地;相信人的道德实践正是在通向那种高远境地的路途之中的奋勇前行。这样,唐先生便将理性与道德相容,将儒学的"高天"与宗教的"神境"相会。由此,儒学的宗教性就不再以"超越者"为重,不再以"崇拜信仰"为途,而是将宗教精神入于人文世界,成就了独特的人文宗教、道德宗教。但唐先生认识到,这种人文宗教、道德宗教在凸显人的道德主体意识之时,却容易忘记"天"、"天道"的崇高地位,更容易缺乏"敬"天、"信"天的虔诚。

与此同时,在西方宗教精神的浸润之下,唐先生又深刻感受到了宗教信仰对人文精神的深远意义与重大价值。他敏锐地认识到"依人心深处之上帝与爱而生活之人格"正是西方古典精神之所以璀璨无比的关键,更是建造西方现代精神文明的稳固的磐石。"古典精神之长处,在求超越现实,以上达于普遍者之认识,而成就纯理科学、哲学、文艺,与依理性、依人心深处之上帝与爱而生活之人格。近代精神之本源,则重在对于外在的客观自然社会之了解,及实际改造自然的知识之追求,与政治经济事业之完成,以实现人之理想,满足理性之需求。而其潜在的目标,正当是在人的精神内容之扩大,表现其人格之价值与意义于自然与社会。"①可见,作为超越者的"上帝"已深入人心,浸润着每一个生命存在,指引着他们生活的方方面面。

唐先生认识到,虽然儒学的形而上的世界与西方宗教的密契经验有相会之处,但是儒学究竟是以人的道德学去构建形上界,而基督宗教却是以形上界来建立人的道德学。于是,在基督宗教中,道德实践和伦理行为的源头是神,而不是人;效法上帝是基督教伦理的实践之路;对基督宗教而言,道德实践永远在仰望与盼望之中,因此是必须永远持续进行下去的。而在儒学中,儒家的道德实践并不是以上天为动能的;道德实践更不以神的意志为凭依;道德实践与道德行为全在于我们随点随发的"良知"。可见,宗教信仰在两种世界中所起的作用是大不相同的。为了更好地发

---

① 唐君毅:《人文精神之重建》(《唐君毅全集》卷十),北京:九州出版社,2016 年版,第 128 页。

挥宗教信仰对人的道德生活的重要意涵和价值,唐先生开始积极深入到宗教意识当中,在儒学与宗教之间做出对比。一方面肯定人的超越性;一方面又断言宗教信仰是根植于人的生命与文化之中的,是源于我们生命的本根的,是我们人性的本然与必然。因为,"唯在此信仰之前,才能安顿此作形上学思索者的心灵或生命"。可见,只有在这种信仰当中,我们才能发现一种宗教性的安身立命之所,而儒家道德教化的基础才能得以建立。

由此,唐先生便由道德转向宗教,由形而上的哲学转入到超越的心灵境界。他从精神主义这个儒学与宗教的契合点上,悟到:我们作为生命存在,与所存在的世界一起,原本就在不断地统一于精神向前与心灵向上的"道"之中。他以这种高明而广大的精神之"道"去理解和解读宗教的实质与内核,把儒学发展为人类人格之超越和生命之超越的"成德之学"、"成德之教"与"人文宗教"。因此,在这种"人文宗教"中,作为精神向前、心灵向上的"心之本体"无所不在,在我心,在他心,在一切生命存在之心。人生而有心,有心则有灵,有灵则能真挚、笃信此"道",从而有机会能与"大道之行"的精神世界、超越世界相契合。

总之,唐先生通过"人格的自我超越"与"心灵的境界论"将道德与宗教放在更深、更广的人的同类性之上,做出了深具存在意义的对比、交流与融通。而他的道德形上学可以说正是这种精神宗教观所造就与助成的。因此,他的道德形上学并不在于形上学体系的构建,而在于开拓人性感通之路、人格上升之路与人文推广之路。

参考文献

一、唐君毅本人著作

1.唐君毅:《早期文稿》(《唐君毅全集》第 1 卷),北京:九州出版社,2016 年版。

2.唐君毅:《中西哲学思想之比较论文集》(《唐君毅全集》第 2 卷),北京:九州出版社,2016 年版。

3.唐君毅:《人生之体验》(《唐君毅全集》第 3 卷),北京:九州出版社,2016 年版。

4.唐君毅:《道德自我之建立·智慧与道德》(《唐君毅全集》第 4 卷),北京:九州出版社,2016 年版。

5.唐君毅:《心物与人生》(《唐君毅全集》第 5 卷),北京:九州出版社,2016 年版。

6.唐君毅:《爱情之福音·青年与学问》(《唐君毅全集》第 6 卷),北京:九州出版社,2016 年版。

7.唐君毅:《人生之体验续编·病里乾坤》(《唐君毅全集》第 7 卷),北京:九州出版社,2016 年版。

8.唐君毅:《哲思辑录与人物纪念》(《唐君毅全集》第 8 卷),北京:九州出版社,2016 年版。

9.唐君毅:《中国文化之精神价值·中国文化与世界》(《唐君毅全集》第 9 卷),北京:九州出版社,2016 年版。

10.唐君毅:《人文精神之重建》(《唐君毅全集》第 10 卷),北京:九州出版社,2016 年版。

11.唐君毅:《中国人文精神之发展》(《唐君毅全集》第 11 卷),北京:九州出版社,2016 年版。

12.唐君毅:《文化意识与道德理性》(《唐君毅全集》第 12 卷),北京:九州出版社,2016 年版。

13.唐君毅:《中华人文与当今世界》(上、下)(《唐君毅全集》第 13、14 卷),北京:九州出版社,2016 年版。

14.唐君毅:《东西文化与当今世界》(《唐君毅全集》第 15 卷),北京:九州出版社,2016 年版。

15.唐君毅:《新亚精神与人文教育·宗教精神与人文学术》(《唐君毅全集》第 16 卷),北京:九州出版社,2016 年版。

16.唐君毅:《中国哲学原论 导论篇》(《唐君毅全集》第 17 卷),北京:九州出版社,2016 年版。

17.唐君毅:《中国哲学原论 原性篇》(《唐君毅全集》第 18 卷),北京:九州出版社,2016 年版。

18.唐君毅:《中国哲学原论 原道篇》卷一、卷二、卷三(《唐君毅全集》第 19、20、21 卷),北京:九州出版社,2016 年版。

19.唐君毅:《中国哲学原论 原教篇》(《唐君毅全集》第 22 卷),北京:九州出版社,2016 年版。

20.唐君毅:《哲学概论》(上、下)(《唐君毅全集》第 23、24 卷),北京:九州出版社,2016 年版。

21.唐君毅:《生命存在与心灵境界》(上、下)(《唐君毅全集》第 25、26 卷),北京:九州出版社,2016 年版。

22.唐君毅:《中国古代哲学精神》(《唐君毅全集》第 27 卷),北京:九州出版社,2016 年版。

23.唐君毅:《中西哲学与理想主义》(《唐君毅全集》第 28 卷),北京:九州出版社,2016 年版。

24.唐君毅:《英文论著汇编》(《唐君毅全集》第 29 卷),北京:九州出版社,2016 年版。

25.唐君毅:《致廷光书》(《唐君毅全集》第 30 卷),北京:九州出版社,2016 年版。

26.唐君毅:《书简》(《唐君毅全集》第 31 卷),北京:九州出版社,2016 年版。

27.唐君毅:《日记》(上、下)(《唐君毅全集》第 32、33 卷),北京:九州出版社,2016 年版。

28.何仁富、汪丽华:《年谱》(《唐君毅全集》第 34 卷),北京:九州出版社,2016 年版。

29.何仁富:《图传》(《唐君毅全集》第 35 卷),北京:九州出版社,2016 年版。

30.唐迪风、陈卓仙、谢廷光:《亲人著述》(《唐君毅全集》第 36 卷),北京:九州出版社,2016 年版。

31.谢廷光等:《纪念集》(上、下)(《唐君毅全集》第 37、38 卷),北京:九州出版社,2016 年版。

32.何仁富、杨永明、李蕾:《著述年表·唐学研究文献索引·总目》(《唐君毅全集》第 39 卷),北京:九州出版社,2016 年版。

33.唐君毅:《唐君毅全集》,台北:台湾学生书局,1991 年全集校订版。

34.张祥浩:《文化意识宇宙的探索——唐君毅新儒学论著辑要》,北京:中国广播电视出版社,1992 年版。

35.黄克剑、钟小霖:《唐君毅集》,北京:群言出版社,1993 年版。

36.唐君毅著,杨明、张伟:《唐君毅新儒学论集》,南京:南京大学出版社,2008 年版。

37.何仁富:《儒家与现代世界的中国人:唐君毅说儒》,贵阳:孔学堂书局有限公司,2016 年版。

二、关于唐君毅的研究著作

1.牟宗三等:《唐君毅怀念集》,台北:牧童出版社,1978 年版。

2.贺麟:《当代中国哲学》,台北:宗青图书出版公司,1978 年版。

3.冯爱群:《唐君毅先生纪念集》(全一册),台北:台湾学生书局,1979 年版。

4.李杜:《唐君毅先生的哲学》,台北:台湾学生书局,1982 年版。

5.朱传誉:《唐君毅传记资料(一)》,台北:天一出版社,1985 年版。

6.《简明不列颠百科全书》第 7 卷,北京:中国大百科全书出版社,1986 年版。

7.刘湘王:《唐君毅思想形成的研究》,台湾师范大学历史研究所硕士论文,1988 年。

8.罗义俊:《评新儒家》,上海:上海人民出版社,1989 年版。

9.霍韬晦:《唐君毅思想国际会议论文集 1　思想体系与思考方式》,香港:法住出版社,1992 年版。

10.霍韬晦:《唐君毅思想国际会议论文集 2　宗教与道德》,香港:法住出版社,1990 年版。

11.霍韬晦:《唐君毅思想国际会议论文集 3　哲学与文化》,香港:法住出版社,1991 年版。

12.霍韬晦:《唐君毅思想国际会议论文集 4　传统与现代》,香港:法住出版社,1991 年版。

13.霍韬晦:《唐君毅哲学简编》(人文篇),香港:法住出版社,1992 年版。

14.陈少明:《儒学的现代转折》,沈阳:辽宁大学出版社,1992 年版。

15.韩强:《现代新儒学心性理论评述》,沈阳:辽宁大学出版社,1992 年版。

16.胡伟希:《传统与人文——对港台新儒家的考察》,北京:中华书局,1992 年版。

17.刘国强等:《当代新儒家人物论》,台北:文津出版社,1994 年版。

18.张祥浩:《唐君毅思想研究》,天津:天津人民出版社,1994 年版。

19.赵德志:《现代新儒家与西方哲学》,沈阳:辽宁大学出版社,1994 年版。

20.韩强、赵光辉:《文化意识与道德理性:港台新儒家唐君毅与牟宗三的文化哲学》,沈阳:辽宁人民出版社,1994 年版。

21.余英时:《中国思想传统的现代诠释》,南京:江苏人民出版社,1995 年版。

22.张祥浩等:《现代新儒家学案·唐君毅学案》,北京:中国社会科学出版社,1995 年版。

23.林如心:《唐君毅的道德恶源论》,台湾大学哲学研究所博士论文,1995 年。

24.启良:《新儒学批判》,上海:上海三联书店,1995 年版。

25.江日新:《牟宗三哲学与唐君毅哲学论》,台北:文津出版社,1997 年版。

26.施穗钰:《唐君毅论道德理性与生死观之研究》,成功大学硕士论文,1997 年。

27.颜炳罡:《当代新儒家引论》,北京:北京图书馆出版社,1998年版。

28.霍韬晦:《世纪之思——中国文化的开新》,香港:法住出版社,1999年版。

29.沈清松等:《冯友兰、方东美、唐君毅、牟宗三》,台北:台湾商务印书馆,1999年版。

30.刘晓:《现代新儒家政治哲学的基础:以牟宗三、徐复观、唐君毅为中心的考察》,北京:中国人民大学出版社,1999年版。

31.单波:《心通九境——唐君毅哲学的精神空间》,北京:人民出版社,2001年版。

32.何信全:《儒学与现代民主:当代新儒家政治哲学研究》,北京:中国社会科学出版社,2001年版。

33.贺麟:《五十年来的中国哲学》,北京:商务印书馆,2002年版。

34.樊志辉:《内在与超越之间》,哈尔滨:黑龙江人民出版社,2002年版。

35.郑顺佳:《唐君毅与巴特:一个伦理学的比较》,香港:三联书店(香港)有限公司,2002年版。

36.刘国强:《从人生之艰难、罪恶之根源说儒家反本开新的道德教育进路——当代新儒家唐君毅的启发》,香港:香港中文大学,2003年版。

37.何仁富:《唐学论衡——唐君毅先生的生命与学问》,北京:中国文史出版社,2005年版。

38.王兴彬:《心灵本体论的重构——唐君毅新儒学思想研究》,中国人民大学博士毕业论文,2005年。

39.郑祖基:《唐君毅人文宗教思想之研究》,中山大学博士毕业论文,2005年。

40.郑宗义:《香港中文大学的当代儒者》,香港:香港中文大学新亚书院,2006年版。

41.唐端正:《千古有余情之哲人:唐君毅传略》,香港:法住出版社,2006年版。

42.王怡心:《唐君毅形上学研究——从道德自我到心灵境界》,北京:中国文史出版社,2006年版。

43.马亚南:《唐君毅知识论思想研究》,北京:中国文史出版社,2006年版。

44.何仁富:《唐君毅人文人生思想研究》,北京:中国文史出版社,2006 年版。

45.梁瑞明:《心灵九境与人生哲学——唐君毅先生〈生命存在与心灵境界〉导读》,香港:志莲净苑,2006 年版。

46.梁瑞明:《心灵九境与宗教的人生哲学——唐君毅先生〈生命存在与心灵境界〉导读》,香港:志莲净苑,2007 年版。

47.金小方:《唐君毅伦理思想研究》,南京大学博士毕业论文,2007 年。

48.胡治洪:《大家精要——唐君毅》,昆明:云南教育出版社,2008 年版。

49.刘俊哲、段吉福、唐代兴:《熊十力唐君毅道德与文化思想研究》,成都:巴蜀书社,2008 年版。

50.苏子敬:《唐君毅孟学诠释之系统研究》,台北:花木兰文化出版社,2009 年版。

51.廖俊裕:《自我真实存在的历程——唐君毅〈生命存在与心灵境界〉之研究》,台北:花木兰文化出版社,2010 年版。

52.黄兆强:《学术与经世——唐君毅的历史哲学及其终极关怀》,台北:台湾学生书局,2010 年版。

53.王雪卿:《唐君毅文化哲学析论》,台北:花木兰文化出版社,2010 年版。

54.刘笑敢:《中国哲学与文化第八辑:唐君毅与中国哲学研究》,桂林:广西师范大学出版社,2010 年版。

55.余仕麟、段吉福、吴映平:《生命心灵的超越:儒家心性论与唐君毅道德形上学》,成都:巴蜀书社,2010 年版。

56.熊吕茂:《从“道德自我”到“心灵境界”——唐君毅思想综论》,昆明:云南大学出版社,2010 年版。

57.梁瑞明:《先秦诸子之道:唐君毅先生〈中国哲学原论〉原道篇卷一导读》,香港:志莲净苑,2011 年版。

58.何一:《悲情儒者与儒者悲情:唐君毅生平、学术研究》,北京:光明日报出版社,2011 年版。

59.何仁富:《贺麟与唐君毅理想唯心论研究》,郑州:河南人民出版社,2011 年版。

60.金小方:《唐君毅道德哲学研究》,芜湖:安徽师范大学出版社,
2014年版。

61.汪丽华、何仁富:《爱与生死:唐君毅的生命智慧》,北京:中国广播
电视出版社,2014年版。

62.段吉福:《从儒学心性论到道德形上学的嬗变:以唐君毅为中心》,
文史哲研究丛刊,上海:上海古籍出版社,2014年版。

63.胡岩:《自我与圣域:现代性视野中的唐君毅哲学》,成都:巴蜀书
社,2016年版。

64.黄冠闵:《感通与回荡:唐君毅哲学论探》,新北:联经出版事业股
份有限公司,2018年版。

65.吴汝钧等:《唐君毅哲学的对话诠释》,台北:台湾学生书局,2019
年版。

66.孙海霞:《唐君毅道德人格思想研究》,芜湖:安徽师范大学出版
社,2019年版。

67.郑宗义:《中国哲学与文化(第十八辑)灵根自植之后——唐君毅
哲学》,上海:上海古籍出版社,2020年版。

68.Yau-Nang William Ng, *T'ang Chun-i's Idea of Transcendence*：
with special reference to his Life,*Existence*,*and the Horizon of Mind-
Heart*, A thesis submitted in conformity with the requirements for the
degree of Doctor of Philosophy , Graduate Department of East Asian
Studies,University of Toronto,1996.

69.Thomas Fröhlich, *Tang Junyi Confucian Philosophy and the
Challenge of Modernity*,published by Koninklijke Brill NV,2017.

三、关于唐君毅的研究论文

1.项退结:《生命存在与心灵境界——生命存在之三向与心灵九境》,
《哲学与文化》1978年8月第五卷第八期。

2.黄克剑:《在民族精神和时代精神的十字架前:读唐君毅〈中西哲学
思想之比较研究集〉》,《读书》1986年第4期。

3.孙善豪:《对当代新儒家的实践问题之探讨——唐君毅哲学中的实
践问题》,《哲学与文化》1986年第13卷第10期。

4.李宗桂:《海外现代新儒家唐君毅文化思想简论》,《社会科学辑刊》1988 年第 5 期。

5.李宗桂:《评唐君毅的文化精神价值和文化重构观》,《哲学研究》1989 年第 2 期。

6.景海峰:《唐君毅先生之生平与著作述略》,《深圳大学学报》(人文社科版)1989 年第 2 期。

7.陈少明:《文化保守主义的宣言——评现代新儒家的一个思想纲领》,《广东社会科学》1990 年第 2 期。

8.郑家栋:《〈生命存在与心灵境界〉评述》,《浙江学刊》1990 年第 2 期。

9.余英时:《钱穆与新儒家》,《中国文化》1991 年第 6 期。

10.周辅成:《唐君毅的新理想主义哲学》(上):《论〈生命存在与心灵境界〉》,《齐齐哈尔师范学院学报》1991 年第 2 期。

11.周辅成:《唐君毅的新理想主义哲学》(下):《论〈生命存在与心灵境界〉》,《齐齐哈尔师范学院学报》1991 年第 3 期。

12.陈特:《唐君毅先生的文化哲学与泛道德主义》,《当代新儒学论文集总论篇》,台北:文津出版社,1991 年版。

13.张祥浩:《评唐君毅先生的哲学思想》,《南京大学学报》(社科版)1991 年第 1 期。

14.刘国强:《唐君毅的政治哲学》,《当代新儒学论文集外王篇》,台北:文津出版社,1991 年版。

15.周炽成、彭梅:《唐君毅、牟宗三的道德伦理观》,《社会科学》1991 年第 6 期。

16.韩强:《从传统儒学的心性论到现代新儒学的道德形上学》,《东岳论丛》1992 年第 5 期。

17.郭齐勇:《论唐君毅的文化哲学》,《求是学刊》1993 年第 4 期。

18.张祥浩:《唐君毅对西方思想的综摄和对儒学的发展》,《南京大学学报》(哲社版)1993 年第 4 期。

19.张祥浩:《唐君毅先生的中国文化观》,《南京社会科学》1993 年第 2 期。

20.张祥浩:《再评唐君毅先生的哲学思想》,《南京大学学报》1993 年第 4 期。

21.王泽应:《唐君毅的"伦理开新说"论评》,《求索》1994年第1期。

22.颜炳罡:《试论当代新儒家对中国现代文化的建构及其建构方式》,《齐齐哈尔师范学院学报》1994年第4期。

23.樊之君:《本心与道德自我——唐君毅中心观念的确立及限制》,《中国民航学院学报》1994年第6期。

24.周炽成、张哲:《唐君毅人生论述评》,《华南师范大学学报》(社科版)1994年第4期。

25.杜维明:《唐君毅的人文反思》,《中华文化论坛》1995年第4期。

26.樊志辉:《唐君毅文化哲学的建构及其局限》,《南开学报》(哲社版)1995年第3期。

27.钱耕森、程潮:《冯友兰和唐君毅的人生境界说之比较研究》,《中州学刊》1995年第6期。

28.赵德志:《生命存在和心灵境界评述——兼论唐君毅和黑格尔哲学》,《孔子研究》1995年第1期。

29.史炳军:《现代新儒家唐君毅的中西文化观》,《西北大学学报》(哲社版)1995年第4期。

30.唐亦男:《唐君毅先生对清代学术文化精神之省察》,《中华文化论坛》1995年第4期。

31.郑潮波:《超越与理想:唐君毅哲学的主题》,《海南师院学报》1995年第1期。

32.朱哲:《唐牟徐道家思想比观》,《云南社会科学》1995年第2期。

33.肖萐父:《富有之为大业——第二届唐君毅思想国际研讨会上的发言》,《中华文化论坛》1996年第1期。

34.梁燕城:《从福柯到唐君毅——后结构主义与中国文化》,《文化中国》1996年第6期。

35.黄海德:《第二届唐君毅学术思想国际研讨会综述》,《天府新论》1996年第1期。

36.赵建伟:《"第二届唐君毅学术思想国际研讨会"综述》,《社会科学研究》1996年第1期。

37.单波:《唐君毅的人文思想与二十一世纪》,《现代传播(北京广播学院学报)》(人文社科版)1996年第6期。

38.程潮:《方东美与唐君毅的人生境界说之比较研究》,《南京大学学报》(哲社版)1997 年第 2 期。

39.邓元尉:《苦难与超越——从唐君毅对基督宗教的理解探讨儒基对话的可能向度》,《哲学与文化》1997 年第 3 期。

40.梁景时:《中国文化出路与新儒家唐君毅》,《吉林大学社会科学学报》1997 年第 1 期。

41.陈振崑:《由唐君毅对于道德意识与宗教意识的对比分析,论宗教意识的"超主体性"》,《哲学与文化》1998 年第 12 期。

42.陈振崑:《论天德流行的超越性与内在性——唐君毅先生的天德流行论初探》,《哲学与文化》1999 年第 8 期。

43.曾纪茂:《唐君毅中西文化精神比较思想评析》,《四川大学学报》(哲社版)1999 年第 6 期。

44.曾纪茂:《文化精神的融合与文化重建的实践——唐君毅先生论中国文化如何吸收西方文化之长处》,《西南民族学院学报》(哲社版)1999 年第 1 期。

45.龙佳解、杨常倩:《"自觉地求表现"与"自觉地求实现"——评唐君毅对中心文化精神的比较和照察》,《湖南大学学报》(社科版)2000 年第 3 期。

46.叶海烟:《当代新儒家与基督宗教的哲学对话——以唐君毅为例》,《哲学与文化》2001 年第 5 期。

47.赖功欧:《论唐君毅的人文宗教观》,《江西社会科学》2001 年第 11 期。

48.史炳军、赵茂林:《唐君毅对陆王心学的继承与超越——评唐君毅的心本论》,《西北大学学报》(哲社版)2001 年第 3 期。

49.胡军:《中国现代哲学中的形而上学建构理路》,《本体诠释学》第二辑,北京大学出版社,2002 年版。

50.骆为荣:《一代宗师,志业千秋——唐君毅先生事略》,《宜宾师范学院院报》2002 年第 1 期。

51.唐端正:《唐君毅先生论儒佛之辨》,《西南民族大学学报》(人文社科版)2005 年第 6 期。

52.陈振崑:《唐君毅的宗教融合思想》,《华梵人文学报》2006 年第 7 期。

53.何应敏:《完善自我修养观——新儒家唐君毅伦理道德观研究》,

《华东理工大学学报》(社会科学版)2008 年第 4 期。

54.金小方:《唐君毅哲学中的"道德自我"概念》,《孔子研究》2009 年第 5 期。

55.林月惠:《唐君毅、牟宗三的阳明后学研究》,《杭州师范大学学报》(社科版)2010 年第 1 期。

56.林维杰:《儒学的宗教人文化与气化》,《南京大学学报》2010 年第 6 期。

57.黄冠闵:《主体之位:唐君毅与列维纳斯的伦理学思考》,《南京大学学报》2010 年第 6 期。

58.刘俊哲:《以形上哲学视角透视唐君毅的心通九境论》,《四川大学学报》(哲社版)2010 年第 4 期。

59.郑宗义:《唐君毅论人文学术》,《江苏行政学院学报》2011 年第 3 期。

60.陈振崑:《唐君毅人文主义的自由人权观念》,《江苏行政学院学报》2011 年第 3 期。

61.张倩:《唐君毅对传统"格致"理念的现代诠释》,《现代哲学》2012 年第 5 期。

62.谭绍江:《牟宗三、唐君毅之荀子研究比较》,《齐鲁学刊》2012 年第 1 期。

63.胡岩:《论唐君毅的"宗教意识"概念》,《船山学刊》2013 年第 3 期。

64.邵明:《论唐君毅的"道德努力"》,《湖湘论坛》2013 年第 1 期。

65.李明:《儒家性善论的现代证成——唐君毅人性论探微》,《齐鲁学刊》2013 年第 4 期。

66.刘俊哲:《中国文化的复兴与重建——唐君毅的新儒学文化观》,《江苏师范大学学报》(哲学社会科学版)2013 年第 5 期。

67.邵明:《论唐君毅的"当下一念"》,《四川大学学报》(哲学社会科学版)2013 年第 1 期。

68.侯敏:《论唐君毅对王船山诗学观念的疏释》,《船山学刊》2013 年第 2 期。

69.吴衍发:《唐君毅文化哲学观综论》,《唐都学刊》2013 年第 1 期。

70.陈学然:《唐君毅学思主体意识的时代意义》,《宜宾学院学报》2013 年第 7 期。

71.张倩:《唐君毅哲学的中心观念及其发展》,《哲学研究》2014 年第 5 期。

72.刘乐恒:《唐君毅感通思想概述》,《宜宾学院学报》2014 年第 3 期。

73.李瑞全:《唐君毅、牟宗三二先生论罗近溪之学》,《宜宾学院学报》2014 年第 10 期。

74.杜保瑞:《论唐君毅对朱陆功夫论异同之疏解及其误识》,《周易研究》2014 年第 3 期。

75.杜保瑞:《对唐君毅谈朱陆异同源流之反思》,《宜宾学院学报》2014 年第 4 期。

76.李瑞全:《唐君毅先生与中国哲学现代化之发展:心灵九境之哲学意涵》,《天府新论》2014 年第 6 期。

77.朱建民:《唐君毅先生〈哲学概论〉价值论之要旨》,《宜宾学院学报》2014 年第 11 期。

78.李明:《融通的智慧:唐君毅论中国哲学的中和人心观》,《陕西师范大学学报》(哲学社会科学版)2014 年第 6 期。

79.周炽成:《唐君毅、牟宗三、徐复观荀学研究略议——兼论荀子为性朴论者》,《宜宾学院学报》2015 年第 1 期。

80.刘乐恒:《唐君毅与牟宗三对伊川理学的理解与阐释》,《宜宾学院学报》2015 年第 3 期。

81.乐爱国:《冯友兰、唐君毅对朱子学的不同诠释》,《社会科学》2015 年第 2 期。

82.邵明:《唐君毅意义视域中的"我心"与"他心"》,《宜宾学院学报》2015 年第 5 期。

83.蔡家和:《唐君毅论朱子学中的"人心与道心"》,《宜宾学院学报》2015 年第 11 期。

84.蔡家和:《唐君毅先生之船山人性论浅释(上)——探〈船山之尊生尊气与尊情才义〉》,《宜宾学院学报》2015 年第 1 期。

85.蔡家和:《唐君毅先生之船山人性论浅释(下)——探〈船山之尊生尊气与尊情才义〉》,《宜宾学院学报》2015 年第 2 期。

86.周浩翔:《唐君毅、牟宗三、徐复观对儒家经典的理解与诠释——兼从西方诠释学的角度看》,《广西师范大学学报》(哲学社会科学版)2015 年第 5 期。

87.许家星:《价值视域下中国哲学的当代诠释——以唐君毅〈哲学概论〉、李景林〈教化的哲学〉为中心》,《人文杂志》2016 年第 1 期。

88.杨永明:《唐君毅论理想人文世界的建构》,《西南民族大学学报》(人文社会科学版)2016 年第 1 期。

89.许敬辉:《唐君毅道德之实践研究》,《河北师范大学学报》(哲学社会科学版)2017 年第 2 期。

90.刘乐恒:《"感通形上学"——晚年唐君毅对心性问题的论证》,《宜宾学院学报》2017 年第 2 期。

91.何仁富、汪丽华:《周辅成与唐君毅的"新理想主义"哲学精神》,《宜宾学院学报》2017 年第 8 期。

92.张云江:《"虚灵明觉心":唐君毅构建形而上学的道德修养基础》,《社会科学研究》2017 年第 1 期。

93.秦燕春:《性情与人格:唐君毅日记中所见》,《高教发展与评估》2017 年第 1 期。

94.雷爱民:《唐君毅理性概念下通达心灵活动方式之困难》,《宜宾学院学报》2017 年第 2 期。

95.胡金旺:《唐君毅九境中的辩证法及其与黑格尔的差异》,《广西师范大学学报》(哲学社会科学版)2017 年第 3 期。

96.段吉福、陈振昆:《唐君毅的性情形上学探析》,《西南民族大学学报》(人文社会科学版)2018 年第 5 期。

97.乐爱国:《牟宗三、唐君毅对朱陆异同的不同阐释与学术冲突》,《上海师范大学学报》(哲学社会科学版)2018 年第 2 期。

98.何仁富、汪丽华:《唐君毅早年的感通体验及其形上意义——唐君毅的生命体验及其哲学构建(一)》,《宜宾学院学报》2018 年第 4 期。

99.刘毅鸣:《唐君毅先生对"仁"的诠释》,《宜宾学院学报》2019 年第 11 期。

100.韩强:《贺麟与唐君毅新儒学的比较》,《理论与现代化》2019 年第 5 期。

101.韩强:《冯友兰、贺麟、唐君毅、牟宗三新儒学之比较》,《哈尔滨工业大学学报》(社会科学版)2019 年第 4 期。

102.刘乐恒:《心性接通现代性如何可能——第二代现代新儒家的哲学探求》,《齐鲁学刊》2020 年第 3 期。

103.韩立坤：《良知"附套"与"纳方于圆"——唐君毅对儒学与科学关系之型塑》，《哲学动态》2020年第8期。

104.白欲晓：《寻绎儒学现代开展的一条流脉——以贺麟纪念唐君毅文为线索》，《东南大学学报》（哲学社会科学版）2020年第4期。

105.冯骏豪：《劳思光与牟宗三、唐君毅的科学观比较》，《中国哲学史》2021年第2期。

106.程志华：《唐君毅对中国哲学的贡献——兼评〈唐君毅哲学研究〉》，《燕山大学学报》（哲学社会科学版）2022年第2期。

四、其他参考文献

1.杨伯峻：《孟子译注》，北京：中华书局，1960年版。

2.［德］黑格尔：《精神现象学》，贺麟、王玖兴译，北京：商务印书馆，1979年版。

3.陆九渊：《陆九渊集》，北京：中华书局，1980年版。

4.陈鼓应：《庄子今注今译》，北京：中华书局，1983年版。

5.朱熹：《四书章句集注》，北京：中华书局，1983年版。

6.朱熹：《朱子语类》，北京：中华书局，1986年版。

7.［德］康德：《道德形而上学原理》，苗力田译，上海：上海人民出版社，1986年版。

8.黄俊杰：《儒家传统与文化创新》，台北：东大图书公司，1986年版。

9.王先谦：《荀子集解》，北京：中华书局，1988年版。

10.卢雪崑：《儒家的心性学与道德形上学》，台北：文津出版社，1990年版。

11.王阳明：《传习录》，上海：上海古籍出版社，1992年版。

12.郑家栋：《本体与方法——从熊十力到牟宗三》，沈阳：辽宁大学出版社，1992年版。

13.郑家栋、叶海烟：《新儒家评论》，北京：中国广播电视出版社，1994年版。

14.郑家栋、叶海烟：《新儒家评论》（第二辑），北京：中国广播电视出版社，1995年版。

15.叶海烟：《道德、理性与人文的向度》，台北：文津出版社，1996

年版。

16.牟宗三:《中西哲学之会通十四讲》,上海:上海古籍出版社,1997年版。

17.来可泓:《大学直解 中庸直解》,上海:复旦大学出版社,1998年版。

18.牟宗三:《心体与性体》,上海:上海古籍出版社,1999年版。

19.叶海烟:《人文与哲学的对话》,台北:文津出版社,1999年版。

20.朱熹、吕祖谦:《近思录》,刘凤泉译,济南:山东友谊出版社,2001年版。

21.刘述先:《儒家思想开拓的尝试》,北京:中国社会科学出版社,2001年版。

22.蒙培元:《情感与理性》,北京:中国社会科学出版社,2002年版。

23.杨祖陶:《德国古典哲学逻辑进程》,武汉:武汉大学出版社,2003年修订版。

24.[德]康德:《实践理性批判》,邓晓芒译,北京:人民出版社,2003年版。

25.朱贻庭:《中国传统伦理思想史》(增订本),上海:华东师范大学出版社,2003年版。

26.冯耀明:《"超越内在"的迷失:从分析哲学观点看当代新儒家》,香港:香港中文大学出版社,2003年版。

27.沈清松:《沈清松自选集》,济南:山东教育出版社,2004年版。

28.张岱年:《中国伦理思想研究》,南京:江苏古籍出版社,2005年版。

29.牟宗三:《中国哲学十九讲》,上海:上海古籍出版社,2005年版。

30.成中英:《成中英自选集》,济南:山东教育出版社,2005年版。

31.李明辉:《儒家视野下的政治思想》,北京:北京大学出版社,2005年版。

32.邓晓芒:《邓晓芒讲黑格尔》,北京:北京大学出版社,2006年版。

33.刘宗周:《刘宗周全集》,杭州:浙江古籍出版社,2007年版。

34.刘述先:《刘述先自选集》,济南:山东教育出版社,2007年版。

35.田文军:《珞珈思存录》,北京:中华书局,2009年版。

36.余英时:《现代儒学论》,上海:上海人民出版社,2010年第2版。

37.奚刘琴:《第三代新儒家的儒学诠释与创新:以成中英、杜维明、刘述先、蔡仁厚为例》,北京:中国社会科学出版社,2011年版。

38.沈清松:《中国人的价值观:人文学观点》,北京:中国人民大学出版社,2012年版。

39.刘述先:《现代新儒学之省察论集》,台北:"中央研究院"中国文史研究所,2013年版。

40.杜维明:《儒家思想:以创造转化为自我认同》,曹幼华、单丁译,北京:生活·读书·新知三联书店,2013年版。

41.杜维明:《仁与修身:儒家思想论集》,胡军、丁民雄译,北京:生活·读书·新知三联书店,2013年版。

42.彭国翔:《重建斯文:儒学与当今世界》,北京:北京大学出版社,2013年版。

43.余英时:《中国思想传统及其现代变迁》(余英时文集第二卷),沈志佳编,桂林:广西师范大学出版社,2014年版。

44.杜维明:《二十一世纪的儒学》,北京:中华书局,2014年版。

45.郭齐勇:《儒学与现代化的新探讨》,北京:商务印书馆,2015年版。

46.郑宗义:《中国哲学与文化(第十二辑)牟宗三哲学》,桂林:漓江出版社,2015年版。

47.郭齐勇:《现当代新儒学思潮研究》,北京:人民出版社,2017年版。

48.沈清松:《返本开新论儒学:沈清松学术论集》,贵阳:孔学堂书局有限公司,2017年版。

49.郭齐勇:《中国文化精神的特质》,北京:生活·读书·新知三联书店,2018年版。

50.田文军:《田文军新儒学论文精选集》(当代新儒学丛书),台北:台湾学生书局,2021年版。

附录一　唐君毅道德形上学研究综述

最早关注唐君毅先生思想的是欧美学者。1952年,法国学者勃里尔在其著作中首次向西方哲学界介绍了唐君毅的哲学思想及其著作《道德自我之建立》,称其为黑格尔主义者和道德主义者。1977年,美国汉学家墨子刻在其《摆脱困境——新儒学与中国政治文化的演进》一书中,设专章讨论了唐君毅关于道德自我和道德体验的思想。《简明不列颠百科全书》唐君毅条目称他为:"中国自朱熹、王阳明以来的杰出哲学家。"而对唐君毅道德形上学的研究,内地及港台学者的成果则集中表现在以下几个方面:

一、涉及唐君毅道德形上学的专书著作

目前所见的专书著作共有十五本书,按出版的时间先后顺序排列如下:

1.李杜:《唐君毅先生的哲学》,台北:台湾学生书局,1982年。此书对唐君毅的生平及主要学术活动做了全面的介绍,对唐君毅的几部重要学术专著都作了全面系统的介绍。该书把唐君毅的思想分为两大阶段。第一阶段由中西哲学思想比较与探讨以肯定自然的天道观为中心观念;后一阶段由对人的道德生活的反省,而肯定"道德自我"或人的仁心本性为其哲学的中心观念。这一阶段又可分为四个小阶段:一是中心观念的肯定与展开;二是对中西文化与人文精神的论述;三是对中国传统哲学的考论;四是心通九境体系的建立。李杜指出,唐君毅《道德自我之建立》、《人生之体验》、《心物与人生》、《文化意识与道德理性》四部伦理道德的著作是由肯定"道德自我"或"道德理性"的超越存在,再由此而展开它在人生伦理、社会文化与自然宇宙中的地位。进一步,唐君毅依"道德自我"这一核心概念,去反省与论述他在中西文化上所感受到的问题,并试图加以解

答,从而发展出一种以"道德自我"或"仁心"、"人性"为核心观念的文化系统或理想主义的系统,这就表现在其《中国文化之精神价值》、《人文精神之重建》、《中国人文精神之发展》等著作之中。通过对中国传统哲学的探讨、疏论,唐君毅开拓了原有的思想规模,去除了其原来只根据已肯定的中心观念评论中国传统文化的偏见,即改变了他原先试图由"道德自我"以建立一种哲学系统的想法,改而由人的整个心灵的活动上去建立一个更大的哲学系统,这便成就了其扛鼎之作《生命存在与心灵境界》一书。但李杜就"道德自我"这一中心观念在心灵九境体系中的地位指出:"《生命存在与心灵境界》一书对有关中国传统的哲学为重视德性的了解没有改变,它只改变了以中国传统的哲学为完全可以归到'道德自我'上去作解释的观点。因为人不是纯道德的动物。人的思想亦不是全由道德的问题所引生。事实上'道德自我'亦不是独立存在,而是与人的生命存在其它方面相关联,它实仅为人依道德心灵的活动而来的一种肯定。但人的心灵活动除了道德的活动外尚有其它种种活动。人可以由人的道德活动以肯定一道德自我,亦可以由其它的活动以肯定其它不同的自我,而此不同的自我皆有活动。故中国传统的哲学虽重视德性,我们不能了解它只是人的道德自我的表现,而应了解它是中国人的生命存在的整个表现……《生命存在与心灵境界》一书即从此一新的了解上去建立一新的哲学系统。于此系统中注意由人的心灵的不同活动所建立各种不同的学术。但各种学术皆应为人的道德理性所主导,以建立人生的真正价值。"①

李杜对唐君毅先生思想的核心观念"道德自我"的理解是准确的,不仅指出了唐君毅试图将其思想的核心观念由道德自我向生命心灵拓展,而且也指出了"道德自我"这一中心观念在唐君毅思想中的一贯性,即"道德自我"这一观念在唐君毅三十岁左右确立之后就再也没有改变过。

2.张祥浩:《唐君毅思想研究》,天津:天津人民出版社,1994年。该书从唐君毅的人生哲学、道德哲学、宗教哲学、政治哲学、文化哲学、人文主义理想、儒学观、形而上学等诸方面,对唐君毅哲学思想进行了全方位的立体解读。其中道德哲学一章,作者从道德形上学、性善说、道德本质论、道德中心说、基本善德论和道德修养论等方面对唐君毅的道德理论进行

---

① 李杜:《唐君毅先生的哲学》,台北:台湾学生书局,1982年版,第57~58页。

了论述。认为唐君毅把道德看成人类文化的中心,把道德意识看成是主宰其他一切意识的意识。而唐君毅一生孜孜以求的,就是实现他的道德理想。该书指出了唐君毅对道德问题的重视,认为道德问题甚至成了其一生治学的中心。

3.单波:《心通九境——唐君毅哲学的精神空间》,北京:人民出版社,2001 年。该书主要从心本体论、人生道德哲学、人文精神论、宗教哲学等方面对唐君毅的哲学进行了梳理。论心本体论一章对唐君毅所揭示的心本体的特征进行了详细分析。论述人生道德哲学一章涉及人生之本在心、人生的目的在于实现自我、人生智慧在童心、人生与道德等方面问题。

4.郑顺佳著,郭伟联译:《唐君毅与巴特——一个伦理学的比较》,香港:三联书店(香港)有限公司,2002 年。该书以比较宗教的观点把基督教的神学家巴特的宗教伦理学与唐君毅的伦理学做出了很具深度的对比。他认为,唐君毅与巴特的宗教伦理学思想异中之同远多于同中之异,二者皆不以后果论式的伦理观作为伦理的本质,而视伦理本质是在建构人格的德行伦理,而道德生活的成全就是人处于与其本体上的本性一致的状态。虽然二者对于终极实在的理解不同,但认为他们皆以动态观来理解此终极实在,不视终极实在为一静态不变的实体。

该书的着力点虽在于比较两大家的形上学,以便寻求形上层次的互为增补、欣赏与会通,但在涉及唐君毅伦理思想的论述中展示了唐先生道德形上学的完整形态。他认为唐君毅的终极实在是心之本体,心之本体的呈现在道德意识与道德理性之中,表现于人性固有的仁义本质,人顺自己的本性而行,便是依天命而行。

5.王怡心:《唐君毅形上学研究——从道德自我到心灵境界》,北京:中国文史出版社,2006 年。该书以唐君毅的形上学为研究对象,注重对唐氏形上学中心观念“道德自我”的把握。该书论述了“道德自我”概念在道德生活中的确立与展开,论述了“道德自我”与其文化观的关系,并对唐君毅的“九境”说进行了详细阐述。对唐君毅的整个哲学内在体系有一个逻辑的把握。

6.廖俊裕:《自我真实存在的历程——唐君毅〈生命存在与心灵境界〉之研究》,台北:花木兰文化出版社,2010 年。该书以唐君毅先生的集大成之作《生命存在与心灵境界》为主要材料,详细探讨了唐氏对生命之“真实存在"的看法,也就是"人要如何在当下成就其存在之真实,而不虚幻灭裂"①。该书认为唐君毅的哲学是一"呈现的哲学",即自觉地呈现出人生的活动事实所成之经验而成就的哲学。其中的关键在于自觉与否,即人是否自觉到这些经验,而予以充分的反省。由于,唐君毅哲学的目的是要使人由不自觉而到自觉的境界,所以,他便由心灵境界着手探讨各种心灵境界的真实性及其限制,并理清种种境界之间的脉络,使得在不自觉状态中的人们能够经由他这桥梁而达到自觉的状态,从而达于其生命之真实存在。该书认为,唐君毅的这个工作,将人们带入一个"广阔宏朗"的整体世界,在这个整体的生命世界中,展现了层层不同的心灵境界,由常识中人们对世界的"觉知"开始,层层深入上贯,而达一种生命之真实存在处,奠立了人依其理性而寻求真实存在的可能。这个真实存在处,就是当下生活的理性化,只要人当下依其道德理性而自命,便是存在之真实与绝对。该书进一步认为,在这个目标的旁边,唐君毅亦附带地建立起了自然科学、人文科学、道德生活、宗教生活之所以可能成立的基础,亦即转而为人文世界奠基。

7.余仕麟,段吉福,吴映平:《生命心灵的超越:儒家心性论与唐君毅道德形上学》,成都:四川出版集团巴蜀书社,2010 年。该书在论述唐君毅道德形上学方面,指明了"心之本体"是"道德自我"的形上根源。对心的含义、心的本体性特征以及如何契悟印证"心之本体"有专章论述。在确立心的本体地位之后,又详细论述了"心之本体"是如何作用于人的道德生活和道德实践的,烘托出"心之本体"既超越又在现实世界的实践生活中。

8.熊吕茂:《从"道德自我"到"心灵境界"——唐君毅思想综论》,昆明:云南大学出版社,2010 年版。该书将唐君毅的著述划分为不同的类型和阶段,如按内容可分为人生哲学、道德哲学、形上心本体论、文化哲学、宗教哲学、中国哲学史;按文字风格可分为抒怀式、反省式、辩论式、析理式、说教式、述学式;按发展阶段可分为对中心观念的肯定与展开、对中西文化与人文精神的追寻、对中国传统哲学的阐述、对"心通九境论"系统的构建。作者总结出唐君毅的整个著述是顺着他的生命之流而浑然天成

---

① 廖俊裕:《自我真实存在的历程——唐君毅〈生命存在与心灵境界〉之研究》,台北:花木兰文化出版社,2010 年版,第 1 页。

的,其中虽不乏学院式的授徒之作(如《哲学概论》),但更多的是充满生命感悟的心得之作。就唐君毅的一生而言,他的著述不仅仅是为了"如实知",而且还是为了"真实行",故他的著作里有生生不息之流淌的生命和永恒的精神。

9.金小方:《唐君毅道德哲学研究》,芜湖:安徽师范大学出版社,2014年版。该书较为系统地梳理了唐君毅道德哲学形成和发展的主体线索,对唐君毅道德哲学思想的渊源与发展历程、唐君毅的道德形上学体系的建构、唐君毅对传统道德哲学的继承与创新、唐君毅对儒家道德原则的现代阐释等方面,都作了较好的分析和论述,并对唐君毅道德哲学与文化事业的成败得失作了比较中肯的分析评价,多方位地揭示了唐君毅道德哲学"归宗儒家、融摄各家、博采西学"的特质。同时,在梳理唐君毅道德哲学体系的构建中,突破了以道德形上学为中心的评价模式,而是从道德形上学建设、道德修养与教育理论、道德原则的新阐释等三个方面对唐君毅道德哲学思想体系作全面把握。最后,对唐君毅道德哲学尝试一些新的理解,把唐君毅道德形上学概括为"天心——道德自我"为核心的理论架构,把道德建设的具体内容概括为"三极并建"。

10.段吉福:《从儒学心性论到道德形上学的嬗变:以唐君毅为中心》,文史哲研究丛刊,上海:上海古籍出版社,2014年版。该书以"轴心时代"中国文化人文性特征形成及其对中国哲学特质的塑造为切入点,在系统梳理儒学心性论的基本主题和历史发展,揭示其特征的基础上,从道德与生命、道德自我的根源、道德自我之建立、道德生活、道德实践等方面对唐君毅道德形上学进行了深入的研究,展示其道德形上学建构历程,呈现其道德形上学体系的宏富内容,展现唐君毅承续中国传统哲学的命脉,融合会通中西文化,面向生活世界,丰富和弘扬中国传统哲学精神所做出的努力。借助对唐君毅道德形上学的研究来把握儒学心性论从传统到现代的嬗变轨迹,并借此展示中国哲学范式现代转型的目标思路与方法,推进对现代新儒学的整体研究。

11.胡岩:《自我与圣域:现代性视野中的唐君毅哲学》,成都:巴蜀书社,2016年版。该书提到哈贝马斯以主体性哲学为核心重构了现代性的哲学话语。尽管哈贝马斯的讨论以西方尤其是德国哲学家为主,但并不表示这一问题只是地方性的。实际上,现代性是不同文化背景的思想家所共同面对的时代问题,关于主体性的哲学讨论也吸引了众多哲学家的关注。现代新儒家讨论的核心便是主体性问题,唐君毅作为新儒家代表人物之一,更是将这一问题作为自己哲学创造的核心问题意识(尽管他常常使用的不是"主体"而是"自我"、"生命存在"等概念)。作为一个敏锐而又自觉的哲学家,唐君毅准确地把握住了时代的重大问题,并为解决这一问题做出了有益的探索,提出了许多独到的见解。他将自我理解为关系中的存在,并视自我为一个成长的过程,使得"失落的自我"得以理性重建,由此贡献了两个极具儒家特色的现代性方案。全书以"自我"与"圣域"为入口,相当全面而细致地考察了以道德自我的重建为中心,唐君毅如何处理自我与世界、现实与理想、主体与科学、自我与他人等系列问题,同时注意到唐君毅哲学具有的强烈的宗教性。在现代性哲学话语的视域中考察唐君毅哲学,既可以从个案的角度发掘中国哲学家对解决现代性问题的独特贡献,也可以实现对唐君毅哲学的现代性重构并进一步推动唐君毅哲学研究。

12.黄冠闵:《感通与回荡:唐君毅哲学论探》,新北:联经出版事业股份有限公司,2018 年版。该书的核心论题是唐君毅的"感通"概念。选择"感通"为核心概念,考虑到它是一个传统词汇,唐君毅有意地使用此概念连接上传统思想资源,但又赋予它一些新的理解,带入新的不同脉络。"感通"的结构发挥孔学的仁道精神,包含着三个层面,自我与他人、自我自己内、自我与天地(超越者)。对唐君毅而言,"感通"的三个方向皆预示着主体的存在,也都是从主体出发,这样的主体是以心灵为本质,也是生命所依赖的基础。他人与我的感通中,既不能够是由我的主体所全权操控,也不是舍己从人,抛弃了我自己的存在。在自我感通中显示出一种内在性。在天人感通的关系中超越性得到高度的重视,这也是宗教层次的开展。超越的意义,不是从对象超越主体的角度来被理解,而是从更深刻的主体根据来看。"感通"作为一种哲学模式,是唐唐君毅以哲学洞见所提出的回应。其目的也在于与传统的连接、与价值根源的连接、与生活土地的连接。

该书基本上以唐君毅思想为主轴,在探究唐君毅的"感通论"论述时,又加入了一些当代哲学讨论的眼光。展现出唐君毅承接了中国思想传统,并结合着西方哲学概念运作而加以转化。唐君毅的哲学论述整体上就已经熔铸了各种不同的思想资源,哲学文化的交错配置在唐君毅身上充分体现出来。在飘零的世代里,唐君毅用"保守"为辞来面对传统思想资源;如今,灵根自植的要求仍未过时,而思想资源作为全人类共有的文化公共财产,却还需要有更广泛、更深入的转化。老干新枝、旧论新意,是早已经发生的事实,该书是前述问题的一些尝试,试图透过前贤先哲的思想解读,摸索出一条可行的道路。

13.吴汝钧等:《唐君毅哲学的对话诠释》,台北:台湾学生书局,2019年版。该书强调唐君毅先生的哲学博大精微、解读不易。整本书以对话的方式,选择论述唐君毅思想的要点,以一切文化活动都发自文化意识,而文化意识的根基在道德理性作为论述的主脉。依着这个主脉相继阐发其中重要的观念,如道德主体、精神自由、自由意志、理性自觉等。另外也涉及唐君毅的文化哲学观点,更涉及对人文、道德生活、心境感通等问题的阐发。最后,以唐君毅对儒、释、道三大教的"判释"作为结尾。该书也未忽略唐君毅对中国哲学,特别是当代新儒学的意义与贡献这一关键性的问题。

14.孙海霞:《唐君毅道德人格思想研究》,芜湖:安徽师范大学出版社,2019年版。该书在对中西交汇尤其是在对近代德国理性主义哲学反思的比较视野中,努力呈现唐君毅的道德人格思想,考察他在对传统儒家伦理道德思想的继承、发展和现代性新生转进中的努力。心灵感通的历程是仁心本体呈露的过程,也是唐君毅道德理论构建内在逻辑推演的理路呈现。该书将唐君毅的道德人格为中心的伦理思想体系,分为道德形而上学的本体论、道德实践的功夫论和道德人格实现的现实性三个部分。首先,从仁心本体预设出发,阐释仁心感通,并由此论证道德和道德人格的本体论意义。其次,根据感通向度的不同,分成己己感通、人我感通和大人感迪三个内在递进的层面,阐释其道德实践功夫理论内容,引导人们在道德生活体验中实现生活境界的提升,强调在日常生活和社会伦理关系中展现人的道德主体性精神,成就道德人格。最后,从道德人格实现的现实性角度,对理想的伦理共同体进行谋划,提出了一种有关社会正义实现的新思路。认为唐君毅以道德人格塑造和道德人格世界构建为中心的伦理思想,对今日推进传统道德文化的现代性新生转进具有重要的启发意义和参考价值。

15.郑宗义主编:《灵根自植之后——唐君毅哲学》(《中国哲学与文化》第十八辑),上海:上海古籍出版社,2020年版。该书主体以四篇论文来为读者介绍唐君毅哲学的某些重要侧面。第一篇是已故沈清松教授

(1949—2018)的遗作,文章从唐君毅 1961 年发表的《说中华民族之花果飘零》入手,推许其为研究"离散"哲学的先驱,但亦指出于呼吁重建文化主体性即灵根自植之余,不免有忽略须与多元他者互动的嫌疑,沈文认为今天讨论灵根自植"之后",应有两层意思:一是上跻之后(above),一是时序之后(after)。前者指唐说在"灵植自植"之上的立人极之道,也即将文化主体性扎根于传统中国哲学的主体性,亦即人的主体性的理想实现之上。后者则指在唐说提出超过半个世纪之后,面对世局变化所当有的应对之道。文章更关注的是时序之后,并以为我们应从唐说依据的主体性范式转向作者倡议的多元他者范式。此即通过多元他者的原初慷慨、语言习取、相互外推来使得多元文化社群能相互丰富。第二篇是黄冠闵的文章,延续离散哲学的课题,却另辟蹊径。作者以唐君毅、牟宗三为例,清晰有力地显示"散种"与"再疆域化"这两个观念如何帮助我们去剖析文化复兴过程中思想资源的更新,亦即如何在同一与差异的辩证中再创新知。第三篇是德国汉堡大学范登明(Thomas Fröhlich)的文章。文章重申唐君毅反省批判现代性的创新之处在于与其离散经验相互交织,而产生的对现代个体的错置、疏离、孤立和无根的关照。文章论述了唐君毅提出的解决之道:挺立个人那能与天理契合的道德主体性(或曰宗教性),可以说是将儒学重构成一种为现代处境而设的超越型的市民神学。将现代世界中的个人,放在培养"天道性命"信念的实践之中,从而为现实提供规范与指引。第四篇是杨祖汉教授的文章,具体聚焦于唐君毅设想的道德主体性与宗教性,也就是其心灵九境的哲学。

二、涉及唐君毅道德形上学的学位论文

尚未出版的涉及唐君毅道德哲学思想的博士论文有:

1.郑祖基,《唐君毅人文宗教思想之研究》,2005 年,李宗桂指导。该文深入探讨了唐君毅道德思想与宗教思想的关系。认为宗教是人性的深层需要。人性的发展就是"道德自我"的超越性的活动。人为了超越自我局限,得着丰盛的生命,需要体认与发展人性最深处的内在"本心"、"仁性"与良知自觉。

2.王兴彬,《心灵本体论的重构——唐君毅新儒学思想研究》,2005 年,宋志明指导。该文认为,唐君毅对儒学最主要的贡献和其思想主旨,

就是通过中西文化的比较,确立"心之本体"的地位,从而重建儒家的形上学,以寻求中国文化问题的解决之道,回答现代人在现代社会中如何安身立命的问题。论文认为唐君毅在对文化的哲学追问中凸显出了人的心灵,在道德生活的体验中确立了心灵,而其宗教意识论则是心灵的超越活动,而"人生九境说"则是心灵的感通活动。

3.邓丽香,《唐君毅人文精神研究》,2014年,郭齐勇指导。该文指出唐君毅先生复兴中国文化的"人文精神"价值,深信这些价值可以解决中西文化矛盾。"人文精神"担当着重要的价值性、方向性及融通性角色。所以,唐君毅扩大了"人文精神"的价值于一切文化。认为文化的创造必来自人的自觉性及道德性。中国文化的根本信念在于人禽之别的仁义心性。一切文化活动皆是道德主体的发用,最后是为了成就人格精神。依据"人文精神"价值重新提出"人文主义"的基本信念,强调一切文化必须体现人格价值,尊重与包容持相反意见的学术思想。

4.郑希通,《唐君毅道德主体观念研究》,2017年,胡治洪指导。论文对唐君毅哲学中道德主体观念的核心、内容、内在蕴含、体系结构以及演进过程作系统性及整体性的深层研究,深入其观念系统的发展过程,阐明唐君毅论述方式的特殊本质,探讨其与一般学者不同的思维方式及表达方式。即通过体验、感受、生命直觉等个人主体为核心的内在或内化的方式去阐释生命存在及其相关的一切哲学问题。同时,吸收中、西、印各方的哲学观念及哲学逻辑体系,用中国传统固有特质的论述方式去表述自己的思想体系。论文为学界引介唐君毅所具有的独特的内在性、主体性、体验性的哲学体系,同时给现代新儒学提供思想内化及深化的发展资源。

5.朱平,《唐君毅道德自我论研究》,2018年,王泽应指导。论文论述了唐君毅的"道德自我"是伦理学的基础性、本质性的概念,关涉道德个体的主体性挺立、自我意识的觉醒以及道德人格的养成;也是其文化哲学中的核心概念,关系到中国伦理文化的现代化生成与发展。唐君毅秉承以儒家伦理为宗的思想要旨,深入吸取宋明心性与义理学的精髓,广泛借鉴西方诸多哲学流派的思想资源,建构起以"道德自我"为核心概念的"道德-文化论",通过将"道德自我"之建立,引导人们积极从事和创造文化活动,推动中国现代文化的生成与发展。

三、涉及唐君毅道德形上学的著作

贺麟的《五十年来的中国哲学》一书中收录了介绍唐君毅思想的《西方哲学的绍述与融会》一文。该文对唐君毅《道德自我之建立》一书的评论是："在道德自我之建立里,他首先指出道德生活之本质为自觉的自己支配自己,以超越现实自我。继进而追随道德自我在宇宙中的地位。他指出心之本体之存在及其真实至善即是道德自我的根源,且说明心之本体即现实世界之本体。最后,讨论精神或心之本体之表现于生活文化的各方面,以明人性之善及一切生活皆可含有神圣之意义。可以说是代表一种最富于玄学意味的理想主义的道德思想。"

一些研究新儒学的专著中以专门章节探讨了唐君毅的道德哲学。胡伟希在《传统与人文——对港台新儒家的考察》中指出,唐君毅人文主义的基础为儒家心性论,其人文世界充满了价值内涵,使人生的一切活动都体现出道德教化的意味。韩强的《现代新儒学心性理论评述》将唐君毅的心性本体论与牟宗三的心体即性体的道德形上学归入"道德形上学的心性论",并以专章评述这一心性论思想。该书从道德形上学角度对唐君毅道德哲学进行了评述,具体从唐君毅心性本体论的思想来源、道德自我的特征、心性情的关系、心通九境的思想体系等角度对唐君毅的心性理论作了详细勾勒。启良的《新儒学批判》指出,唐君毅是一位道德决定论者,以道德理性为核心内容的人文精神在他的哲学里,既占据诸种学问的最高层次,又负有统摄其他各种学问的重大使命。

唐凯麟、王泽应合著的《20世纪中国伦理思潮》一书,把唐君毅伦理思想作为一节专门进行论述,涉及唐君毅灵根自植的伦理重建说、反求本心的道德自我论、反本开新的伦理现代化设想以及唐君毅伦理思想的历史地位。认为唐君毅对中国伦理思想具有内在超越的精神、实践理性、天人合德三大特点深有契会,并由此进行现代中国伦理文化的重建。在评述反求本心的道德自我论时,该书强调了"道德自我"概念在唐君毅伦理思想中的核心地位。

郭齐勇著《现当代新儒学思潮研究》从第一手资料出发,全面系统地对现当代新儒学思潮的时代背景、发展过程、内在理论、学术内涵、主要论域与问题意识做了深入探讨。专门一章讨论唐君毅的文化哲学,围绕道德自我的挺立与撑开、生命存在的"三向九境"、先秦哲学之新解及唐君毅文化哲学的价值与意义展开。创造性地讨论了儒学的宗教性与超越性，本体论与道德形上学，政治哲学，儒家价值的现代意蕴及创造转化，儒学与文明对话，全球伦理、文化中国。并讨论了我国现代化过程中的终极信念，族群认同与伦理共识的重建问题，肯定"国族意识"与中国精神，强调中国文化对现代性之负面的批判与超越。

此外，刘述先、郑家栋、黄克剑、李维武、胡治洪、颜炳罡、赵德志、霍韬晦、叶海烟、赖贤宗等学者均在其研究新儒家的专著中设专章节论述唐君毅的哲学思想。

四、涉及唐君毅道德形上学的会议论文

1988年，首届唐君毅思想国际会议在香港法住文化书院举行，会后，由霍韬晦支持，将在会上发表的60多篇论文整理成"思想体系与思考模式"、"宗教与道德"、"哲学与文化"、"传统与现代"四个专题，并于1990年、1991年出版。

1995年，四川省社会科学院、香港法住文化书院与宜宾地区行政公署联合主办了"第二届唐君毅学术思想国际研讨会"，会议期间发表论文30余篇，大都围绕唐君毅的人文理想和道德实践、唐君毅的超越情怀和宗教思想、唐君毅的学术思想和道德践行三个方面而展开。

2006年，由中国社会科学院哲学所和香港法住文化书院共同主办，中国社会科学出版社和香港喜耀教育文化基金会协办的"'唐君毅思想与当今世界'研讨会暨'唐君毅著作选'出版纪念会"在北京举行。来自内地和港台及新加坡的学者六七十人参加了研讨会。会议期间，学者们就唐君毅的哲学思想、唐君毅与海内外新儒学的关系、唐君毅的思想与当代世界的思潮、唐君毅对于中国传统哲学之继承与开新方面以及唐君毅的教育思想等不同主题发表了自己的论文和看法。

2005年出版的由何仁富主编的唐学丛书的首本——《唐学论衡——唐君毅先生的生命与学问》，汇集了海内外学者40余人共70余篇论文，它们从唐君毅的生命垂范、人生哲学、人文主义、哲学思想等多个方面显现了现代大儒、一代哲人唐君毅的生命与学问，也基本上代表了目前海内外唐学研究的成果。

　　2014 年,第四届儒学论坛暨纪念唐君毅先生诞辰 105 周年国际学术研讨会,在四川宜宾学院召开。会议由四川思想家研究中心、《天府新论》编辑部和《宜宾学院学报》编辑部共同主办,由台湾“中央大学”儒学研究中心、台湾东海大学、香港中文大学新亚书院、香港树仁大学、新亚研究所、印度哲学与宗教协会和跨文化研究与学术交流中心等机构共同协办。围绕着大会主题“历史与文化:现代新儒家的理论与实践”,汇集了海内外 70 余名专家学者共 50 多篇论文。

　　2016 年,《唐君毅全集》大陆简体字版印行,新编《唐君毅全集》是现今篇目、标题最完善,分类最周到,搜罗资料最完备的全集。全集本着“全”、“善”、“真”的原则,在台湾学生书局 1991 年出版的 30 卷《唐君毅全集》的基础上进行重新编辑、校对、增补和分类。其中《唐君毅全集总目》与《唐学研究文献索引》给研读者提供很大方便,必然有助于唐学的宣扬与发展。

　　2018 年,第七届儒学论坛暨纪念唐君毅先生逝世四十周年学术研讨会在宜宾学院召开。会议由四川思想家研究中心、唐学研究所承办,主题围绕着“中国文化复兴与当代儒学新发展”展开,产出一系列学术论文。一、单论唐君毅的思想,讨论唐君毅的学术思想、哲学密意、伦理思想、爱情婚姻观、道德实践、生命智慧等。二、在比较的视域下讨论唐君毅与其他人物的思想异同,例如讨论唐君毅与钱穆的文化理想、唐君毅与斯洛特的伦理思想等。三、综合讨论现代新儒学的特点、当代学术发展等。四、讨论古代相关哲人,如探讨孟子、叶适、王船山等人的学术思想。

　　除此之外,自上世纪末以来,在各类学术刊物上发表的许多关于唐君毅哲学思想的论文在此就不一一赘述了。

附录二　唐君毅先生心本体论的理想主义道德哲学①

本文试图以唐君毅先生的道德形上学为研究对象,对其进行了较为详尽的探讨和深入的剖析,以期对唐先生道德形上学的内在逻辑体系有一个整体的把握:唐先生认为,真正道德的生活是人自己支配自己的生活。道德生活基于"道德自我"。"道德自我"又是基于"人心"按"人性"而活动,即道德心根据"人性",自觉地超越现实的自我。人过道德的生活便是人自命自令行事。而"人性"也正是通过人过道德的生活而实现和确立的。根据"天人合德"的观念,人性又是来源于"心之本体",即来源于天,是天之所命。因此,人过自命自令的道德生活就是与天命和谐一致。这样,过道德生活的人便可以体验到完满的、至善的天德之流行。

唐君毅(1909—1978)是我国现代著名的哲学家和哲学史家。他一生不断地实践着融通儒、佛、道,涵化印、西、中的学术途径,独运玄思,真积力久而达到成熟的境界。② 他对西方和东方哲学进行了综合与发展,除

---

① 本文删减版曾收录于《东亚儒学研究论集》一书,2011 年由郭齐勇、胡春依主编,岳麓书社出版。是本书研究唐君毅道德哲学的提纲与框架,勾勒出了唐君毅先生道德形上学的特色和贡献以及自己的一些创获。因《东亚儒学研究论集》一书发行册数较少,市面上很少能见到,所以,将此篇论文再次附录于此。

② 肖萐父先生在《富有之谓大业——第二届唐君毅思想国际研讨会上的发言》(载《中华文化论坛》1996 年第 1 期)中指出:有的论者,根据唐君毅哲学的不同方面,将其称为"超越的唯心论者"、"心本体论者"、"现代新人文主义者"、"文化意识宇宙中的巨人"、"现代新儒家的巨擘、典型代表"等等,但如此多的美谥,似皆各有所据,但很难与其思想全貌和客观地位相符。或太空泛,或太狭隘,未能显示其学术思想上的个性特征,都难免以偏概全,不足视为定论。针对时下流行的说法,将唐君毅归入"现代新儒家"群,似乎无可争议,但也应充分重视其思想学派的多源性、兼容性。君毅在学术思想的继开、承启的大方向上,跳出了儒为正宗、余皆异端的狭隘界限,是按"殊途百虑"的学术发展观,自觉地走上了多源头、多根系、多向度的致思道路,而"求其可并行不悖而相融无碍之处"。如果局限于中国传统的学派范式来加以界定,无论是褒义地还是贬义地称之为"现代新儒家"的"传人"等,均难以概举。就君毅哲学思想特有的包容性、开放性而言,就其贯注始终的圆融会通精神与构建自己哲学体系的方法论自觉而言,很难纳入传统学派的某一范式,道家"玄圃",儒家"杏坛",都似乎容他不下。

了对中国整个哲学传统予以系统地再解释之外,在其扛鼎之作《生命存在与心灵境界》中建立了一个新的哲学体系,将宇宙万事万物都看作是求超越的过程,生命存在不仅是为存在而存在,乃是为超越自己而存在。心灵的活动也是在这个基础上,从现实生命逐渐向上求更高的价值,最后止于天德与人德一致的最高价值世界。^① 他的哲学中融入了他对宇宙人生的深切体验,他的哲学中是他的真诚地求真之心的坦诚体会,因此周辅成先生称赞道:"唐先生的哲学中有人,唐先生的人中有哲学。"他还被《简明不列颠百科全书》誉为"中国自朱熹、王阳明以来的杰出哲学家"。

本文由于篇幅所限,仅就唐君毅先生的道德哲学的一部分加以讨论。试图通过对先生道德哲学的内在逻辑体系的探究去领略他的整个哲学体系的风貌。

一、道德的生活

(一)道德生活的本质

什么是真正的道德生活? 唐君毅先生认为:"自觉的自己支配自己,是为道德生活。"^②道德生活便是要支配自己、改造自己。支配自己、改造自己,必须把被支配的自己,与能支配改造的自己,视作同一的自己。此时,"自觉的自己支配自己"便是自律,是自觉地按人的心之本身所该作的原则而行动,是一种心灵的绝对自觉。

"我深信道德的问题,永远是人格内部的问题;道德生活,永远是内在的生活;道德的命令,永远是自己对自己下命令,自己求支配自己,变化自己,改造自己。人必需要在自己真切的求支配自己、变化自己、改造自己时,才能有真正的道德意识之体验。"^③

唐先生认为,道德生活只能从心灵内在的自觉处讲,而不能从外在的

---

① 《简明不列颠百科全书》第7卷,北京:中国大百科全书出版社,1986年版,第677页。

② 唐君毅:《道德自我之建立》,《唐君毅全集》卷四,北京:九州出版社,2016年版,第14页。

③ 唐君毅:《道德自我之建立》,《唐君毅全集》卷四,北京:九州出版社,2016年版,第2页。

具体行为上讲,所以他并没有对道德生活的具体内容做进一步说明,他只讲:"关于你该作的是什么,你自己只要反省便知道。"①

关于该作的是什么,即自己支配自己的目的是什么,唐先生认为,这一问题可以转化为:人类该作的行为,即所谓道德的行为有什么共同的性质?他认为人只有在道德行为、道德心理的共同性质中才能见到自己支配自己的目的,才能自觉自己的道德行为、道德心理的意义,才能更自觉地过道德的生活,才能懂得他们之所以该作的真正共通的理由。这一共同的性质便是:自己超越现实的自己的限制。那么,什么是"现实的自己"呢?唐先生认为:"现实自我即指陷溺于现实时空中之现实对象之自我,为某一定时间空间之事物所限制、所范围之自我,亦即形而下之自我。而道德心理、道德行为之共性,即使自我自此限制范围中解放,不复有所陷溺,而道德价值即表现于此解放之际。"②

因此,唐先生的"现实自我"是生存于时空限制下的自我,是与形而上之自我相对的,它是人生理的本能与行动。道德生活的本质是自觉地自己支配自己去超越现实自我的限制。所有的道德行为都是超越现实自我的行为。

(二)道德自我的凸显

道德生活的性质既然是自己支配自己去超越现实自我的限制,那么这一活动主体的自己,即能超越现实自我的自我是什么样的自我呢?唐先生认为,这一自我便是"道德自我"。

"一切道德价值均表现于你超越现实自己之心理。超越现实自己之心埋,是你自己发出的。然而他自何所发出?他不能自你现实自己发出,他必自一超越现实之自己发出。所以你必需肯定一超越你现实自己之'自己',为你道德心理所自发。"③

可见,在"现实自己"之外,还有一个"超越现实之自己",而这一"超越

---

① 唐君毅:《道德自我之建立》,《唐君毅全集》卷四,北京:九州出版社,2016 年版,第29 页。

② 唐君毅:《道德自我之建立》,《唐君毅全集》卷四,北京:九州出版社,2016 年版,第6 页。

③ 唐君毅:《道德自我之建立》,《唐君毅全集》卷四,北京:九州出版社,2016 年版,第49 页。

现实之自己"就是"道德自我"。唐先生在不同的地方又将它称为超越自我、精神自我、形上自我。将这一"道德自我"与前面已经提到的"现实自我"加以比较,便可看出"道德自我"是指那不受时空限制的、精神的、形上的及超越的自我。而"现实自我"是受时空限制的、形体的、物质的、生物的自我。并且"道德自我"对"现实自我"具有主宰、统摄作用。

"道德自我"与"现实自我"却都统属于同一自我,是自我不同的两个方面。"现实自我"虽是被主宰、被统摄的一方,却正因为有它的存在,才有超越它的必要性,道德生活才有了现实的出发点,道德生活才表现其价值之处;而"道德自我"虽是处于主宰、统摄地位,它对容易陷溺的"现实自我"进行超越,从而人才能摆脱自己的本能、欲望、冲动等生物性的属性,从而依于心之本身真正自觉地实现道德的生活。

(三)道德自我的性质

"道德自我"实质上是自觉超越的心灵在道德生活中的表现,是心灵活动的初始阶段,也是心灵活动最重要的组成部分。自觉超越的心灵还表现在自我的不同层面。除了涵摄"道德自我"这一向度外,还有认知层面的理性自我、审美层面的艺术自我等等。但唐君毅先生最为重视的仍是心灵活动的道德生活层面——"道德自我"。

唐先生认为,道德生活就是自己支配自己的生活,是"道德自我"自觉地自己支配自己去超越"现实自我"的限制。这里面包含两层含义:一、道德自我自身自觉地知道什么是善,什么是恶,它可以自觉察觉人的活动是善还是恶,并按照善的原则对现实自我进行反省。它能够判别善恶、自觉"善善恶恶"、趋善除恶,它自身之内便有善在其中。"一善善恶不善之意识之实现其自身,亦即善之实现其自身。"① 二、"道德自我"是心灵顺从其本性而自觉活动的自我。在道德生活中,就是人心按人的本性而作不断地超越活动。唐先生讲"性",并不是一个静止的性相或属性,而是一个活动的过程,是人活动的道路,是心灵不断超越自身的限制而向善的活动过程。"吾人顺此性此理以活动,吾人即有得于心而有一内在之慊足,并觉实现一成就我之人格之道德价值,故谓之为道德的。顺此性此理而活动

---

① 唐君毅:《文化意识与道德理性》,《唐君毅全集》卷十二,北京:九州出版社,2016年版,第 398 页。

而行为,即使吾人超越于有形相之物质身体之世界,并超越于吾人之自然欲望、自然本能、自然心理性向等。"①可见,"道德自我"是人心、自我按"理"按"性"而行动,不断做自我超越的。这一层次的自我便称为"道德自我",它是形上的自我、超越的自我,它对"现实自我"的超越便构成道德的生活。

至于,唐先生的"理"是什么?"性"又是什么?唐先生认为"性即理",而此"理"此"性"即吾人活动的道路。它是人活动的标准、参考点,同时又是人活动的过程。它是心灵活动的标准,却又必须通过心灵依它而活动才得以显现。

那么,此"理"此"性"又是来源于哪里呢?也就是"道德自我"、道德心灵的形上根源是什么呢?

二、道德自我之根源——心之本体

(一)心之本体的确立

道德的生活即"道德自我"自觉地支配自己去超越"现实自我"的限制,也即主体心灵自觉地支配自己主宰自己的生活。那么,"道德自我"的根源是什么?"道德自我"背后有没有指导性的理念或依据?唐君毅先生认为是形上的"心之本体"。"道德自我之根原,即形上的心之本体,乃将道德自我向上推出去说,以指出其高卓与尊严;然后再以之肯定下面之现实世界,并以之主宰现实世界。"②"此即自怀疑现实世界之真实与感现实世界之不仁出发,进而指出心之本体之存在,及其真实、至善,即以之为道德自我之根原。"③可见,"心之本体"是"道德自我"的形上根源,正是有形上的"心之本体"的实现,才有"道德自我"的确立,有"道德自我"不断地实践道德,现实道德生活才能得以继续,人类才能追求对于现实自我的超

---

① 唐君毅:《文化意识与道德理性》,《唐君毅全集》卷十二,北京:九州出版社,2016年版,第15页。

② 唐君毅:《道德自我之建立》,《唐君毅全集》卷四,北京:九州出版社,2016年版,第10页。

③ 唐君毅:《道德自我之建立》,《唐君毅全集》卷四,北京:九州出版社,2016年版,第1页。

越,现实世界才得以存在。

唐先生对"心本体"的证明,采取的是超越的反省法。"心之本体"不能通过实证确立,只能在不断地超越的反省中被体验出来。

唐先生首先对现实世界进行追问,进一步对现实世界进行了否定。他得出的判断是:一、我们所面对及生存于其中的现实世界是不真实的,它是虚幻的、如梦、如幻。"现实世界中的一切事物是在时间中流转,是无常、如梦、如幻,是非真实的。一切存在者必须消灭,时间之流,如在送一切万物向消灭的路上走。一切的花,一切的光,一切的爱,一切人生的事业,一切我们所喜欢之事物,均必化为空无。这似是我反复的对现实世界的思维之最后的结论。"现实世界中的一切事物都是由现在的化为过去的,生的必须灭,有的必须无,因此世界是不真实的。二、现实世界自根本上说是无情的、残酷的、可悲的宇宙。"我从时间中之一切事物之流转,及其必须消灭上,我知道了,此现实世界根本是无情的。天心好生,同时即好杀。现实世界,永远是一自杀其所生的过程。"①"一切有价值有意义的人生活动之不复再来,便是一可悲悼的事……人生每一活动所有之价值与意义,都是唯一无二的,所以其消灭与过去,便永远是一可悲的事。"天心好生亦好杀,这便是现实世界的本性。

世界是不真实的,是残酷、可悲的,但是我们却渴望与要求真实的、善的、完满的世界。这一真实的心理要求都是现实世界中所没有的,因而在现实世界之上,必有其超越现实世界的根源。这一根源是超越生灭与虚妄,它不能不是恒常、真实、完满的。这一根源不是外在于人的,而是与人自身等同的,他认为就是"心之本体"。"在我思想之向前向下望着现实世界之生灭与虚幻时,在我们思想之上面,必有一恒常真实的根原与之对照。但是此恒常真实的根原,既与我们所谓现实世界之具生灭性与虚幻性相反,它便不属于我们所谓现实世界,而亦应超越我们所谓现实世界之外。但它是谁……我想,即是我心之本体,即是我们不满现实世界之生灭、虚幻、残忍不仁、不完满,而要求其恒常、真实、善与完满的根据。我要

---

① 唐君毅:《道德自我之建立》,《唐君毅全集》卷四,北京:九州出版社,2016年版,第70页。

求恒常、真实、善与完满,这种种理想,明明在我心中。"①

"心之本体"是真实、至善、完满的,它持续地知恶与去恶,它不断地追求一个恒久、有情、仁爱的现实世界;因为不断追求真实、至善、完满,它便又是超越现实世界的,具有自觉与超越的能动性。"心之本体"是至善与完满的,在其统摄下的"道德自我"才能保证每个个体都有去恶从善的可能。"道德自我"只是构成"心之本体"和现实世界的中间环节,人类道德生活的可能和现实世界存在的意义,最终还要靠"心之本体"来说明。

(二)心之本体的特性

唐先生指出所有事物可借三个范畴来解释:体、相、用。② 事物的"体"一般由名词来表达,"相"则以形容词表达,而"用"则借动词来表达。而"体"、"相"、"用"三者的关系则是:体可以由相、用来描述之,体联合相与用;从层位而言,体居于上层,主宰相与用;从次序而言,人必先见到用,才知道有体;从种类而言,体是依赖其相,才被归类。因此,体、相、用三者,每个范畴可透过其他两个被察知。③ 唐先生"心之本体"这一概念也是通过"体"、"相"、"用"这三个不同角度、不同层次来阐释的。

"心之本体"之体不能孤立而论,必须从其相与用谈起。"吾人本不能离其相用,以知体为何物,问此主体自身之为何物,亦即问其相如何、用如何。故人若问此生命存在心灵之主体自身为何物,即必还须就其活动之用、相与所对境物之用、相而说。"④

首先,从"心之本体"的性相来看,"心之本体"是不灭的、恒常的、真实的。"心之本体"不可思,但我们可以思"心之本体"之用——思想。思想可思无限的时空,思想之能可以跨越无限时空之上,所以,此能之本体,必也能超临于时空之上。生灭只为时空中之事,所以,超临于时空之上的

---

① 唐君毅:《道德自我之建立》,《唐君毅全集》卷四,北京:九州出版社,2016 年版,第73 页。
② 唐君毅:《生命存在与心灵境界》上,《唐君毅全集》卷二十五,北京:九州出版社,2016 年版,第27～28 页。
③ 唐君毅:《生命存在与心灵境界》上,《唐君毅全集》卷二十五,北京:九州出版社,2016 年版,第27 页。
④ 唐君毅:《生命存在与心灵境界》下,《唐君毅全集》卷二十六,北京:九州出版社,2016 年版,第243 页。

"心之本体"本身是没有生灭的。"在时空之上者,其本身必不生灭,因为生灭只是时空中事物的性质。""他们生灭,我心之本体,总是恒常。他们虚幻,我心之本体,总是真实。"①"从我们思想本身内部看,则我们无论如何不能不承认,思想是统一联贯过去与未来……这即是反乎现实世界中的时间之前后代谢之另一功能……这即表示他所自发之心之本体,是不灭的。必需心之本体是不灭的,然后会使思想有灭灭之功能。不灭即是恒常,恒常即是真实,心之本体应是恒常的真实的。"②思想可以将过去、未来统一连贯起来,过去得以在现在保存不灭,未来可以在现在预现,思想的反灭性,即可证明其所发自的"心之本体"是不灭的。不灭即为恒常,即为真实,即为善,即为仁。

"心之本体"是一"纯粹能觉"。唐先生认为,思想本身可进一步被视为一种"纯粹能觉"。思想在"觉识"的过程中,必有其"觉识"的对象,"觉识"的对象是无穷的,它们在思想中生灭不已,但思想本身却不同于思想"觉识"的对象,思想本身是一"纯粹能觉",它本身是不生不灭,因此其所依之体——心之本体,也是恒常的。同时,思想作为能觉,它又可以"觉识"它自身,所以,它又是所觉。思想是能觉与所觉的统一,因而它所依的"心之本体"毫无疑问地也是兼涵能觉与所觉,而且是一"纯粹能觉"兼"纯粹所觉",它可以超越能觉与所觉的对立局面。因此,在更高的一层上讲,"心之本体"是无穷的、澄明的、广大的、自觉自照的。

"心之本体"不单是恒常、真实的,也是"道德自我"的至善与完满的根源,因而它也是至善、完满的。从"我感"而言,现实宇宙永远是一个自杀其所生的过程,是无情残酷的,但在"我要求"之下,我希望有一个不仅是"恒常真实的",而且是"善的完满的"根源,即"我内部"的"心之本体"。"我复相信我之心之本体是至善的、完满的。因为我明明不满于残忍不仁之现实宇宙……因为它超临跨越在无穷的时空之上,无穷的时空中之事物,便都可说为它所涵盖,它必然是完满无缺。"③

①　唐君毅:《道德自我之建立》,《唐君毅全集》卷四,北京:九州出版社,2016 年版,第79 页。

②　唐君毅:《道德自我之建立》,《唐君毅全集》卷四,北京:九州出版社,2016 年版,第74 页。

③　唐君毅:《道德自我之建立》,《唐君毅全集》卷四,北京:九州出版社,2016 年版,第79 页。

其次,从发用上讲,"心之本体"在不断地进行着自觉的内在超越。这便涉及"心之本体"与主体自我之间的关系。唐先生认为,"心之本体"必须与主体自我相连,"心之本体"才能表现自身。前文已讲到,"心之本体"虽超越于整个现实宇宙之外,超越了现实世界的生灭与虚幻,但它却不在自我之外,而是我的希望、我的要求,是我内部的自己。可见,"心之本体"与主体自我是同一的,是内在的自我,但同时它又不断地破除有限的自我,以达到超越的自我。

"心之本体"以破除有限为它的本性,以破除有限为它的内容,它的无限与超越也必须通过它自己破除有限的主体自我来表现。破除有限是无限的"心之本体"自身的规定,而它的存在就是它的破除活动,它渗贯于一切有限之中,又在其中做不断的破除。因此,"心之本体"是积极的无限,超越于一切有限;但却又是不断做破除的消极无限,内在于一切有限之中,而且只能在各种有限中表现其本身的品德。可见,"心之本体"并不是静止不动的,并不是与现实世界无关的、高高在上的"心之本体";而是活在现实世界之中的、能动的"心之本体"。

最后,上面我们已从"相"与"用"上分析了"心之本体",但唐先生仍认为,"心之本体"是不能以经验的概念来描述的,即使是最普遍的概念也无法描述它,因为"心之本体"是"无此一切相之相",是不可名状的。先前,通过分析"心之本体"的相与用,我们已经得出一系列关于"心之本体"的概念,那么,能否用这些概念的集合来描述"心之本体"呢?唐先生是坚决反对的。他认为,这些概念的集合体,是在"心之本体"的活动过程中表现出来的,而我们又观察到的,但"心之本体"的活动是有显有隐,有屈又有伸的。我们感到的"心之本体",是一切活动之相续之原,而又超越于其已有的一切活动之外。"即此主体既超越于其已有的一切活动之外,则此已有之一切活动之相貌,皆不能穷尽的说明此主体之所以为主体,因其尚为此后之相续活动之原故。"①此后的一切相续之活动,当其显出时,又成为如前的已有的活动,又不能用于说明此"体"。所以,"心之本体"是"'超越一切活动与其相貌'而'无此一切活动之一切相貌'之'相',即'无此一切

---

① 唐君毅:《生命存在与心灵境界》下,《唐君毅全集》卷二十六,北京:九州出版社,2016年版,第244～245页。

相'之'相'"。① 唐先生认为的"心之本体"是超越所有"相"的,但它却引起一切活动以及活动表现出来的"相"。

三、人性——心之本体的发用与道德自我的超越的相交相汇之所

在第一部分道德的生活中,我们已探讨了道德的生活是自觉地自己支配自己的生活,是"道德自我"自觉支配自己去超越"现实自我"的限制,主体心灵自觉地支配自己主宰自己的生活。在接下来的第二部分进一步探讨了"道德自我"来源于"心之本体","心之本体"是"道德自我"的形上根源。那么,"心之本体"与"道德自我"是如何交接的呢? 人心与"心之本体"是如何互动的? 又是在何种状态下互动的呢?

(一)心之本体与道德自我交接、互动的前提

我们首先来关注一下唐先生笔下的人性与人心。唐先生多次强调:我们应深信人性是善的。"我们必须相信人性是善的,然后人之不断发展其善才可能。我们必须相信人性是善的,然后了解人类之崇高与尊严,而后对人类有虔敬之情……我们必须相信人性是善的,然后相信人能不断的实践其性中所具之善,而使现实宇宙改善,使现实宇宙日趋于完满可贵。"②

唐先生认为,从经验观点来看,人性包含了善与恶,故可以为善也可以行恶,但我们不能因此而对人性下这样的判断,认为人性有善也有恶。人性应是属于形而上的而非经验性的概念。他认为"性"字包含"心"与"生"两部分。"生"是"创造不息、自无出有","心"是"虚灵不昧、恒寂恒感";"心"与"生"都是普遍的、究极的;"生"必依"心",而生之乃有灵,"心"必依"生",而其感乃不息。可见,唐先生认为"人性是善"是一形而上的论断。人性是一超越的人性,是属于形而上层面的,而且人性的善是先于人

---

① 唐君毅:《生命存在与心灵境界》下,《唐君毅全集》卷二十六,北京:九州出版社,2016年版,第245页。

② 唐君毅:《道德自我之建立》,《唐君毅全集》卷四,北京:九州出版社,2016年版,第119页。

的道德实践的;而人也能从道德实践及个人体验中来核定、知晓人之本性。

人性是善的,我们可深信。人类在根本上是追求向善,追求精神之上升的,我们亦可信,然而人类之恶自何来?如果人性是善的,如何会有恶?唐先生认为,人之恶只是源于人的精神的一种变态。"罪恶自人心之一念陷溺而来。"①而人心的陷溺,又是起源于向上的心,起源于心灵要求无限性。我们的精神心灵本身是无限的,现实世界则是有限的,但是无限的心灵必需在有限的现实世界中表现出来,借以破除超越现实的有限、彰显无限。唐先生认为,人对饮食、男女、名利之欲不必是恶,人的精神心灵的无限性更不是恶,只当人在追求欲望的满足中丧失了主体心灵的清明,不再能主宰支配自己的活动而陷溺于外物,执着于外物,为外物、为某目标所封闭,这才是恶。

综合看来,唐先生认为人性是全善的,是形而上的;而人心则不然,它会随时陷溺于外物之中。但这并不能抹掉"心"自身所具有的本质。我们的精神心灵的基本取向仍是超越的、能动的;并且这一超越的能动性是由于"心"有自觉的能力,是一种自觉对自己的反观,从而自觉实现对自己的超越;由于"心"具备自觉性与超越性,因此,它也是无限的。而人性的善,也正是人心在不断地进行自觉的超越自我而实现的。唐先生的人性并不是一种静态的属性或性质,而是一种"心"自觉超越的能动性的活动。因此,可以说自觉超越的"心"或人性是至善的。

在了解了唐先生人心、人性的含义之后,我们来看看另外一个他构建其体系的背景——天人合德。他认为,中国儒家的形上学主要就是这一理论。"其言人,则主要在其言人心、人性、人道、人德,而人道皆可通于天道,人德亦通天德者。其言天道人道,天德人德之胜义,则在其言生、言善或价值。并言善或价值之本之仁,言善或价值之表现于中和或大和,或至诚无息。此皆为可兼贯通天与人而说者。"②他还认为,儒家讲人之本心本性,通于天心天性和天理,而后者表现于自然,也内在于人心。人可以

---

① 唐君毅:《道德自我之建立》,《唐君毅全集》卷四,北京:九州出版社,2016 年版,第120 页。

② 唐君毅:《哲学概论》下,《唐君毅全集》卷二十四,北京:九州出版社,2016 年版,第49 页。

尽心知性以知天,立人道以知天道。唐先生是非常认同这种尽心尽性以知天的理路的。

唐先生正是在这两个背景前提下构建其"心之本体"与"道德自我"的互动的。

(二)心之本体与道德自我的交接、互动

在他所描述的生命存在活动的最高境界——天德流行境中,人可以在"人德"的实现上见到"天德"的流行,而"天德"的流行也就是这一最高境界的出现。"心之本体"与"道德自我"的交接与互动就在这一境界中进行的。人性便是"心之本体"与"道德自我"相交相汇之所。在唐先生看来,从上而观之,人性是"心之本体"所赋予人的;而从下而观之,人性又表现在人心即"道德自我"、道德心不断自觉超越自我,也可以说自觉地超越的心是按人性来自命自令的。也就是说,天之所命与人之自命自令在人性之中得到联结。在这一境界中,人不必探求"心之本体"是什么,"心之本体"只是人性的形上根源,而人顺其本性自命自令便可知"心之本体",便可知天。人的心灵不断地、自觉地做超越自己的活动便可体会到人之本性之善,同时也能体验到"心之本体"完全化入到自己的本性之中。在这一"天德流行境"中,每个人都可以尽其心,知其性,以知天。

至此,我们已大致描述了唐先生道德形上学的概貌。道德生活是基于"道德自我","道德自我"又是基于人心按人性而活动,即道德心根据人性,自觉地超越现实的自我。人过道德的生活便是人自命自令行事,也是人性的实现。人性又来源于"心之本体",来源于天,是天之所命。所以,人过自命自令的道德生活就是与天命和谐一致。这样,过道德生活的人便可以处于完满的、最高的天德流行境之中。

四、理想主义的道德哲学

唐君毅先生以"道德自我"为始点与根基的,以心灵不断对自身进行自觉超越活动为基础的道德哲学是一种理想主义的哲学。他在其晚年的,也是代表其成熟哲学思想体系的著作《生命存在与心灵境界》中,称他的哲学是:"吾所尊尚之哲学,乃顺人既有其理想而求实现,望其实现,而

更求贯通理想界与现实界之道德学兼形而上学之理想主义之哲学。"①并把他这一理想,看作是在现实的宇宙、人生中的一种真实存在。唐先生一生都在强调理想的重要,讲究理想是一种真实存在,因而他一生的所有著作也都充满着追求理想、实现理想的向上精神。

唐先生认为这一理想是代表人的最高理性的理想。这一理想不是仅对客观世界或物质世界的知识的追求,而是对宇宙人生中的智慧的追求。这一理想不是人的逻辑理性、工具理性所追求的,而是代表人的最高的理性——道德理性、信仰理性所追求的。这一理想能开辟人的生命之源,能开辟人的各种价值之源,能凸显道德主体,这便是儒家的道德之学。因此,唐先生在《道德自我之建立》一书自序中讲道:"著者思想之来源,在西方则取资于诸理想主义者,如康德、费希特、黑格尔等为多,然根本精神则为东土先哲之教。"可见,唐先生兼采了西方哲学的丰富营养,但却并没有随便抓一个西方哲学家过来作为我们传统哲学的太老师,而是用中国人自己的哲学来解释中国哲学遇到的问题。这不能不说为中国哲学展开了一个新方向,不仅如此,他还试图用自己的体系去为世界哲学遇到的问题提供一个新的解决途径。

(一)理性与理想统一于性情

之前提到,唐先生非常重视理想之实现,但他认为这一理想并非外在于人的,不是高高在上的,无法企及的,而是在人的生活之中,是一种人顺着天地、社会、生活之自然运行的理想,在这一理想追求过程中,人的主体性可以得到充分凸显。因此,唐先生认为这样的理想——道德,只能在现实中求理想,在理想中求实现。

唐先生认为,这一理想的建立与实现都离不开理性。他认为理性与理想二者不是相反的,其实是一事。讲理想不讲理性,固然是空想;但讲理性,不讲理想,必然是盲目的。他指出:"然人之失落其理想,亦可重建理想;知理性能力之限度者,仍是理性的思想;知哲学之缺点者,仍是哲学。任何反理性之哲学,仍必多少依理性而思维,以成其哲学……任何只描述理想之失落之哲学家,亦须自觉。人若非原为一有理想之存在,亦无

---

① 唐君毅:《生命存在与心灵境界》下,《唐君毅全集》卷二十六,北京:九州出版社,2016年版,第384页。

理想之失落。人若为一有理想之存在,则理想之失落时之忧虑与怅惘,只为一过渡至理想之再升起者,故理想主义亦不可反。人类今后之哲学,仍当本理性建立理想,而重接上西方近代之理性主义、理想主义之流。"①因此,唐先生认为这一理想是离不开理性的,离开了理性生命存在的这一理想只是朦胧一团,是妄想。这里唐先生是吸纳了西方传统思想,认为人是有理性的存在者。但同时,他也意识到人具有的这种理性并不仅仅是逻辑理性、分析理性、工具理性,人不能只是作为抽象思维的主体,还必定是有生命的存在,有情感的存在。因此,人的理性更应是具有情感的理性。而正是这种情感理性,即此性、此情才使生命存在的理想不至于成为空形式,而使得理想与现实统一起来,在生命存在的现实活动中达到和谐一致。

这种情感性的理性便是"性情"。"性情"是人的生命存在与心灵,在理性的指导下,在主观世界所想建立的理想世界——道德生活、人格王国。它是依赖于人的理想而出现;但又是理性的一种形式,是一种出自人的本性的情感理性。"性情"是情感,也是理性。说它是情感,是由于这是对理想的一种爱慕与想把理想中的一切价值实现出来的愿望;说它是理性,是由于这种理想又是依赖于理性而发出的。可见,"性情"使理想界与现实界联结到一起,使生命存在与心灵个体可以在现实活动中不断发挥主体性的积极作用,成为自觉的存在、自觉的心灵,不断地让自己向上升进,向上超越。

(二)尽性立命以达天德流行之境

"性情"乃为理想变为现实提供了可能。可能并不是必然,还需要生命存在与心灵自觉不断地做自我超越。那么这种超越的途径是什么呢?唐先生认为便是过道德的生活。

唐先生在前面肯定了包含了情感的理性——性情,可以使理想与现实合一。这一点他是从人的道德实践、道德生活不断向上发展来证明的。他认为从道德的生活引申出来的超越是当然与实然的。作为宇宙与人生中的一种形上的真实存在,才是生命存在与心灵进行不断超越的根源所

---

① 唐君毅:《生命存在与心灵境界》下,《唐君毅全集》卷二十六,北京:九州出版社,2016 年版,第 365 页。

在。他认为分辨善恶的道德,过道德的生活能够使人解除、脱离生活的矛盾,也就是说道德可以通于绝对,可以安身立命。道德可以使理性达到完善,可以使理想在现实中实现。

那么,我们如何过道德的生活? 如何达到道德理想的圣境呢? 这便是尽性立命以达天德流行之境。通过成就人德,以求看到天德。在天德流行境中,人德便通于天德。人德通于天德本身又存在于生命之中,它又是生命活动与实现的过程。生命就是一个由隐到显,由始到终的过程,具有无定执而自超越的特性。所以,人德通于天德便是尽人之性,以立天之命。而人之性又是天之所命,所以人既是以人性为参照点自命自令,又是作为终极精神实在的天之所命,是"天之所命"表现在人性之中。天是人性的形上根源,人又是依其性自命自令,于是在道德生活中,天命即是自命,尽性也就是立命。

唐先生把人的生活归结于道德的生活,道德生活在于生命存在"自命自令"不断超越以通于"天命"的活动。人的生活、生命存在的生活是理性化的生活,是包涵了情感的理性自身向往的生活,它是人在道德实践中体验到的一个理想的价值生活。在这一理想的价值生活中,人道与天道合一,人德与天德同流。人的价值、生命的价值也就在这理想的追求与实现中得到完满的体现。

附录三 孟子"心性"释义[①]

儒家之学的理论基础是心性之学,而心性之学自孟子才始具规模。通过探讨孟子"心"、"性"的含义、关系,孟子心性之学的深层次价值取向得以显明孟子之学。孟子性善论的阐释,对于理解中国儒学思想史,对于解决中国伦理思想中成就道德等若干问题,对于体验千百年来有责任感的中国知识分子心灵深处永恒的乡愁,都具有十分重要的意义。

传统儒学从本质上讲是一种伦理道德哲学,它关注的焦点是人怎样能够合于伦理、成就道德的问题,这也是自古以来历代儒家不遗余力,推崇备至的"心性之学"。"心性之学"就是人之所以有理义,之所以有道德之学。依照牟宗三先生等人的看法:"此心性之学,是中国古时所谓义理之学之又一方面,即论人之当然的义理之本原所在者。"[②]基于此,我们可以说儒家之学的理论基础是心性之学,而儒家心性之学自孟子才始具规模。孟子心性之学不仅为其性善论这一创见提供了义理根据,而且还由此开出了宋明新儒学的心性之学以及现代新儒家的心性之学。为此,本文探讨了孟子心性之学的结构和归趣,以期读懂性善论。

---

① 本文删减版曾发表于《决策探索》2016 年第 12 期。因唐君毅先生以孔儒为归宗,想要理解唐先生的道德哲学思想,就必须探寻他对孔孟为代表的先秦儒家的理解以及所持有的观点。唐先生之后研究宋明新儒学时,亦以孟学为主调来上接先秦儒家,他对孟子思想的继承与诠释深深影响着他的哲学思想。加之,唐君毅先生从早年到晚年都有一系列专门论述孟子的文章,可以通过对这一系列论文的研习,察其思想的变化脉络。这里就将之前研究孟子心性思想的论文扩而充之,一则帮助理解先秦儒家哲学,二则从此视角观察唐先生的哲学与观点,也可以进一步为研究唐君毅等新儒家哲学思想的有志之士提供一个研究的视角。

② 唐君毅:《中国文化与世界》,《唐君毅全集》卷九,北京:九州出版社,2016 年版,第 17 页。

一、“心”与“性”的语义学释义

“心”，本意为心房。汉字中，“心”字早在甲骨文中就已出现。《尚书·盘庚》篇中，“心”字都是作为象征主体的语言符号。西周以后，“心”被看作主体之思想感情的承担者。如《诗经》中的“我心忧伤”①、“心之忧矣”②、“心之悲矣”③等，这些属于主体情感范围内的忧伤、悲痛等都是以“心”为承载者。每个人都有一颗“心”，“心”具有个体性。同时，“我心”可以思虑、忖度“他心”，这种思虑、忖度就肯定了人心的相通性，即个体心与个体心之间的共同性。到了春秋时期，人们对“心”的认识又有所发展，不仅把“心”与耳、目、口等感官并列，肯定它的生理现实性，而且把“心”从其他感官中突显出来，赋予“心”以道德评判和心理选择的功能。这一倾向，在孟子思想中达到了高峰。

《孟子》中“心”字有着重要地位，基本含义相当于现在的脑，如“于心终不忘”④，“其操心也危”⑤。基于此又引申为意愿、心志，如“我四十不动心”⑥，“必先苦其心志”⑦。有时“心”还代表民意，如“天下不心服而王者，未之有也”⑧，“失其民者，失其心也”⑨。但是在孟子心性论中，“心”又具有更特定的含义：一、作为心性论基础的心，只是良心，仅指善的一面。先秦时期，“心”有作为感官的生理之心之义，此“心”是指包括感觉、欲望等在内的、低级的生理活动的承担者。此“心”的含义有好也有坏，有善也有恶，但孟子只以良心、善心论本心。二、作为心性论基础的心，只是道德之

---

① 袁愈荌译诗，唐莫尧注释：《诗经全译》，贵阳：贵州人民出版社，1981 年版，第 177 页。

② 袁愈荌译诗，唐莫尧注释：《诗经全译》，贵阳：贵州人民出版社，1981 年版，第 181 页。

③ 袁愈荌译诗，唐莫尧注释：《诗经全译》，贵阳：贵州人民出版社，1981 年版，第 440 页。

④ 杨伯峻译注：《孟子译注》，北京：中华书局，1960 年版，第 113 页。

⑤ 杨伯峻译注：《孟子译注》，北京：中华书局，1960 年版，第 308 页。

⑥ 杨伯峻译注：《孟子译注》，北京：中华书局，1960 年版，第 61 页。

⑦ 杨伯峻译注：《孟子译注》，北京：中华书局，1960 年版，第 298 页。

⑧ 杨伯峻译注：《孟子译注》，北京：中华书局，1960 年版，第 190 页。

⑨ 杨伯峻译注：《孟子译注》，北京：中华书局，1960 年版，第 171 页。

心。先秦时期"心"由感官生理之心升华而形成具有道德评判和心理选择的道德之心。同时,人们也发现"心"具有认知功能。即"心"包括了道德之心,也包括了认知之心。但孟子只以心的道德功能,即道德之心来论本心。

"性",本字为"生",后来演变为"性"。在含义上既指人性,又泛指物性,甚及天地之性。殷周之际,"性"字很少见,且多与"命"相关联,而"命"多有天命、天道的含义。《诗经》中人性之含义尚未独立,但人性概念已从天命中厘清出来,但却肯定人性和天地之性是统一的。人性可以同于天地之性,也可以不统一于天地之性,那也就是失其本性,这关键在于主体的情况。由此,"性"除了有"生"和"性命"之外,又有了本性、自然之性等义。

"性"字在《孟子》中出现的次数少于"心"字。首先,仍可见到"生"字的本义,如"形色,天性也"①。由此引申为人、物生来就有的属性和资质。如"人见其濯濯也,以为未尝有材焉,此岂山之性也哉"②,就是指山的本来生而就有的属性和资质。生来即有的属性又分为两种,所以性也就有两种,即口之于味,目之于色的生物性之性,以及仁之于父子,义之于君臣的义理当然性之性。孟子认为生物性之性固然是生而即有的,而义理当然性之性也是生而即有的,这两种情况都应称为"性"。但孟子的心性论并不以前一种"性"为基础,而只以后一种"性"来立论。孟子指出:口喜好美味虽然是一种天性,但君子不以此为性,只以此为命;仁在父子之间虽然是命,君子却不以此为命,只以此为性。③ 孟子把"性"和"命"严格地区分开来,指出:仁义在父子是求在我者,求有益于得,得到得不到由自己决定,因此君子称为性;口喜好美味是求在外者,求无益于得,得到得不到由外在力量决定,因此君子只认其为命。这样,人们成就道德的根据就在自己的本性之中了。

综上言之,孟子论性,只是讲人生来即有的某种属性,这种属性并不是指人的本质。再有,孟子论性,只是指人之所以为人的道德特质,也就是人与禽兽的不同特性。这种特性只涉及道德特质而不涉及认知特质。

---

① 杨伯峻译注:《孟子译注》,北京:中华书局,1960 年版,第 319 页。
② 杨伯峻译注:《孟子译注》,北京:中华书局,1960 年版,第 263 页。
③ 杨伯峻译注:《孟子译注》,北京:中华书局,1960 年版,第 333 页。

儒家的创始人孔子对"心"也有所论述,且多是在重礼、行礼不在于外面的排场,而在内心的情感上使用"心"。对"性"也有他自己的看法,但却只有一句"性相近,习相远"直接涉及"性",其他大都蕴含在对别的问题的论述之中。并且并不见有心、性合用的。到了孟子,开始将心、性范畴连接起来,使心性始有合二为一之可能,为儒家心性一系开启了先河。

二、即"心"言"性"——以心善言性善,心之谓性

孟子以"心"言"性"的基本含义,是即心善而言性善。那么,孟子何以能够如此呢?即"心"言"性"又有什么依据?孟子即"心"见"性"、以心善言性善的明确表述,见于《孟子·公孙丑上》第六章与《孟子·告子上》第六章。这里引述如下:

"由是观之,无恻隐之心,非人也;无羞恶之心,非人也;无辞让之心,非人也;无是非之心,非人也。恻隐之心,仁之端也;羞恶之心,义之端也;辞让之心,礼之端也;是非之心,智之端也。人之有是四端也,犹其有四体也。有是四端而自谓不能者,自贼者也;谓其君不能者,贼其君者也。凡有四端于我者,知皆扩而充之矣,若火之始然、泉之始达。苟能充之,足以保四海;苟不充之,不足以事父母。"①

"乃若其情,则可以为善矣,乃所谓善也。若夫为不善,非才之罪也。恻隐之心,人皆有之;羞恶之心,人皆有之;恭敬之心,人皆有之;是非之心,人皆有之。恻隐之心,仁也;羞恶之心,义也;恭敬之心,礼也;是非之心,智也。仁义礼智,非由外铄我也,我固有之也,弗思耳矣。故曰,'求则得之,舍则失之。'或相倍蓰而无算者,不能尽其才者也。《诗》曰,'天生蒸民,有物有则。民之秉彝,好是懿德。'孔子曰:'为此诗者,其知道乎!故有物必有则;民之秉彝也,故好是懿德。'"②

《公孙丑上》的即"心"言"性"大体是以人具有四端之心而言人心向善;而《告子上》则以人本具有仁、义、礼、智四心言人心本善。孟子便是以人心向善言性善与人心本善言性善。具体分为以下几个步骤:

---

① 杨伯峻译注:《孟子译注》,北京:中华书局,1960年版,第80页。
② 杨伯峻译注:《孟子译注》,北京:中华书局,1960年版,第259页。

(一)以良心论性

前面已提出过,孟子以前,"心"的范畴包括善、恶同在的道德领域之心,也包括认知之心。但孟子将其心性论的"心"仅仅限制在道德领域之心中,而且是道德领域中的善心。因此,他只谈"恻隐之心"、"羞恶之心"、"辞让之心"、"是非之心",而不谈认知之心和邪恶之心。这种特定的心,孟子称其为"良心"①。朱子在《四书章句集注》中注"良心":"良心者,本然之善心,即所谓仁义之心也。"②

(二)道德良心人人固有

孟子认为道德良心是人人固有的,即所谓"恻隐之心,人皆有之;羞恶之心,人皆有之;恭敬之心,人皆有之;是非之心,人皆有之"。孟子首先通过"乍见孺子将入于井"的特定情景来说明良心人人固有。"所以谓人皆有不忍人之心者,今人乍见孺子将入于井,皆有怵惕恻隐之心——非所以内交于孺子之父母也,非所以要誉于乡党朋友也,非恶其声而然也。"③猛然间见到刚刚会走路的小孩子就要掉到井里了,任何人都会有一种惊骇恐惧、悲悯不忍之情,这并不是出于利害的考虑和欲望的驱使,完全是真心真情流露。孟子由此证明,恻隐之心,人皆有之,非由外铄。

其次,孟子指出圣人与人是同类,而同类者必有"同然",这个"同然"便是良心。圣人有良心,所以人人都有良心。"麒麟之于走兽,凤凰之于飞鸟,太山之于丘垤,河海之于行潦,类也。圣人之于民,亦类也。出于其类,拔乎其萃,自生民以来,未有盛于孔子也。"④孟子认为孔子是出类拔萃的人,但他仍然认为孔子与民是同类。孟子在《告子上》中也说道:"故凡同类者,举相似也,何独至于人而疑之? 圣人,与我同类者。"⑤圣人与一般人是同类,凡同类者都有相似之处,即是"同然"。孟子认为这个"同然"就是理、义。圣人之所以为圣人只在于他们"先得我心之所同然

---

① 杨伯峻译注:《孟子译注》,北京:中华书局,1960 年版,第 263 页。
② 朱熹:《四书章句集注》,北京:中华书局,1983 年版,第 331 页。
③ 杨伯峻译注:《孟子译注》,北京:中华书局,1960 年版,第 80 页。
④ 杨伯峻译注:《孟子译注》,北京:中华书局,1960 年版,第 64 页。
⑤ 杨伯峻译注:《孟子译注》,北京:中华书局,1960 年版,第 261 页。

耳"①。孟子指出了"人皆可以为尧舜"②的说法,认为只要能将人之"同然"的心之中的四端理义之心发扬光大,则足以成为圣人、足以保四海。即"服尧之服,诵尧之言,行尧之行,是尧而已矣"③。

接着,孟子把良心称为本心。本心,即原本固有的心。孟子认为,"本心"人人都有,君子与小人的区别仅在于君子能存持,小人不能存持。这就是著名的"万钟则不辨礼义而受之。万钟于我何加焉?为宫室之美、妻妾之奉、所识穷乏者得我与?乡为身死而不受,今为宫室之美为之;乡为身死而不受,今为妻妾之奉为之;乡为身死而不受,今为所识穷乏者得我而为之,是亦不可以已乎?此之谓失其本心"④。不接受如万钟之俸禄、住宅之美,妻妾之奉等,是由于先天存在的"本心"在起作用;但如果经不住诱惑而接受,则就遮蔽了"本心"。

(三)良心本心是性善的根据

良心本心是内在的,必须表现于外在,表现出来的便是仁、义、礼、智之性。"恻隐之心,仁也;羞恶之心,义也;恭敬之心,礼也;是非之心,智也。"恻隐、羞恶、恭敬、是非之心,分别表现为仁、义、礼、智之性。因此,性善的根据全在于良心本心,良心本心是性善的基础。

《尽心上》第二十一章:"君子所性,仁义礼智根于心,其生色也睟然,见于面,盎于背,施于四体,四体不言而喻。"⑤君子的本性在于仁、义、礼、智根于他的心,这样他发出来的神色就醇和温润,表现于脸面肩背,以至于四体,四体不用言语仅凭动态举止,别人就可一目了然。所以,有内在仁、义、礼、智之心,才有外在的君子之性;而有了内在的仁、义、礼、智之心,也必然会有外在的君子之性。由此,我们把孟子的本心称为本心本体。因为在孟子那里,内在称为心,外在称为性,良心本心外在表现就是善性,所以心是善的根据,是性的根据。在此意义上说,仁义之理的良心本心就是人之本性,而人之本性就是人所本有的内在的良心本心。

---

① 杨伯峻译注:《孟子译注》,北京:中华书局,1960 年版,第 261 页。
② 杨伯峻译注:《孟子译注》,北京:中华书局,1960 年版,第 276 页。
③ 杨伯峻译注:《孟子译注》,北京:中华书局,1960 年版,第 276 页。
④ 杨伯峻译注:《孟子译注》,北京:中华书局,1960 年版,第 266 页。
⑤ 杨伯峻译注:《孟子译注》,北京:中华书局,1960 年版,第 309 页。

（四）恶是由于人不能尽其才

人人都固有良心、善心，那么恶是如何产生的呢？孟子认为，恶是由于舍弃了自己的良心、善心，即"弗思耳矣"，"不能尽其才者也"。《离娄下》第十九章："人之所以异于禽兽者几希，庶民去之，君子存之。"①《尽心上》第十六章："舜之居深山之中，与木石居，与鹿豕游，其所以异于深山之野人者几希。"②人与禽兽、君子与庶民之间的区别仅有一点，君子为君子，庶人为庶人，只在于他们能不能保持住这一点，即善不善于存心。人不能成为君子，而陷于恶中，沦为禽兽，也在于他们舍弃了这一点，即不能存心。

那么，人为什么不能存"心"，而选择舍弃"心"呢？孟子认为：一是环境影响；二是利欲影响。例如，孟子指出，少年子弟丰年多半懒惰，灾年多半强暴，不是因为他们的本身才质不同，而是环境造成的。再如，万钟之禄，不合礼义，仅因为物质条件太好便容易接受，就是因为受利欲影响而失去了本心，于是便产生了恶。综上所言，孟子认为"恶"仅仅是良心本心的流失。良心本心存得住，就尽其才了，就无恶；良心本心存不住，便没有尽其才，就产生了恶。由此，孟子又一次论证了心善即性善。

（五）孟子为其性善找到了形上根据

孟子为了论证性善，引《诗经》为证："天生蒸民，有物有则。民之秉彝，好是懿德。"以此说明了事物有自己的法则，百姓也秉持常性法则，即喜好美德，所以性善就有了形上根据。

综合以上五点，孟子以心善言性善的基本思路便是：以良心来限定人心，接着论证良心人人固有，良心即本心，再指出良心本心是性善的根据，具有本体性，而"恶"在于良心本心的流失，最后还试图为"性善"找出形上的根据。

前面提到，孟子即心言性，既以人心向善（即人存四端之心）言性善（即仁义之心），但他在论证过程中为什么却以人心本善立论？的确，孟子以心言性的心，既有经验层次上的善良端倪之心，此为向善之心；同时也

---

① 杨伯峻译注：《孟子译注》，北京：中华书局，1960年版，第191页。

② 杨伯峻译注：《孟子译注》，北京：中华书局，1960年版，第307页。

是具有儒家规范的仁义之心,此为本善之心,即本心。确立孟子性善论基础的不是向善之心,而是本心。因为,由向善之心不可能推出本善之性;而本善之心则可以。本善之心既可以含摄"向善之性"又可以兼融"本善之性"。那么,本心如何能兼融二者呢?在孟子看来,人与生俱来的四端之心是人性的善端,而非本然之善。四端之心是孟子为性善找到的经验层面上的依据,并不能成为性善的根本依据。孟子提出性善的根本目的并不在于找到经验中的根据,而是把这经验层面上的四端之心提升为仁、义、礼、智四德的高度,并将仁、义、礼、智四德确立为人的本心,以此希望人们通过努力而达到这一高度,符合这一本心,此时"本性"被视为具有道德蕴涵的价值存在。因此可以说,心善只是性善的开端,而不是性善的实现与完成。性善的实现与完成要靠实践。孟子以心善言性善是一种价值理想,性善的根据本心善即含有人的向善之性,也含有他所期待的人的本善之性。

三、对孟子本心的深层含义的探究

(一)孟子的本心是在与告子等人的争论中提出的;是价值选择的结果

孟子与论敌辩论人性之善恶,主要表现在他与告子的争辩之中。《孟子·告子上》记载了争辩的主要内容,按顺序可分为生之为性之辩,以水喻性之辩,杞柳梧桮之辩,仁义内外之辩。从逻辑上说,孟子的这些辩论并不严密,但由于构思巧妙、善辩,从而驳倒了告子,使得他的性善论与良心本心论站住了脚跟。

第一是生之为性之辩。"告子曰:'生之谓性。'孟子曰:'生之谓性也,犹白之谓白与?'曰:'然。''白羽之白也,犹白雪之白;白雪之白犹白玉之白欤?'曰:'然。''然则犬之性犹牛之性,牛之性犹人之性欤?'"[①]这是关于何者为性的辩论。"生之谓性"代表了告子的思想。告子认为,人生下来的一切生理、心理都是性,生即是性,生和性是相等的。孟子不同意告子的看法,不是以人生下来的一切生理、心理为性,而是以人的仁、义、礼、智四本心为性,以"人之所以异于禽兽者几希"的那点儿良心本心为性,以

---

① 杨伯峻译注:《孟子译注》,北京:中华书局,1960年版,第254～255页。

人之为人的道德特质为性。孟子在争辩中并没有正面阐述自己的观点，也没有从正面批评告子不应该以生为性，而是首先把生和白、性和白对等起来，问"生之谓性也，犹白之谓白与？"，告子肯定了。接着又问这是不是说白羽毛的"白"就是白雪的"白"，白雪的"白"又犹如白玉的"白"呢？告子又肯定了。最后，孟子追问"然则犬之性犹牛之性，牛之性犹人之性与？"。由于人们一般认为，牛与人是不同类的，说牛之性与人之性相同，是违反常理的。所以，孟子以良心本心为性的看法便自然被认为是对的了。

第二是以水论性。"告子曰：'性，犹湍水也，决诸东方则东流，决诸西方则西流。人性之无分于善不善也，犹水之无分于东西也。'孟子曰：'水性无分于东西，无分于上下乎？人性之善也，犹水之就下也。人无有不善，水无有不下。今夫水，搏而跃之，可使过颡；激而行之，可使在山。是岂水之性哉？其势则然也。人之可使为不善，其性亦犹是也。'"①告子在这里打比方，以水比性，认为水流没有固定的方向，可以东流亦可以西流，取决于外力。这正如人性，人性也没有固定的方向，是善还是不善，并不决定于人性自身，而是由于外在的影响。而孟子巧妙地把东西改换为上下，是为了以水之向下论说"人无有不善"。因为，水虽然不分东西，但通常是向下的。水可以引向高山，但却不是水的本性，而是外力作用的结果。告子既然以水比性，那么就不能否认性是向善的。

第三是杞柳桮棬之辩。"告子曰：'性犹杞柳也；义犹桮棬也。以人性为仁义，犹以杞柳为桮棬。'孟子曰：'子能顺杞柳之性而以为桮棬乎？将戕贼杞柳而后以为桮棬也？如将戕贼杞柳而以为桮棬，则亦将戕贼人以为仁义与？率天下之人而祸仁义者，必子之言夫！'"②这是关于杞柳与桮棬和人性与仁义关系的辩论。告子先以杞柳与桮棬的关系，比喻人性和仁义的关系。杞柳是制成桮棬的材料，桮棬是杞柳制成的器皿。在告子看来，孟子直接以人性等同于仁义，相当于直接把材料等同于器皿，而没有把两者区分开来。告子虽认为杞柳可以制成桮棬，但是这个制成是顺着杞柳的本性，还是逆着杞柳的本性，告子并没有讲，但可以肯定未必以为非要戕贼杞柳的本性才能制成桮棬。但孟子却虚设了告子是这样认为

---

① 杨伯峻译注：《孟子译注》，北京：中华书局，1960年版，第254页。

② 杨伯峻译注：《孟子译注》，北京：中华书局，1960年版，第251页。

的,认定对方是主张"戕贼杞柳而以为桮棬",便推出告子也主张"戕贼人而以为仁义",责怪告子是"率天下之人而惑仁义者"。

第四是仁义内外之辩。"告子曰:'食色,性也。仁,内也,非外也。义,外也,非内也。'孟子曰:'何以谓仁内义外也?'曰:'彼长而我长之,非有长于我也;犹彼白而我白之,从其白于外也,故谓之外也。'曰:'异于白马之白也,无以异于白人之白也;不识长马之长也,无以异于长人之长欤?且谓长者义乎?长之者义乎?'曰:'吾弟则爱之,秦人之弟则不爱也,是以我为悦者也,故谓之内。长楚人之长,亦长吾之长,是以长为悦者也,故谓之外也。'曰:'耆秦人之炙,无以异于嗜吾炙。夫物则亦有然者也。然则耆炙亦有外欤?'"①告子与孟子都同意仁内,但孟子主张义内,告子主张义外。告子说:"彼长而我长之,非有长于我也。犹彼白而我白之,从其白于外也,故谓之外也。""彼长"是指人之年长者,"我长之"是我见到年长者而认其为年长者;"彼白"指外物具有白色者,"我白之"是我见到白色事物而认其为白色者。告子认为,事物的性质是什么样的,我亦认为其是什么样的。告子认为义便是事实判断。而孟子却提出"异于白马之白也,无以异于白人之白也;不识长马之长也,无异异于长人之长与?"。孟子认为,"白马之白"和"白人之白"是一样的,但"长马之长"和"长人之长"却不同。因为,长人之长除了认其为长之外,还有一层尊敬的意思在内。而尊敬是发自内心的,所以他认为"义内"而非"义外"。从此可以看出,孟子讲的义是仁义之义,是价值判断,是认识主体对事物经过选择后的价值取舍。

孟子的良心本心是在与告子的争辩中提出的,孟子挣脱了"生之谓性"的传统经验主义模式,建立了"即心言性"的一种具有先验性的模式。旨在说明人与禽兽迥然不同的道德经验与价值生活,因此,本心作为孟子心性论中的核心概念,一直被认为是人的道德实践的动力与源泉。牟宗三先生在诸多论著中也一再指出,孟子之学就是"心性之学",此"心"即为"道德主体性"。牟宗三先生说:"此'心'代表'道德的主体性',它堂堂正正地站起来,人才可以堂堂正正地站起来。"②唐君毅先生也指出孟子心学的精神在于兴起心志以立人。他说,"近忽有会于孟子言心性之善,乃

---

① 杨伯峻译注:《孟子译注》,北京:中华书局,1960年版,第255～256页。
② 黄俊杰:《中国孟学诠释史论》,北京:社会科学文献出版社,2004年版,第22页。

意在教人缘此本有之善,以自兴起其心志……"①故孟子的"人禽之辩"关键不在于辩人与兽不同"类",而在于使人自觉其为人。

(二)孟子的本心是先天的,本然的道德心,人人固有;同时本心具有本体性,当体呈露,在判明是非的同时逼使人行善去恶

全面考察孟子关于良心本心的论述,可将良心本心的特点归纳为两点。

首先,良心本心是人所固有的,是人的良知良能。孟子认为,良心本心即是人原本固有,内在于人,不是外在强加的。他指出,恻隐、羞恶、辞让、是非之心,人皆有之,而这四心就是仁、义、礼、智四端,所以,"仁义礼智非由外铄我也,我固有之也"。孟子通过两种途径证明本心是人所固有的。第一,"此天之所与我者"②,即本心是上天赋予的。第二,是人生而就有的。孟子指出,孩童都知爱其亲,及其长也都知敬其兄,亲亲敬长即为仁义,所以本心善性是人生而有之。由此,孟子主张仁、义、礼、智之良心本心为人人固有,不是外在强加于人的。由于仁、义、礼、智之心是原本固有,所以它就是不学而能的良能,不虑而知的良知。既然人生下来就有仁、义、礼、智的良知良能,人们遇事时只需反身求得良心本心即可。孟子认为,人人都有良心本心,得到它的唯一方法便是切己反思,逆觉体证。切己反思,扩而充之,可以为圣人;不切记自反,本心易流失殆尽,便为禽兽了。

其次,良心本心遇事当体显露,体用无间。孟子认为,仁、义、礼、智根于心,良心本心充实了,身体容纳不住,必然表现于外,即"四体不言而喻"。"四体不言而喻"指本心指挥四体,四体行动无不体现仁、义、礼、智,所以不必言语,别人便可一目了然。孟子指出:"故推恩足以保四海,不推恩无以保妻子。"③"恩"来源于内心,推"恩"即是将良心本心推广到外在的万事万物。这便是"心之本体"表现为"用"。良心本心只有通过"用"才能体现自己的存在;而本心本体只要存在,也必然会体现为"用"。但本心本体的发用根据还在于良心本心。孟子指出,心之喜欢礼仪,恰如口之喜

① 黄俊杰:《中国孟学诠释史论》,北京:社会科学文献出版社,2004年版,第21页。
② 杨伯峻译注:《孟子译注》,北京:中华书局,1960年版,第270页。
③ 杨伯峻译注:《孟子译注》,北京:中华书局,1960年版,第16页。

欢美味的肉食。良心本心有自然向上力量,鞭策人去行善,阻止人去行恶。

由此说来,本心至少有两方面含义。一是,它为本心,"生来即有",我固有之,表现为恻隐、羞恶、辞让、是非之心,所以它都是善的,至纯不已。它是先在的、本然的道德心。二是,它为本体。本心遇事必然发"用",当下呈现,只要听从它的指挥,就可以达成仁义,圆满善德,所以本心是善之所居、善之源泉。

(三)孟子本心包含有丰富的情感性,具有主观性

上文已提到孟子良心本心为本心、本体,是道德的基础,但本心必须发用才能体现。人们在实践中,良心本心与外物接触并判明是非,于是便有了丰富的情感性,有血有肉,有姿有色,而不是仅仅根据几条单调的原则,而是具有主观性。例如,从前人们不葬其亲,过后看到尸首被野兽吞食,于是内心不忍,才用土葬之。由不葬亲到用土葬亲的变化,完全在于内在的情感。又如,见到小孩快要掉到井里去了,骤然间产生怵惕之心,不忍心看到此种情形发生,也是出于内在的情感。由此可以说,孟子的本心包含有丰富的情感性。然而,这种情感性并非任意的,随心所欲的。它是本心本性的发用,是对事物的是是非非已自然知晓,只依着良心本心便为是,否则为不是。箪食豆羹,得之则生,不得则死,呼尔与之,蹴而与之,行人乞人亦知不受不屑,这是因为行人乞人本心已有是非观念;万钟之禄,同样不能仅为宫室之美、妻妾之奉、所识穷乏者得我而受之,因为本心之中也已有了是非观念。

总之,孟子所说的良心本心是价值选择的结果,体现了人之为人的道德主体性;是人人固有的先天的本然的道德心,是本心、本体,具有普遍必然性;同时又包含了丰富的情感内容,具有主观性。

四、结语

孟子论述性善是因为心善,心善所以性善。但孟子并不认为人生下来本性就是完整的善的,而是认为人人都具有良心本心,良心本心是为善的内在根据,但也只是仁、义、礼、智四德的端倪、萌芽,只有将恻隐、羞恶、辞让、是非四端之心,扩而充之,才能发展、成就为具备四德的善性。"凡

有四端于我者,知皆扩而充之矣,若火之始然、泉之始达。苟能充之,足以保四海;苟不充之,不足以事父母。"恻隐、羞恶、辞让、是非,分别是仁、义、礼、智的开端、初始,而不是仁、义、礼、智本身,因此需要扩而充之,不断发展。一旦扩而充之,发扬光大,足以保四海。不能扩充之,则不能保父母。孟子还以"牛山之木"的衰败来比喻良心本心没能把持住,以至于沦为禽兽。"牛山之木尝美矣,以其郊于大国也,斧斤伐之,可以为美乎?是其日夜之所息,雨露之所润,非无萌蘗之生焉,牛羊又从而牧之,是以若彼濯濯也。人见其濯濯也,以为未尝有材焉,此岂山之性也哉?"[①]"牛山之木"曾经很茂盛,但后来不茂盛了,并不是因为没有"萌蘗"萌芽生长,而是因为受到了破坏。因不断有人砍伐,有牛羊啃食,虽然有天地雨露滋养,却仍然无法成长茂盛。人也是一样,都曾有良心本心,但不断放失、丢弃了良心本心,便没有了良心本心。看见人没有了仁义之心,以为人开始就没有良心本心是不正确的。所以,人本来固有的良心本心只是一种善性的端倪,需要扩充、滋养才能成就完整的善性。人生也是如此,只有不断地向着全善去努力、去实践,才能成就有追求、有价值的人生。

参考文献

1.唐君毅:《中国文化与世界》(《唐君毅全集》第 9 卷),北京:九州出版社,2016 年版。

2.袁愈荌译诗,唐莫尧注释:《诗经全译》,贵阳:贵州人民出版社,1981 年版。

3.杨伯峻译注:《孟子译注》,北京:中华书局,1960 年版。

4.朱熹:《四书章句集注》,北京:中华书局,1983 年版。

5.黄俊杰:《中国孟学诠释史论》,北京:社会科学文献出版社,2004 年版。

6.杨泽波:《孟子性善论研究》,北京:中国社会科学出版社,1995 年版。

---

① 　杨伯峻译注:《孟子译注》,北京:中华书局,1960 年版,第 263 页。

后　记

在博士毕业论文基础上的书稿做出来了,然而,内心却没有想象中的那样顿时轻松下来,当自己的书稿提交给出版社之时,心中反而更觉忐忑不安。毕竟读书、学习、工作的时间,太快、太短,稍纵即逝,在学术这片广阔的天地中我能捕捉到的东西着实又太有限了。而唐君毅先生作为现代新儒家重要的代表人物之一,其思想博大精深,贯通中西,其哲学内容深邃、宽广,表达则是迂回曲折,重重转进,最后才达于综合、和谐的天人合一之天德流行之境。其著作也常常以艰涩的词语、冗长的语句、钩深极奥的理路,穷尽古今圣旨。以自己有限的知识与能力,想要全面地把握其思想的特质,并试图做出自己的解读,不得不说是一件难事。然而,唯一令自己安慰的是,自己是尽全力来完成这一任务的。在这个过程中,我才真正体会到"书山有路勤为径,学海无涯苦作舟"的那份坚持,也历经到"山重水复疑无路,柳暗花明又一村"的那种兴奋。我相信,这样的过程会让我终身受益。由是,我无法不感谢,感谢在我读书学习之路上,我的老师们所给予我的无私帮助。

首先,我要深深地感谢我的导师田文军教授,感谢他在我的学习和博士毕业论文写作过程中给予的多方面的悉心指导与帮助。论文从选题、拟定提纲、组织材料、写作修改,直至最后定稿,田老师都仔细过目,去除纰漏,提出了从资料运用到文字修饰等方面的许多具体的修改意见,令我受益匪浅。读博三年来,田老师深厚的学养、严谨的治学、因材施教与诲人不倦的风范,既让我庆幸自己的恩遇,也是我永远的楷模。作为学生,每当我们有所松懈之时,便会听到田老师的督促:"我脾气不好,一般不批评人,但要是批评,那会是很严厉的!"而当我们压力过大、缺乏信心的时候,田老师又会不断地鼓励:"不着急,慢慢来。"而三年读书期间,每次请教完,从田老师家临出门时,唯一不变的叮咛却是:"抓紧时间!"这每一句话都深深打动着我的心灵,也将成为我以后人生中的座右铭。

　　我还要诚挚地感谢武汉大学伦理学教研室的张传有教授、储昭华教授，以及传统文化研究中心的胡治洪教授和湖北大学哲学学院的陈道德教授、戴茂堂教授，各位老师对书稿的写作都提出过宝贵的意见与建议，给予了尽可能的指导和启发，极大地拓宽了我的思路，深化了我的思考，也使我避免了很多弯路。我相信，他们给予我的珍贵指导和启发影响将不会随着书稿的出版而结束。

　　老师们的恩惠与指导，我铭记在心；武汉大学同学们的帮助与关心，我也感激不尽。何江海、刘水静、朱会晖，他们的睿智与勤奋让我在与他们的交流中收获良多，而他们在学习和生活中给予我的毫无保留的帮助，也让我感受到了无尽温暖。

　　2011年博士毕业后，我进入厦门理工学院工作。马克思主义学院孙华玉院长、叶雪梅书记对我的工作和生活都给予了很多帮助；科研上，学校给了我十分宽松的环境，书稿的出版还得到了2019年厦门理工学院学术专著出版基金资助。

　　最后，感谢厦门大学出版社，他们为书稿的出版付出了许多辛苦劳动。

　　大家的帮助与支持将不断地转化为我学习的动力，转化为自己对唐君毅道德哲学的思考与研究。逝者如斯夫，时光的确无痕。然而，面对这无边的知识，饥渴的心依然如旧，心目却越来越锐利与明亮。此时，我开始相信自己，也更加相信未来。

2022 年 8 月
于厦门大学海滨